D1729068

DER
SCHLÜSSEL
zur Lösung der Lebensprobleme

Omraam Mikhaël Aïvanhov

DER SCHLÜSSEL
zur Lösung der Lebensprobleme

Aus dem Französischen übertragen
2. Auflage

Gesamtwerke – Band 11

PROSVETA - VERLAG

Verlag – Auslieferung

Editions PROSVETA S.A. – B.P. 12 – 83601 Fréjus Cedex (France).

Auslieferungen

BELGIEN
VANDER S.A.
Av. des Volontaires 321
B - 1150 Bruxelles
PROSVETA BENELUX
Van Putlei 105 B-2548 Lint

DEUTSCHLAND
URANIA – Steinsdorfstr. 14
D 8000 München 22

ENGLAND
PROSVETA Ltd.
The Doves Nest
Duddleswell Uckfield,
East Sussex TN 22 3JJ
Trade orders to:
ELEMENT Books Ltd
Unit 25 Longmead Shaftesbury
Dorset SP7 8PL

GRIECHENLAND
PROSVETA HELLAS
90 Bd. Iroon Polytechniou
185 36 Le Pirée

HONG KONG
HELIOS
31 New Kap Bin Long Village
Sai Kung N.T., Hong Kong

IRLAND
PROSVETA IRL.
84 Irishtown – Clonmel

ITALIEN
PROSVETA ITALIE
19-2 Via Ennio 20137 Milano

KANADA
PROSVETA Inc.
1565 Montée Masson
Duvernay est, Laval, Que. H7E 4P2

LUXEMBURG
PROSVETA BENELUX
Van Putlei 105 B-2548 Lint

NIEDERLANDE
PROSVETA BENELUX
Mr Laan
Zeestraat 50
NL - 2042 LC Zandvoort

NORWEGEN
PROSVETA NORGE
Husebyveien 8 b
0379 Oslo 3

ÖSTERREICH
HELMUTH FELDER VERLAG
Kranebitteralle 88/144 – Postfach 33
A – 6027 Innsbruck

PORTUGAL
PUBLICAÇÕES
EUROPA-AMERICA Ltd
Est Lisboa-Sintra KM 14
2726 Mem Martins Codex

SCHWEIZ
PROSVETA Société Coopérative
CH - 1801 Les Monts-de-Corsier

SPANIEN
EDICOMUNICACION, S.A.
C/ de las Torres 75-77
08033 Barcelona

U.S.A.
PROSVETA U.S.A.
P.O. Box 49614
Los Angeles, California 90049

Prosveta S.A. – B.P. 12 – Fréjus, France

ISBN 2-85566-104-8

édition originale : ISBN 2-85566-231-1

*Der Leser wird gewisse Aspekte dieses Textes
besser verstehen, wenn er berücksichtigt, daß Meister
Omraam Mikhaël Aïvanhov seine Lehre ausschließlich
mündlich überliefert hat.*

OMRAAM MIKHAËL AÏVANHOV

ZUM GELEIT

Wer sich wahrhaft kennenlernen möchte, um sein Leben sinnvoll zu gestalten und als schöpferischer Mensch für das Wohl der ganzen Menschheit zu wirken, muß sich über die beiden Naturen im klaren sein, die ihm innewohnen.

Die wenigsten wissen nämlich, daß sowohl eine engelhaft-reine, als auch eine teuflisch-niedere Wesensart in ihnen lebt.

Das Triebhafte im Menschen nennt Meister Omraam Mikhaël Aïvanhov die *Persönlichkeit* und alle edlen, idealen Impulse die *Individualität.*

Die spezifischen Eigenschaften sowohl der einen wie der anderen werden in den folgenden Ansprachen des Meisters in helles Licht gehoben, so daß es einem jeden möglich wird, die so eng miteinander verwobenen, gegensätzlichen Regungen zu erfassen, um sie im täglichen Leben für hohe Zwecke zu nutzen.

Das Wissen um diese beiden Naturen führt zur Selbsterkenntnis, d.h. zum wahren Selbst und gestattet die volkommene Meisterung des Daseins.

Kapitel I

Die Persönlichkeit
ist der niedere Ausdruck der Individualität

Freie Ansprache

Frage: «Meister, Sie sagten einmal, die Persönlichkeit sei nicht göttlicher Natur. Wie erklärt sich das, da doch nichts außer Gott existiert?»

Nun, Sie stellen da eine überaus wichtige Frage, die nicht leicht zu beantworten ist. Man kann nämlich das Wort «göttlich» auf zweierlei Weise verstehen. Wenn ich sage, die Persönlichkeit sei nicht göttlicher Natur, so meine ich damit, daß sie die göttlichen Eigenschaften: Licht, Beständigkeit, Ewigkeit, nicht in sich birgt. In diesem Sinne ist es die Individualität, welche göttlicher Natur ist. Aber in Wirklichkeit sind Persönlichkeit und Individualität ein und dasselbe.

Lest nach, was die heiligen Schriften über Gut und Böse aussagen. In manchen alt-indischen Büchern findet man Zitate wie dieses, wo Gott spricht: «Ich bin sowohl das Gute als auch das Böse. Ich bin der Schöpfer aller Dinge...» Also schuf Er auch Kriege und Vernichtungen und alles, was uns schadet? Man ist erstaunt derlei Dinge zu lesen, aber so ist es nun einmal: da nichts außerhalb Gottes existiert, gehört selbst das Böse, oder was wir als böse empfinden, Ihm an. An anderen Stellen wiederum sagt Er: «Ich kann das Böse nicht dulden,

Ich bin unnachgiebig, strafe die Bösen...» Diesen Widerspruch zu verstehen, bedarf es tiefer Einsicht. Wie kann Gott
das Böse schaffen und zugleich dagegen ankämpfen, um es zu
besiegen und zu vernichten? Dies führt uns wieder auf die
Frage der Persönlichkeit zurück. Die Persönlichkeit ist ein
Entwurf Gottes. Ich habe es Euch schon einmal gesagt: Gott
wollte sich vergnügen. So schuf er die Menschen. Nun schaut
Er ihnen zu und lacht; lacht über all das, was sich zwischen
ihnen abspielt. Aber warum schuf Er dann solche Dinge?
Darauf kann Euch niemand eine Antwort geben.

   Nun wollen wir sehen, wie die Persönlichkeit entstanden
ist. Ihr Ursprung liegt im Geist. Hätte der Geist sie nicht gebildet, aus sich heraus geboren, ausgeströmt, würde sie nicht
existieren. Im Anfang war der Geist, und als der Geist sich in
den unteren Bereichen offenbaren wollte, wo der Stoff viel
dichter ist und undurchsichtig, schuf er sich drei Körper: erst
den Mentalleib, dann den Astralleib und schließlich den physischen Körper (mit seinem Doppel, dem Aetherleib). Aus
diesen drei Körpern besteht die Persönlichkeit. Die Individualität hingegen ist ein Teil Gottes. Darüber sind sich alle
Eingeweihten einig: die Individualität ist ein Lichtfunke, eine
Wesenheit, eine Flamme, eine hohe Vernunft... Sie verfügt
über bedeutende Fähigkeiten: kann alles wissen, alles sehen,
alles schaffen.
   Nun fragt Ihr: Wie kommt es dann, daß diese Persönlichkeit als eine Bildung der Individualität derart eingeschränkt,
schwach, blind und mit Fehlern behaftet ist? Darauf antworte
ich Euch: Jeder Mensch hat eine Individualität göttlichen Ursprungs. Sie weilt in den himmlischen Sphären und erfreut
sich dort größter Freiheit und strahlendsten Lichtes. Sie lebt
in Glückseligkeit und Frieden und ist allmächtig. Jedoch
kann sie sich nur durch die von ihr selbst gebildeten Körper
kundtun und äußert sich deshalb durch die Persönlichkeit nur
in dem Maße, wie diese drei dichteren Körper es ihr gestat-

ten. So erklärt es sich, daß ein Mensch, der auf Erden schwach, unwissend und krank ist, oben zu gleicher Zeit ein Wesen ist, das in den Sphären des Geistes schwebt, Licht, Weisheit und Macht besitzt. Man findet also in dem selben Menschen unten die Begrenztheit und oben Reichtum und Allmächtigkeit.

Der esoterischen Wissenschaft zufolge ist der Mensch ein sehr reichhaltiges, kompliziertes Wesen, unermeßlich und tiefgründig; vor allem weit mehr als was uns sichtbar vor Augen steht. Hierin eben liegt der große Unterschied zwischen der Esoterik und der allgemein anerkannten Wissenschaft, welche sagt: «Dies ist der Mensch, wir kennen ihn gut. Man kann ihn aufteilen, er besteht aus den und jenen Organen und Zellen, aus chemischen Substanzen, die wir aufzählen und benennen können. Das ist der Mensch in seiner Ganzheit.» Die esoterische Wissenschaft dagegen bestätigt, daß noch andere Körper bestehen außer dem physischen. Ich sprach bereits darüber, es sind: der Astralkörper, der Mentalkörper, der Kausal – Buddhi – und Atmankörper. Da sich nun aber die Individualität durch die grobstofflichen und vielfältigen Schichten der Persönlichkeit nicht vollständig auszudrücken vermag, erfordert es eine lange Zeit, unendlich viele Erfahrungen und Übungen und ein eingehendes Studium über Jahrhunderte und Jahrtausende hinweg, damit diese Körper sich entwickeln und verfeinern. Haben sie sich einmal entfaltet, so ist der Mentalkörper derart fein und scharfsinnig geworden, daß er endlich beginnt, die gesamte Weisheit, die der Individualität eigen ist und welche sie ihm nicht vermitteln konnte, aufzunehmen, zu erfassen und zu verstehen. Der Astralkörper ist sodann in der Lage, die edelsten und uneigennützigsten Gefühle auszustrahlen. Und auch der physische Körper verfügt über alle Möglichkeiten, zu wirken, widerstandsfähig und bei guter Gesundheit zu sein.

Gegenwärtig handelt unsere aus den drei Körpern bestehende Persönlichkeit oft dem Bestreben der Individualität zuwider. Die Individualität wird stets von den edelsten Impulsen angeregt, aber die Persönlichkeit, die frei und unabhängig sein will, ist eigensinnig und sträubt sich gegen die Weisungen von oben. Obwohl sie vom Geist beseelt, belebt und genährt wird, führt sie sehr oft das Gegenteil aus von dem, was er wünscht... Bis zu dem Tage, da es der Individualität endlich gelingt, die Persönlichkeit zu durchdringen, zu zügeln und zu meistern. Dann wird die Persönlichkeit so untergeben und fügsam, daß sie mit der Individualität eins wird: es vollzieht sich die wahre Vereinung, die wirkliche Ehe. Das ist die wahre Liebe.*

Die esoterische Wissenschaft nennt dies: «Das Verbinden beider Enden». Das eine dieser Enden ist die Persönlichkeit, die wie Zerberus, der dreiköpfige Hund, welcher den Eingang zur Hölle bewacht, dreifach ist. Das andere Ende ist die Individualität (ebenfalls eine Dreiheit): unser Geist, unser göttliches Ich. Dereinst wird diese Vereinigung, diese wünschenswerte Gemeinschaft und Ehe sich vollziehen... Nur weiß man nicht zu welchem Zeitpunkt; für jeden Menschen ist er verschieden.

Darin eben liegt die Aufgabe des Schülers: danach zu streben, in den Widerwärtigkeiten, Krisen und Umwälzungen seines Daseins sich der Individualität, jenem heiligen, ihm innewohnenden Willen zu überlassen und zu gehorchen, mit ihm eins zu werden, um endlich als fügsames Werkzeug dem höchsten Wesen, Gott selbst zu dienen. Das ist Sinn und Ziel aller Dinge und wurde seit jeher mit den in den Einweihungsschulen gelehrten Praktiken und Übungen angestrebt.

Die meisten schlagen den Weg der Persönlichkeit ein, die eigensinnig, ordnungswidrig, aufrührerisch und gesetzlos ist und halten dies für die beste Einstellung, den wahren Fortschritt, echte Entwicklung. Einige indessen, die feinsinniger, einsichtiger und gereifter sind und bereits in früheren Leben

* Siehe Kapitel: «Die wahre Ehe» (Band VIII)

zahlreiche Erfahrungen gesammelt haben, wählten den anderen Weg: Selbstkontrolle und Beherrschung. Sie gewinnen dadurch eine Klugheit und Willenskraft, ein Bewußtsein, welches im Leben alles lenkt, ordnet, ausrichtet und kontrolliert... eine Klarsicht, die sie befähigt, alles Widerspenstige, Gegensätzliche und Gesetzlose in sich beizulegen. Wir alle haben diese niedere Natur solange, bis wir eines Tages harmonisch und ausgeglichen, erneuert und erleuchtet sind, daß die zutiefst in uns wohnende Gottheit hervortreten und offenbar wird und sich in ungeahnter Weise durch Farben, Formen, Strahlen, Düfte und Klänge, durch Vernunft, Symmetrie und wahrhaft himmlische Schönheit bekundet.

Nun fragt es sich bloß, warum der Mensch hie und da sich dennoch von der Persönlichkeit mitreißen läßt, obwohl er doch genau weiß, worauf die geistige Höherentwicklung, Befreiung und Selbstbeherrschung beruhen. Wie erklärt sich das? Weil die gegenwärtig erreichte Bewußtseinsstufe eben ein Gebilde der Persönlichkeit ist. Wir haben jenes Überbewußtsein noch nicht erreicht, die Seinsebene der Individualität. Hätten wir dieses erweiterte Bewußtsein, das die Individualität auszeichnet, so verspürten wir, daß das Leben ein Ganzes bildet, wir miteinander verwoben und alle Menschen in dem Ozean des kosmischen All-Lebens eine Einheit sind. Wir empfänden anders als bisher, fühlten uns leicht und stark, voll Freudigkeit und Entzücken in der Fülle der Unendlichkeit... Jedoch, unser Bewußtsein ist ein Produkt der Persönlichkeit, in den drei Körpern der Persönlichkeit verwurzelt, und daher begrenzt. Soweit eines Menschen Denken, Fühlen und Handeln reicht, so weit reicht sein Bewußtsein. Da dieses aber begrenzt ist und das Abgetrenntsein betont, fühlt er sich ausgeschlossen, stets abseits von seinen Mitmenschen und der Natur.

Sinn und Zweck von Gebet und Meditation sowie aller in den Einweihungsschulen empfohlenen Übungen ist es, Kontakte aufzunehmen, einen Dialog zwischen Persönlichkeit

und Gottwesenheit herzustellen, damit sich das Bewußtsein
endlich erhebt, erweitert und in höhere Bereiche dringt, wo
sich ihm die Wirklichkeit, das wahre Sein erschließt... Hat
man dies erreicht, erscheinen alle Dinge in einem neuen
Licht!

Nehmen wir beispielsweise an, Ihr betrachtet ein Prisma
mit dem Bewußtsein der Persönlichkeit. Ihr seht einen bestimmten Gegenstand, ein durchsichtiges, dreiseitiges Stück
Kristall. Das hindurchdringende Licht teilt sich in sieben Farben auf. Das ist wohl schön und wunderbar, allein man bleibt
dabei auf der Stufe des gewöhnlichen Bewußtseins. Jeder
kann auf diese Weise beobachten. Entwickelt man jedoch das
Bewußtsein der Individualität, so erblickt man das Prisma
nicht mehr als einen beziehungslosen Gegenstand, sondern
versetzt sich in das Prisma hinein, dringt in dessen Wesens-
kern vor, erfühlt und erfaßt seine Eigenart. Was man dabei
von ihm wahrnimmt, ist völlig verschieden. Man betrachtet
eine Pflanze, denkt sich in sie hinein, versenkt sich in das sie
durchströmende Leben und fühlt ihr innerstes Wesen, als
wäre man die Pflanze selbst. Auf diese Weise erkennt man
ihre Eigenschaften, ihre Heilkraft und Anwendbarkeit. Auch
in ein Tier, das man vor sich sieht, kann man sich einfühlen,
selbst das Tier werden, ohne dabei sein Menschbewußtsein
einzubüßen...

Diese Art und Weise zu sehen ändert alles, sie ist Euch
noch unbekannt; denn mit der Erziehung und Ausbildung,
die den Menschen erteilt wird, gewinnen sie keinen Einblick
in das wahre Leben, sondern leben aus der Persönlichkeit,
welche die Dinge lediglich nach Form, Umfang, Gewicht,
Entfernung und Dauer bewertet. Erweitert Euer Bewußtsein,
geht in die Sphäre der Individualität ein: Zeit und Raum ver-
blassen, Ihr fühlt alle Kreaturen, alle Lebewesen, selbst Millionen Kilometer entfernt, in Euch leben!... Es gibt weder Vergangenheit noch Zukunft, denn Vergangenes und Zukünftiges
ist in Eurer Seele gegenwärtig. Das ist die ewige Gegenwart:

alles, was Ihr wissen möchtet, Ereignisse aus weit zurückliegender Vergangenheit oder ferner Zukunft könnt Ihr augenblicklich erfahren.

Damit sich dieses Bewußtsein entfaltet, muß man die Persönlichkeit überwachen, darf nicht mehr in ihre Fallen treten, sich nicht mehr von ihren ordnungswidrigen Ansichten, ihrem Aufbegehren, ihren Leidenschaften und Hirngespinsten irreleiten lassen. Solange man in dieses ichbezogene Leben der Entzweiung verstrickt ist, lebt man ununterbrochen in Haß und Zorn, Zwiespalt und Rache, denn das ist das Wesen der Persönlichkeit. Sämtliche Widerwärtigkeiten des Daseins entstehen dadurch, daß die Menschen lediglich in ihrer Persönlichkeit leben. Nur eine kleine Zahl unter ihnen ist bemüht, höher und weiter darüber hinaus zu blicken, mit den Augen des Geistes, aus ihrem göttlichen Ich. Hieraus entstehen ihnen edle Gefühle, großzügige Ansichten... Es ist nicht leicht, dies in Worte zu fassen... In Gedanken sehe ich es klar vor mir, finde aber die Worte nicht, um Tatsachen einer vierten und fünften Dimension darzustellen. Ebenso schwierig wie es wäre, Wesen der zweiten Dimension die dritte begreiflich zu machen, so vermag auch ich es nicht, Euch von der vierten Dimension einen Eindruck zu vermitteln. Es ist unerklärbar!

Wenn man sagt, die Persönlichkeit sei nicht göttlichen Ursprungs, so ist dies sehr vereinfacht ausgedrückt. Tatsache ist, daß alles seinen Ursprung in Gott hat. Nun ja, nehmen wir mal an, Ihr sucht nach Gold. Ihr habt Erz und sollt jetzt das Gold vom tauben Gestein entfernen. Das Gold sowie das taube Gestein haben freilich die gleiche Herkunft. Beides wurde ja am selben Ort gewonnen, dennoch sind sie von völlig verschiedener Beschaffenheit. Aber vielleicht, wenn Ihr es richtig anzufassen wißt, gelingt es Euch nicht nur, aus dem Erz Gold zu gewinnen, sondern das Erz selber in Gold zu verwandeln... Warum nicht? Wenn Ihr wißt, wie man es macht... Umgekehrt ließe sich auch das Gold in unedles Metall verwandeln. All diese Verwandlungen trifft man in der Natur an. Einmal habe ich zum Zeitvertreib einen Klumpen Blei geschmolzen. Geschmolzenes Blei glänzt wie Silber. Allein, nach und nach bildet sich eine graue Schicht auf der Oberfläche. Schabt man sie ab, so kommt wieder das silberhell blinkende Metall zum Vorschein, und aufs neue wird es wieder beschlagen. Durch wiederholtes Abschaben der Schicht wird das ganze Blei allmählich zu Erde; es braucht dazu nur wenige Minuten: Vor Euren Augen hat sich das Blei vollkommen verwandelt. Wie kam es dazu? Das Feuer ist die Ursache: Es besitzt die Macht, die Dinge völlig zu wandeln.

In Wirklichkeit stammt alles von Gott, auch die Persönlichkeit. «Wie kommt es dann aber», fragt Ihr, «daß Gott, der doch von ganz anderer Beschaffenheit ist als die Materie, etwas so Düsteres, Stumpfes und Schwerfälliges geschaffen hat?» Ich will es Euch durch ein ganz einfaches Beispiel erklären. Er ließ etwas aus sich strömen, gleich der Spinne, die ihr Netz webt. Eine Spinne zeigt uns, auf welche Weise Gott die Welt schuf. Ihr denkt: «Eine Spinne? Ist sie so weise?» Ich weiß nicht, ob sie auf einer Universität studiert hat, jedenfalls werdet Ihr, wenn Ihr sie richtig beobachtet und versteht was sie tut, erstaunliche Schlüsse ziehen. Sie spinnt ihr Netz: es ist das Universum, ein wunderbar geometrischer, mathematisch tadelloser Bau. Und wie geht sie vor? Sie sondert zuerst eine Flüssigkeit ab, läßt diese etwas erhärten, nur soviel, bis sie elastisch und dehnbar geworden ist, und beginnt ihr Netz damit zu weben.

Auch von den Schnecken habe ich gelernt. Ich suchte mir eines Tages eine Schnecke und stellte ihr folgende Frage: «Hör mal, liebe Schnecke, manche Leute sammeln deinesgleichen um sie zu verspeisen, aber ich komme, um von dir zu lernen. So sage mir doch, warum trägst du dieses Häuschen auf deinem Rücken?» – «Es erspart mir vieles.»

–«Wirst du nicht müde davon?» – «Nein, ich bin es gewohnt.» – «Warum hast du denn diese Gewohnheit angenommen?» –«Ach», meinte sie, «ich bin mißtrauisch, fürchte mich vor den andern, traue niemandem; denn, stelle ich mein Haus irgendwo ab, so schlüpft gewiß ein anderer hinein, und da ich mich nicht verteidigen kann, keine Waffen besitze, zart und schwach bin und nicht gern kämpfe, trage ich mein Haus lieber stets auf dem Rücken; so bin ich unbesorgt.» – «Ja», sagte ich, «das ist eine Lebensweisheit!... Aber woraus und wie hast du denn dein Häuschen gemacht?» – «Mit meinem Speichel; ich sondere einen Saft ab, der sich an der Luft verhärtet, und daraus habe ich mein Häuschen gebaut.» Da seht Ihr, was für Gespräche ich mit den Schnecken führe; durch sie habe ich erfahren, wie Gott die Welt erschuf. Ihr werdet sagen, ich erzähle Euch Märchen. Vielleicht, aber eines schönen Tages werden selbst hochgelehrte Leute diese Märchen hören wollen.

Seid Euch also dessen bewußt, Ihr alle seid Gottwesen. Ja, Ihr seid göttliche Wesen und weilt in einer sehr hohen Sphäre, wo es weder Krankheit, Leid, Einschränkung noch Finsternis, Traurigkeit und Entmutigung mehr gibt. Dort lebt Ihr in Seligkeit und Fülle. Allein, das Leben, das Ihr dort oben genießt, könnt Ihr noch nicht ins Erdendasein herunterholen, empfinden, erfassen, bekunden, weil Eure Persönlichkeit Euch daran hindert. Sie ist stumpf, undurchsichtig, schlecht angepaßt und eingestellt, gleich einem Radio, das manche Sender nur mangelhaft empfängt. Die vom kosmischen Geist in den höchsten Sphären ausgesandten Schwingungen sind derart schnell und kurz und die Materie der Persönlichkeit so dicht und schwer, daß sie nicht mit den göttlichen Botschaften im Einklang zu vibrieren vermag. Sie gleiten spurlos ab, und der Mensch ahnt nicht, was er in den hohen Bewußtseinsebenen seines Wesens erlebt.

Aber wenn er gewissenhaft an sich arbeitet, die Regeln eines reinen Lebens einhält, wenn er endlich den Wunsch hat, ein Gottessohn zu werden, veredelt und verfeinert sich die Persönlichkeit allmählich: die Gefühle werden reiner, das Denken klarer, der Wille fester. Aus der Persönlichkeit wird allmählich ein geschmeidiges Werkzeug, welches das strahlende Licht der Individualität immer deutlicher offenbart, bis sie eines Tages miteinander verschmelzen und eins sind. Dann gibt es keine Persönlichkeit mehr. Persönlichkeit und Individualität sind dann ein und dieselbe vollkommene Wesenheit geworden.

Unterdessen erfährt man von Zeit zu Zeit mal eine Erleuchtung, erhält einige Lichtblicke, einige Offenbarungen und Erkenntnisse, erlebt strahlende Augenblicke, die einen überwältigen, und man ruft aus: «Jetzt ist mir alles klar!» Doch hält das nicht lange an, wieder ziehen Wolken herauf. Etwas später, etwa beim Lesen eines Buches oder beim Anblick einer Landschaft, beim Beten oder Meditieren, wiederholt sich dieser Gemütszustand, man fühlt und weiß, daß man einen erhabenen Augenblick erlebt. Dann aber sinkt man aufs neue wieder in die alte Verfassung zurück. Nun, so ist das Leben des Menschen: ein Ringen und Kämpfen bis zu jenem Tag, da er nicht mehr absinkt, aufhört ein Sklave zu sein, schwach und armselig! Dann wird die Gottheit aus ihm strahlen, es wird das neue Leben, die vollkommene Erneuerung sein.
Dies ist wünschenswert. Manche werden sagen: «Das ist doch alles Unsinn, reimt sich nicht, ist alles nicht wahr» und leben weiterhin aus der Persönlichkeit. Na ja, sie werden später schon sehen, daß jene wenigen klardenkenden Menschen recht hatten, die in ihren Nachforschungen und Erfahrungen sehr weit vorgedrungen sind und den inneren Aufbau des Menschen genau kennen; dann werden sie endlich glauben. Aber wieviel Zeit geht dabei verloren! Darum ist es vorteilhafter, gleich zu glauben... Zu glauben und sich in der Selbst-

beherrschung zu üben, sich zu meistern, voranzuschreiten. Das soll nun aber nicht heißen, daß man im Nu eine Gottheit wird, oh nein, aber von Tag zu Tag gewinnt man neue Reichtümer. Man wird fallen und aufstehen, wieder fallen und sich wieder aufraffen... zweifeln und glauben... verzagen und Mut fassen, bis endlich das überpersönliche Gottesbewußtsein, das Bewußtsein der Individualität sich einfindet und durchsetzt. Dann endlich ist der Mensch ein Diener Gottes geworden, kann seinen Mitmenschen helfen, weil er durch viel Leid gegangen ist und die Schwächen der Menschen kennt. Er kann sie verstehen, ihnen sogar verzeihen und sie lieben... ja, selbst sie lieben, und das ist das Wunderbare!

Die Persönlichkeit... Jeder von uns lebt die meiste Zeit aus der Persönlichkeit. Tief in uns verborgen liegt die Individualität, aber sie kommt nur selten zum Vorschein. Wie oft schon haben mir einige von Euch gesagt: «Meister, ich hatte eine Frage an Sie. Jedoch, noch bevor ich zu Ihnen kommen konnte, hatten Sie mir bereits geantwortet.» Ich entgegnete ihnen. «Davon weiß ich gar nichts.» – «Wie, Sie wußten es nicht?» – «Nein, aber in mir ist einer, der hört, sieht und weiß; ab und zu ist er bereit, mich zu beraten, sich zu äußern... ich selbst jedoch weiß nur weniges.» Sie wollen es nicht glauben; dennoch ist es so: Jemand in mir sieht und kennt alles. Und was bin dann ich? Leider bin ich er und bin nicht er. Ich bin gleichzeitig ich und bis zu einem gewissen Grade er. Wann werde ich vollkommen er sein?
Eines schönen Tages, wenn er endgültig und vollständig eingezogen ist... Da braucht Ihr mir dann keine Fragen mehr zu stellen, ich werde alles wissen, alles können: Euch helfen, Euch heilen, alles. Bis dahin bin ich der Unglücklichste von allen, weil ich Euch nur unvollkommen helfen kann. Hie und da tritt er in mich ein... Und so erklärt es sich, daß ich z. B. Fragen beantworten kann, die sich Leute auf dem Wege hierher gestellt hatten. Er hat sie gehört. Und ich beginne meine Ansprache. Er, der alles weiß, alles gesehen und gehört hat,

flüstert mir die zutreffenden Sätze und Worte ein... Dann
wundern sich die Brüder und Schwestern: «Das ist ja für
mich bestimmt, ist genau die Antwort auf die Frage, die ich
mir gestellt hatte!» Ja, so verhält sich die Sache. Ich selbst
bin schuldlos; falls Ihr jemanden verklagen wollt: Er ist der
Schuldige, nicht ich... Seht Ihr, eine leichte und angenehme
Art, sich zu rechtfertigen...

    Dies ist die reine Wahrheit. – Auch Menschen, die ein
ganz gewöhnliches Leben führen, haben diese Fähigkeit, sie
tritt in außergewöhnlichen Situationen zutage. Jemand befindet sich manchmal in einer schwierigen Lage und hat ein Problem zu lösen: er schafft es nicht, schläft darüber ein, und am
nächsten Morgen (oder schon in der Nacht) erwacht er und
hat die Lösung. Es ist, als habe der Mensch in seinem Hirn
elektronische Geräte, die ihm augenblicklich Antwort geben
können. Das eben ist die Intuition, das höchste Gottesbewußtsein, jenes Etwas in uns, das alles weiß, was im Weltall
vorgeht; leider sind wir nicht ununterbrochen mit dieser Intuition in Verbindung. Hätten wir Zugang zu diesen Geräten,
dann würden sie uns über jedes Ereignis im einzelnen unterrichten. Seltsam, wie ungleich die Begabungen verteilt sind:
Es gibt Leute mit unwahrscheinlichen Fähigkeiten in Mathematik, Physik, Sozial – oder Naturwissenschaft, die aber auf
rein geistigem Gebiet völlig unbegabt sind. Andere wiederum
besitzen ungewöhnliche, hellseherische Fähigkeiten und keinerlei Begabung für Sprachen, Wissenschaften und derglei-
chen.
    Und nun, was läßt sich aus diesem Vortrag schließen?
Bisweilen ist man sehr abgespannt und fängt an zu zweifeln;
man trifft ja im Alltag derart wunderliche Anschauungen, so
viele Ansichten, die mit der heiligen Überlieferung im Widerspruch stehen, so daß man geneigt ist, alles beiseite zu schie-
ben, zu vergessen und wieder die gewöhnliche, weltliche
Denkart ohne Glauben, Gewissen und Güte annimmt. In

dem Moment heißt es aufpassen! Man muß wissen, was einen erwartet, wenn man umkehrt und sich sagen: «Nun ja, ich bin etwas müde, habe keine Lust zu lesen, zu beten, zu meditieren – zu nichts... aber das geht vorüber, ist bald vorbei.» Seht nur, wie im Leben alles vergeht: Nach dem Frühling kommt der Sommer, dann wird es Herbst und Winter. Und nach einem Winter erblüht wieder der Frühling. Und warum sollte es mit Euch nicht ebenso sein? Sagt Euch: «Lassen wir diesen Winter vergehen, dann wird es schon besser werden.» Das ist die richtige Denkweise. In solchen Momenten lassen die meisten alles im Stich, lassen sich gehen; doch ihre Lage hat sich danach nur noch verschlimmert, denn es ist sehr schwierig, die lichtvollen Bewußtseinszustände und den inneren Frieden wiederzufinden.

Wir müssen lernen, mit der Persönlichkeit fertig zu werden, und weiterhin mit ihr zusammenarbeiten; es bleibt uns ja keine andere Wahl, da wir zu tief in die Materie abgesunken sind... Allerdings dürfen wir nicht vergessen, daß sie nicht alles bedeutet, nicht das letzte Wort haben wird. Wir müssen unentwegt dem hohen Ideal entgegenschreiten, und nach einiger Zeit werden wir gewahr, daß sich die Dinge von selbst ändern, man fühlt neue Kraft in sich, lädt sich wieder auf, und die schlimmen Tage sind vergessen. Von neuem sprudeln die Bächlein, singen die Vögel, duften die Blumen und das Leben ist wieder wunderbar... Wenn Ihr versteht, was ich Euch darlege, so wird, selbst wenn Ihr müde, abgespannt und mutlos seid, eine Strahlung, etwas Sanftes und Liebes von Euch ausgehen... Andernfalls, wenngleich Ihr Euch wohlauf und voller Lebenskraft wähnt, ist in Euch, wenn Ihr mit der Persönlichkeit verwoben lebt, alles bereits verstaubt und vermodert.

Zu dem, was ich vorhin über die Schnecke sagte, bleibt mir nur noch hinzuzufügen: Nur scheinbar sind das Tier und sein Häuschen zweierlei Dinge, in Wahrheit bestehen

Schnecke und Schneckenhaus aus gleichem Stoff, denn die Schnecke hat ihr Haus mit ihrer eigenen Sekretion gebildet.

Dasselbe gilt für Individualität und Persönlichkeit. Die Persönlichkeit ist düster, plump und starr wie eine Rüstung, die Individualität dagegen leicht, beweglich, lebendig. Dies ist zur Verdeutlichung sehr wesentlich: der Ursprung ist der gleiche und doch handelt es sich um zwei verschiedene Dinge. Unser Selbst (die Individualität) bildete sich diese Behausung wie die Schnecke ihr Häuschen, indem es eine Substanz von sich absonderte und verdichtete, und nun trägt es diesen Körper als Wohnstatt mit sich. Wie die Schnecke ihr Häuschen, tragen wir alle unseren physischen Körper. Er ist unsere Wohnstätte, und wir weilen darin. Nicht wahr, Ihr wußtet nicht, daß Ihr Schnecken seid? Aber ja, Ihr tragt Euer Haus auf dem Rücken, seid, ohne es zu wissen, alle Schnecken!

Das Schlimme ist, daß der Mensch dazu erzogen wurde, sich mit dem Schneckenhaus, d.h. dem physischen Körper zu identifizieren, statt mit dem Geist, jener Macht, die ihn gestaltete. Das macht ihn schwach, begrenzt, machtlos, und er lebt im Irrtum. Für die Eingeweihten ist der Körper nicht der Mensch, sondern lediglich dessen Fahrzeug, Pferd, Werkzeug oder Behausung. Der Mensch ist Geist, allmächtig, unendlich, allwissend. Wer sich mit ihm identifiziert, wird wahrhaft stark, licht, unsterblich, – göttlich.

Nun, meine lieben Schnecken, seid nicht beleidigt...
Eine Schnecke spricht zu Schnecken!

Licht und Friede seien mit Euch!

Videliñata (Schweiz), den 23. Februar 1966

Kapitel II

Der Mensch soll zu seiner Individualität zurückfinden
Sinn und Ziel von JNANI-YOGA

Freie Ansprache

Jeder von uns weiß, daß es eine Persönlichkeit und eine Individualität gibt, zwischen denen wir ständig hin- und hergerissen sind; das ist leicht verständlich, aber damit ist die Frage nicht geklärt. Es gilt noch zu unterscheiden, woher selbst die leisesten Impulse kommen. Daß sich der Mensch bald zur Hölle, bald zum Himmel hingezogen fühlt, wissen selbst die kleinsten Kinder. Schwierig wird die Sache erst, wenn es darum geht, die einzelnen Regungen richtig zu werten, klar einzustufen und zu erkennen. Um einzusehen, daß es einerseits die Persönlichkeit und andererseits die Individualität gibt, braucht man keine fünf Minuten. Sich jedoch von der Persönlichkeit freizumachen, von ihr zu lösen und ihr zu entkommen, ja sogar sie gehorsam und dienstbar zu machen, erfordert Jahre der Anstrengung und Übungen.

Die Frage ist nun die, eine Möglichkeit zu finden, diese beiden Naturen miteinander auszusöhnen. Vielleicht sind wir weder von Teufeln noch von Engeln umgeben; was aber feststeht ist die Tatsache, daß zwei vollkommen gegensätzliche Naturen in uns wohnen: die eine reißt alles an sich, die andere ist großzügig, weitherzig, unparteiisch und uneigennützig. Bei genauem Hinsehen entdeckt man an der ersteren wohl

einige gute Eigenschaften; überläßt man ihr jedoch die Führung, sind die Ergebnisse in jeder Hinsicht katastrophal, denn
sie ist egoistisch in ihren Entscheidungen, hart in ihren Urteilen, ohne Liebe, ohne Weisheit. Sie drängt, verlangt, fordert,
will alles verschlingen und beherrschen; sie ist gereizt, leicht
verletzbar, schnell beleidigt... hat alle Mängel! Aber das ist es
eben: Sie ist wie eine alte Erbtante steinreich, und um ihr ge-
fällig zu sein, nimmt man alles in Kauf, beugt sich ihren Launen, schließt Kompromisse, aber am Ende hat immer sie das
letzte Wort.

Der Mensch geht lieber auf die Launen seiner niederen
Natur ein, anstatt seiner geistigen Natur zu dienen, die er
doch auch in sich trägt, aber von ihm nicht beachtet, gering-
geschätzt, ja sogar verspottet wird. Wir alle, ohne Ausnahme,
haben diese ideale Natur in uns, aber von jeher vernachläs-
sigt, verdrängt und mit Füßen getreten, liegt sie nun tief im
Seelengrunde irgendwo verborgen, verschüttet, begraben.
Von Zeit zu Zeit, kaum vernehmbar, erteilt sie einige Ratschläge, leise behutsam, ohne Gewalt. Doch der Mensch, der
nur Lärm und lautstarkes Getöse liebt, ist eher geneigt, auf
die Persönlichkeit zu hören und merkt nicht, wie verderblich
ihre Vorschläge sind, die ihn stets veranlassen, zum Nachteil
anderer Menschen zu handeln.

Im Menschen wohnen, wie gesagt, zweierlei Wesensarten.
Er selbst steht dazwischen und hat die freie Wahl, sich entweder von der einen oder der anderen beeinflussen zu lassen.
(Freilich gibt es viele Möglichkeiten der Teilung: in 3, 4, 7,
12, 36, 72, 144... man kann noch andere hinzuerfinden; indessen ist die Zweiteilung die verständlichste und jedermann
zugänglichste). Die Persönlichkeit enthält die Bodenschätze,
die Rohstoffe, mit anderen Worten, die Triebe, Begierden,
Leidenschaften und·Gelüste; sie ist stark und kräftig. Ihr einziger Fehler ist der, daß sie jegliche Dinge auf ihr niederes Ich
bezieht. Davon abgesehen ist sie ungemein tüchtig, gewandt
und listig, nie um einen Trick verlegen. Ganz und gar

schlecht ist sie nicht, denn sie hütet, bewahrt, sichert und vermehrt dank ihrer Ichbezogenheit des Menschen Besitztum. Doch fehlen ihr sittliches Bewußtsein und Ehrfurcht, Nächstenliebe, Großzügigkeit und Unparteilichkeit, Aufopferung und Sanftheit... sie ist noch dem Tier sehr nahe.

In der Individualität hingegen finden sich ausschließlich edle Eigenschaften, lauter heilige, ausstrahlende, wundervolle Anlagen. Jede großzügige, edelmütige, wahrhaft geistige Regung stammt von ihr. Nur ist sie verhältnismäßig noch wenig bekannt und erforscht. Es gibt vergleichsweise nur wenige Beispiele wie Bücher, Kunstwerke, leitende Vorbilder auf diesem Gebiet, um die Menschen auf sie hinzuweisen. Darum bleibt sie in weiter Ferne, und der Mensch kann sich mit ihrem Wesen nicht vertraut machen, so daß diese unsagbar reiche, wundervolle Natur lediglich einer kleinen Minderheit erreichbar bleibt, die vom Rest der Menschheit für geistgestört und verrückt... «sonnendurchglüht» gehalten wird.

Also schwankt der Mensch denn zwischen den beiden Naturen hin und her. Bisweilen stellt er sich der Persönlichkeit zu Diensten, wird unangenehm, unsympathisch und entfacht, wo immer er hingeht, Haß und Erbitterung, schockiert die Leute, tritt ihnen unbekümmert auf die Füße, überschreitet das Maß, verliert allen Respekt und spuckt schließlich auf alles Ehrwürdige und Heilige. In den Religionslehren wurden diese niederen Impulse einfach in dem Begriff «Teufel» zusammengefaßt, denn nicht alle Leute waren Weise, Psychoanalytiker oder Eingeweihte. Haben wir tatsächlich einen Teufel zu unserer Linken und einen Engel zu unserer Rechten, wie man es uns manchmal beschrieb?... Nun, ich glaube schon, nur fragt es sich, in welcher Form? Es sind damit die beiden Naturen gemeint, die wir alle in uns haben, nur mit dem grundlegenden Unterschied, daß einige, mehr als die anderen, ihrer göttlichen Natur die Möglichkeit gaben, sich zu offenbaren, so daß sie fortwährend vortreffliche Ratschläge, Einfälle, Erleuchtungen und Offenbarungen erhalten, in Licht

und Klarheit leben, was ihr Dasein wunderbar erleichtert: sie
sind geleitet, getröstet, gestützt und behütet. Die anderen denken nicht weiter, gehen den Dingen nicht auf den Grund, suchen nicht nach einem Lehrer, bei dem sie sich bilden können; sie überlassen sich ihren Trieben, Vorlieben und Gelüsten. Alles verwickelt und kompliziert sich: sie verletzen ihre
Umwelt, geraten in Wut, verfallen Leidenschaft, begehen
strafbare Handlungen, die sie hinterher bereuen, aber aus denen sie nicht mehr herausfinden.

Die Persönlichkeit schafft stets Schwierigkeiten. Wie wahr
ist das! Vertieft Euch nur ein bißchen in die menschlichen
Angelegenheiten, Ihr werdet sofort gewahr, daß auf jedem
Gebiet, ob gefühlsmäßig, sozial oder politisch, die Schwierigkeiten stets daraus entstehen, daß sich die meisten von ihrer
ich-bezogenen Denkweise leiten lassen: ihre Grundeinstel-
lung, ihr Ideal ist stets das Nehmen, nicht das Geben. Immer
nur nehmen und nichts geben! Hier liegt der Grund aller Disharmonie: der Widersprüche, Diskussionen, Aufstände,
Kriege und des menschlichen Elends. Wären die Leute besser
unterrichtet, geführt und beraten, wenn auch nicht durch die
höhere Natur, so doch von verantwortungsbewußten, weise
denkenden Führern, so hätten sie wahre Fortschritte gemacht, manche Fehler vermieden und steckten nicht in dieser
Finsternis, in der man sie dauernd unglücklich sieht, verzweifelt, dem Selbstmord nahe oder bereit, die Welt zu vernichten, einzig um alles brennen und einstürzen zu sehen. Nähme
man sich endlich die Mühe, auf diese hohen Führer oder das
geistige Ich zu hören, sähe es auf Erden anders aus!

Kein Mensch auf Erden, versuchte er nur ein paar Minuten aufrichtig zu sein, wird leugnen können, daß seine höhere
Natur hie und da zu ihm spricht, ihn berät und warnt, wenn
er im Begriffe ist, ein verhängnisvolles Vorhaben auszuführen
oder eine unheilbringende Entscheidung zu treffen. Die göttliche Stimme spricht sehr leise... sie ist unendlich fein, zart
und behutsam und wendet niemals Gewalt an, weder schal-

lende Posaunen noch dröhnendes Getöse; sie drängt sich
nicht auf, erzwingt nichts, sondern flüstert ihren Rat zweimal,
dreimal, ganz leise... Zumeist hat der Mensch keine Kriterien, es mangelt ihm an Urteilsvermögen, und daher merkt er
gar nicht, daß die höhere Natur zu ihm gesprochen, ihn gewarnt und beraten hat.

Die Persönlichkeit dagegen findet immer Mittel und Wege
sich durchzusetzen, ihr Ziel zu erreichen: Tag und Nacht
schlägt sie Krach, stellt Ansprüche. Ja, sie sendet sogar wort-
gewandte Boten ins Hirn, die dem «armen Schlucker» beweisen, daß er sich irrt, den falschen Weg einschlägt, wenn er seinem göttlichen Ich gehorcht und ihn auffordern, schleunigst
umzukehren... Nicht selten gelingt es ihr, ihn zu überreden.
Wie viele sind fehlgegangen, weil sie nicht zu unterscheiden
vermochten, welche der beiden Naturen zu ihnen sprach!
Und ich, meine lieben Brüder und Schwestern, habe Euch
Hinweise gegeben, damit Ihr erkennen mögt, woher Euch die
Ratschläge kommen. Nur wenige nahmen sie an, verwenden
und erproben sie jeden Tag; sie erkannten deren Richtigkeit
und leben nun aus diesem Lichte. Aber die anderen, die keine
Notiz davon nahmen, fügen sich weiterhin den Ratschlägen
ihrer Persönlichkeit, ohne sich dessen bewußt zu sein, denn
sie ist unheimlich listig und intelligent!... Nicht intelligent in
dem Sinne, wie die Eingeweihten es verstehen (ich erklärte es
Euch schon mehrere Male), sondern berechnend, gewitzt,
hinterlistig – sie erreicht stets ihr Ziel!

Alle Welt, selbst hochgebildete Leute, wie Philosophen,
Schriftsteller, Professoren, identifizieren sich mit der Persönlichkeit. Sie sagen: «Ich will... (Geld, ein Auto, eine Frau),
ich bin... (krank, gesund), ich habe... (dieses Bedürfnis, jenen
Geschmack, folgende Meinung)», und glauben, dies komme
von ihnen, doch darin irren sie alle: Es ist ihre Persönlichkeit, die begehrt, denkt und leidet... Sie traben und rennen
mit der Persönlichkeit – haben sich selbst noch nie analysiert,
niemals versucht, etwas über die Tiefen der Menschenseele zu

erfahren, die Ebenen zu erforschen, auf denen sie lebt, die Bereiche, worin sie sich entfaltet. Sie identifizieren sich fortwährend mit der Materie, insbesondere mit ihrem physischen
Körper.

Der Jünger indessen weiß, er ist mehr als ein physischer
Körper; diese Triebe und Begierden, die er hat, sind nicht er,
sondern etwas Fremdes. Er weiß es – und diese Gewißheit
läßt ihn ungeheure Fortschritte machen. Ich sprach schon
früher einmal über Jnani-Yoga, nicht wahr? – den Yoga der
Erkenntnis, wo dem Schüler gelehrt wird, daß er nur dann zu
seinem eigentlichen Wesen findet, wenn er sich mit Gott vereint, sich mit Ihm verbindet, mit Gott eins wird. Überhaupt,
«Yoga» und «Religion» haben beide die gleiche Bedeutung:
Einssein, Bindung... Wer sagt: «Ich weiß nicht mehr, woran
ich bin!» zeigt damit an, daß er sich in einer Verfassung befindet, in der er nicht mehr klar sieht, wo und wer er ist. Er ist
so sehr verstört, durcheinander und aufgeregt, daß er sich
nicht mehr zurechtfindet. Das kommt leider häufig vor!

Wer sich in Jnani-Yoga übt, wünscht sich zu erkennen
und wiederzufinden. Er beginnt zunächst damit, sich selbst zu
beobachten, zu analysieren, um festzustellen, wo er eigentlich
steht, wer er ist. Er sieht, daß, selbst wenn er einen Arm verliert, er nicht dieser Arm ist, sondern weiterhin er selbst bleibt
und fortfährt zu sagen: «Ich». Somit ist sein Ich nicht der
Arm. Sind seine Beine, der Magen sein Ich? Nein, er ist mehr
als das! Als nächstes beobachtet er seine Gefühle und stellt
fest, daß auch die Empfindungen, die er hat, nicht er selbst
sind, da er sie ja beobachten und einstufen kann. Er selbst
steht weit über ihnen. Daraufhin überprüft er seine Gedanken
und Ansichten: «Meine Gedanken, bin ich das?» Und wiederum stellt er fest, daß er mehr ist als seine Gedanken. Und
also, Stufe um Stufe vordringend, entdeckt er endlich, daß jenes Ich, das er sucht, jenes weit über allem stehende Ich, sein
Über-Ich, Gott selbst ist, daß es in unendlicher Macht und
Weisheit alles überstrahlt. Und nach Jahren (doch nicht allen

Yogis ist dies vergönnt) wird er eins mit seinem Über-Ich...
Also war dieses kleine, launenhafte, empfindliche, unbedeutende Ich nicht er selbst, da er ja ohne es auskommen, darauf verzichten, es verlassen konnte – und trotzdem weiterlebte!
    Sehen wir es von einer anderen Seite an. Als Kind fühlt sich der Mensch er selbst; als Erwachsener fühlt er sich, obwohl er sich verändert hat, ebenfalls er selbst, und als Greis ist er immer noch er selbst. Demnach bleibt dieses «Selbst» unverändert. Nur der Körper verändert sich andauernd; sein «Selbst» bleibt bestehen, bleibt immer «er selbst». Wer ist denn dieses unwandelbare, gleichbleibende «Ich?» Der Mensch sucht und erkennt, daß es weder sein physischer Körper noch die Gefühle sind, die er hat, denn diese ändern sich ja mit den Jahren, so wie auch seine Gedanken – er hat ganz andere Ansichten als früher! Doch er ist immer noch «er». Die Yogis sind in ihrer Selbsterforschung sehr weit vorgedrungen und haben erkannt, daß jenes tief in ihrem Seelengrund wohnende Wesen, jenes lebendige «etwas», jener Lichtfunke... ein Teil von Gott selbst, ein Inbegriff Gottes ist. Und ihr Suchen nach dem innersten Wesen bringt sie der Quelle immer näher, aus der sie leben – sie werden gewahr, daß die Persönlichkeit nur eine Täuschung, eine flüchtige, teilweise Spiegelung, keine dauernde, feststehende Tatsache ist. Sie ist nicht ihr eigentliches Selbst, nicht ihr wahres Ich, sondern lediglich ein Trugbild... Und dieses Trugbild nannten die Yogis «Maya».
    Maya versinnbildlicht die Anschauung des Getrenntseins: Du stehst dort und ich hier, wir sind völlig getrennte Wesen, können einander nicht verstehen, nicht lieben, nicht miteinander arbeiten; sind gezwungen gegeneinander zu kämpfen... und warum? Weil wir andere Wünsche haben, andere Gefühle, andere Neigungen. So spricht Maya, die Persönlichkeit; sie ist so sehr begrenzt, daß sie das Gefühl vermittelt, man sei von allen und allem getrennt. Sie ist die Wurzel aller Widersprüche, Zwistigkeiten, Haßgefühle und Kriege. Die Persön-

lichkeit schafft Trennung – daher kommen Egoismus, Feind-
schaft, Raub und Mord...

Die Welt ist keine Maya, wohl aber unser niederes Ich,
weil es uns in dem Wahn gefangen hält, von der Umwelt getrennt zu sein. Die Welt ist kein Wahngebilde, sondern eine
Wirklichkeit, so wie auch die Materie und selbst Lüge und
Hölle eine Wirklichkeit sind. Die Täuschung beruht darauf,
daß wir uns von dem All-Leben, dem all-einigen Sein, das
überall gegenwärtig ist, getrennt wähnen, es weder empfinden
noch verstehen, weil unser niederes Ich uns daran hindert.
Doch sowie man durch Meditation, Studium und Selbstbeobachtung wieder zu sich selbst findet, wird man inne, daß
nicht zwei, drei und mehrere voneinander getrennte Wesen
leben, sondern nur ein All-Wesen, das in allen anderen wirkt,
sie beseelt und durch sie sich kundtut; ein einziges Sein, das
alles lenkt und steuert, ein Über-Ich! Alle, die zu dieser Einsicht gelangen, vermögen einander zu lieben, Entzweiung zu
vermeiden, Feindseligkeiten aufzugeben, die Zusammengehö-
rigkeit aller zu fühlen. Sie sehen die Welt als ein einheitliches
Wesen, und diese Einsicht verleiht ihnen die Kraft, sich von
allem Niederen und Trennenden, d.h. von der Persönlichkeit
freizumachen. Daher steht der Hang zu Isolierung und Abgetrenntsein, jeden anderen als einen Gegner zu bekämpfen
oder zu berauben, im Widerspruch zu Jnani-Yoga, der lehrt,
daß der Jünger durch Meditation, Überlegung und Selbstbeobachtung zu der Erkenntnis gelangt, daß es nur ein Wesen
gibt: Gott, und daß alle anderen Lebewesen von Ihm erdach-
te Gedankenbilder sind. Aus dieser Sicht sind Kriege und
Feindseligkeiten ausgeschlossen.

Ich habe Euch einmal ein Beispiel gegeben. Ich sagte:
«Auf diesem Tisch hier stehen mehrere Gläser. Sie sind verschieden in Form, Farbe und Größe... Nehmen wir an, ich
fülle jedes dieser Gläser mit einem bestimmten Duftwasser.
Die Formen der Gläser sind, wie gesagt, verschieden, der Inhalt ist der gleiche: sie enthalten alle das gleiche Duftwasser.

Nun, ich bemerke, daß, obgleich die Gläser unbeweglich stehen und dieselbe Form beibehalten, der Duft doch aufsteigt, sich verbreitet, und, da er aus feinstofflichen, gasförmigen, ätherischen Teilchen besteht, sich in der Luft vermischt. Der Duft eines jeden Glases vereint sich mit dem der Nachbargläser, sie finden in der Luft zueinander, vereinigen sich, werden eine unteilbare Einheit.»

Aus diesem Beispiel läßt sich entnehmen, daß der Mensch unter dem Einfluß der Persönlichkeit überall nur getrennt stehende Formen erblickt. Das eben ist die Täuschung! Geht man darauf ein, so entgeht einem ewig der wahre Sachverhalt, man verfällt einer materialistischen, lügenhaften Anschauung, die, genauer gesagt, richtig ist, solange es um Materie, deren Form und Gewicht geht, jedoch falsch ist, was den Inhalt, die Gedanken, das Seelisch-Geistige betrifft, wo alles sich vermischt und eins wird. Die Schulwissenschaft weiß z.B. noch nicht, was die Sonnenstrahlen sind. Und woher weiß ich es denn? Das ist ganz einfach. Stellt Euch vor, einige Personen, die sich sehr mögen, sitzen um einen Tisch versammelt. Rein äusserlich gesehen sind sie getrennt, und so ist es: Vom physischen Standpunkt aus sind es vereinzelte Wesen; das ist jedoch nur eine unvollkommene Wahrheit, denn zwischen ihnen kreisen feine Energieströme. Es vollzieht sich ein Kräfteaustausch, ein Verschmelzen von Energien; durch ihre gegenseitige Zuneigung sind sie auf einer gewissen Ebene vereint. Genau wie man beim Glas zunächst nur die Form und den Umfang beachtet. Beim Eingehen auf den Inhalt und den Duft jedoch, verlieren diese an Bedeutung. Es ist nicht möglich zu sagen: «Bis dahin reicht der Duft, hier hört er auf.» Dem, was sich bewegt, was lebendig ist und strahlt, können keine Grenzen gesetzt werden.

Auch von mir z.B. könnt Ihr genau die Umrisse meines Körpers, meine Gesichtszüge, mein Profil zeichnen. Aber ist der Körper, den Ihr zeichnet, mein Ich? Habe ich feste Umrisse? Nein, ich bin nicht dieser Körper, sondern jenes Wesen, das denkt, fühlt und handelt, und womöglich ist es ein bißchen mehr als der Körper, den man sieht...

Und wenn ich Euch versicherte, daß Steine aufsteigen und in der Luft schweben, würdet Ihr sagen: «Unmöglich, er ist verrückt!» Und dennoch stimmt es; ich sehe tatsächlich Steine in der Luft schweben! Was ist der Staub anderes als winzige Steinchen, zerstäubte Felsblöcke: von derselben Beschaffenheit, demselben Ursprung. Also sagte ich recht: Es schweben Steine in der Luft!...

Kommen wir nun auf die Sonne zu sprechen. Sie strahlt dort am Himmel, hat einen festen Umriß, eine bestimmte Form und Größe... Wie kommt es dann, daß sie mich aus dieser Ferne berührt? Sie ist dort oben, unendlich weit entfernt und berührt mich trotzdem! Also ist es ihr möglich, sich bis zu mir hin auszudehnen. Nun, wenn die Sonne das kann, dann bringe auch ich es fertig mit meinem Denkvermögen. –Was ist die Denkkraft? – Gedenke ich eines Menschen, so erreichen ihn meine Gedanken über Millionen Kilometer. Gedanken sind nichts anderes als Ausstrahlungen, Projektionen von derselben Beschaffenheit wie die Quintessenz, welche die Sonne auf die Erde und über Tausende von Lichtjahren hinweg in das Weltall hinaussendet.*

Die Sonnenstrahlen sind die Seele der Sonne, ihre ins Unendliche sich verströmende innerste Kraft: ihre Gedanken. Wie kommt es, daß dies noch nicht erkannt wurde? Was aus der Sonne quillt, ihr entströmt und sich verbreitet, ist nichts anderes als die Sonne selbst: Dieses Licht, das aus der Sonne kommt, kann auch nichts anderes sein als die Sonne selbst! Desgleichen sind die Gedanken, die ich aussende – oder Ihr –ich selbst, Ihr selbst, nur in viel rascheren Schwingungen und Strahlungen als der physische Körper... Nun, das eben ist der Mensch: nicht die Hülle, die man sieht, sondern etwas unendlich viel Höheres, Grenzenloses!

---

* Siehe Kapitel: «Die Sonne und die Lehre von der Einheit» (Band X)

Wußtet Ihr, daß die Planeten sich berühren? Natürlich meine ich nicht physisch, sondern im Ätherbereich. Sehen wir uns die Erde an : Ihr fester Teil nimmt einen kleineren Raum als die Wasserflächen ein ; der gasförmige Teil, die Atmosphäre, reicht noch viel weiter, und ihre ätherische Hülle erstreckt sich noch wesentlich weiter, bis über die Sonne hinaus. Dasselbe gilt für Merkur, Jupiter, Venus... Sie alle berühren sich, wirken aufeinander ein, gehen ineinander über, bilden eine Einheit. Äusserlich sind sie weit voneinander entfernt, aber inwendig (im Feinstofflichen) gehen sie ineinander über. Wir ebenso sind durch unsere Gedankenströme und Ausstrahlungen miteinander verbunden. Diese auf dem Tisch hier getrennt stehenden Gläser berühren sich oben, irgendwo... Das ist wahres Wissen, tiefblickende, echte Philosophie.

Man weiß es noch nicht, daß der Mensch in Wirklichkeit etwas Unendliches, Unermeßliches ist und durch Einswerdung mit seiner höheren Natur sich selbst wiederfinden, seines eigentlichen Wesens inne werden, sich als einen Teil der Gottheit schauen und empfinden kann. In der Bibel steht: «Ihr seid Götter.» Nun, meine lieben Brüder und Schwestern, warum haltet Ihr Euch dann weiterhin für winzig und unbedeutend? Weil Ihr zu tief in die Stoffwelt, in die Persönlichkeit abgesunken seid, in einen Bereich, wo Ihr Euch klein, begrenzt, von allem abgeschnitten fühlt, und daher sind Streit und Krieg unvermeidlich. Das wäre anders, wenn die Menschen ihrer Gottnatur, die ihnen sagt, daß sie alle eins sind, den ersten Platz eingeräumt hätten. Wie hätte Jesus sonst sagen können: «Ich und mein Vater sind eins», wenn nicht auf Grund von Jnani-Yoga, des «Erkenne dich selbst»? Und da er dies erreicht hat, warum nicht wir?

Ebenso sind auch wir alle eins. Habt Ihr beispielsweise vor, jemanden zu verletzen, so werdet Ihr, dies wissend, überlegen : «Halt, ich schade mir ja selbst, denn ich lebe in diesem Menschen und er ebenfalls in mir.» Daraus erwächst wahrhaft sittliches Verhalten, und das Böse muß weichen. Die bei-

den sind unvereinbar; solches Denken kann das Böse nicht
dulden. Viele haben an sich selbst erlebt, daß sie das Leid und
die Schläge, die einem geliebten Menschen widerfuhren, zutiefst als ihre eigenen fühlten. Wenn ihm eine große Freude
zuteil wurde, fühlten sie sich, gleich ihm, froh und beglückt.
Zu solcher Einfühlung ist nur der befähigt, der von dieser Philosophie des Einsseins, der Liebe, der Allverbundenheit
durchdrungen ist. Andernfalls freut man sich, wenn anderen
ein Unglück zustößt; ja, so ist es leider, man freut sich und
jubelt über ihr Mißgeschick.

Die Menschen stehen noch zu tief, sind noch allzusehr in
ihrer Persönlichkeit verstrickt, werden von ihr in Schlamm
und Schmutz gefangengehalten, aber sie merken es nicht, weil
sie sich mit dieser Triebnatur identifizieren, anstatt mit ihrer
Gottnatur und zu sagen: «Das bin nicht ich, nicht ich habe
dieses Verlangen, diese Bedürfnisse, sondern mein Körper,
mein Bauch, mein Geschlecht, ich nicht.» Versucht wenigstens zu fühlen, daß Ihr es nicht seid – dadurch schwächt Ihr
die Persönlichkeit, beginnt Euch von ihr zu lösen, von ihr zu
entfernen und stellt die Verbindung zu der höheren Natur
her, verbündet Euch mit ihr.

Ich sprach neulich über die Meditation, Kontemplation
und Einswerdung und erklärte Euch, daß Meditieren ein ge-
danklicher, intellektueller Vorgang ist: ein Nachdenken, eine
Suche nach Klarheit, Weisheit, Vernunft. Die Kontemplation
gehört zum Gefühlsbereich; sie entfaltet dank der Liebe, der
Bewunderung, dem Entzücken, die Herz- und Seelenkräfte:
sie erhebt den Menschen in die Sphäre der Engel. Die Einswerdung ist ein Willensakt, wodurch der Mensch sich mit
dem Höchsten vereint. Diese drei geistigen Übungen entsprechen den drei Prinzipien: Verstand, Herz und Wille.

Wird man das Gewicht dieser Hinweise erfassen, diese
Methoden anwenden? Keineswegs, alles bleibt beim alten;
man erkennt das Neue nicht, wird nicht eiligst beschließen,
anders zu handeln und zu denken, sich zu schulen, um von

der Persönlichkeit loszukommen und sich freizumachen, sie zu meistern, zu überwachen und zu unterjochen, um nicht länger geknechtet, gefesselt, untätig als Sklaven und Schwächlinge zu leben. Die Einweihungslehre empfiehlt, daß man sich von der Persönlichkeit loslöse, ihrer Herr werde und endlich mit der geistigen Natur sich vereine; in ihr aufgehend frei, vollkommen frei werde!... Solange der Mensch keinen genauen und tiefgründigen Einblick in die Frage der Persönlichkeit und Individualität gewinnt, schleppt er sich ewig in Schwächen und Mißverständnissen, Traurigkeit und Unglück herum, ohne daß ihm geholfen werden kann; er wird denken und handeln wie zuvor, anstatt seine Weltanschauung, sein «Mirogled», wie es im Bulgarischen heißt, zu ändern... Ihr meint wohl, es macht mir Spaß so zu sprechen und den Redner zu spielen? Nein, meine lieben Brüder und Schwestern, ich habe eine harte und schwierige Aufgabe.

Von jetzt an gilt es, die Individualität zu fördern, dabei aber zu bedenken, daß es nicht möglich ist, auf Anhieb von der Persönlichkeit loszukommen: sie bleibt weiterhin stark und kräftig, man ist sogar gezwungen, ihr einiges zuzugestehen, mit ihr zu leben, sonst würde man umkommen. Sie verwahrt die Schlüssel zu den Vorratskammern, zu den Reichtümern und Reserven; sie ist nützlich, notwendig, voller Tatkraft, nur muß der Mensch schlauer sein als sie, sie bezähmen und zum Gehorsam erziehen. Umbringen darf er sie nicht; ich habe nie empfohlen, die Persönlichkeit abzutöten. Ich selbst habe ja auch eine Persönlichkeit. Aber ich kenne ihre Schliche, habe sie studiert, beobachtet; keine ihrer Ränke und Tücken sind mir entgangen, und ich halte sie im Zaum.

Beobachtet die Persönlichkeit, überwacht sie, wägt jeden ihrer Ratschläge ab – Ihr werdet sehen: sie kann sich nicht verbergen! Sie hat nämlich eine unverkennbar eigene Art zu fordern, zu schreien, aufzustampfen, ja selbst zu drohen. Kennt man ihr Gehabe, läßt man sich nicht mehr täuschen, vorausgesetzt, man macht sich die Mühe, sie ständig zu über-

wachen und im Auge zu behalten. Ihr wollt zum Beispiel eine
ihr liebgewordene Gewohnheit aufgeben... Gleich lauert sie
Euch auf und zeigt Euch die Angelegenheit in einem unver-
hofft neuen Lichte – bringt es fertig, Euch zu überzeugen, daß
Ihr auf dem falschen Wege seid! Frönt Ihr dem Tabak, dem
Wein, jagt Ihr dem Geld, den Frauen nach, weiß die Persönlichkeit sehr gut Euch zu nehmen. Noch am selben Tag, da
Ihr etwas aufgebt, raunt sie Euch zu: «So, mein Freund, du
gibst das Trinken auf? Das ist ja wunderbar! Laßt uns das feiern!» Und schon tretet Ihr in die nächste Kneipe, um das zu
«begießen»... gerade weil Ihr dabei seid zu verzichten! Unglaublich, wie durchtrieben sie ist!... Trotzdem darf man sie
nicht töten; soll im Gegenteil die Herrschaft über sie gewinnen, alle ihre Vorschläge erwägen und überdenken und sie
alsdann zur Arbeit einspannen, ihre Fähigkeiten nutzen. Seid
gewiß, niemand betreut Eure Angelegenheiten so gewissenhaft, führt alle Arbeit aus wie sie: Sie ist eine ausserordentlich
tüchtige, unermüdliche Kraft. Gelingt es Euch aber nicht, sie
Euch dienstbar und eigen zu machen, schlingt sie Euch auf,
bis kein Krümelchen mehr von Euch übrig bleibt!

Was die Gläser und den Duftstoff anbelangt, frage ich
mich: Wie konnte man nur so lange Zeit diese tiefe Einsicht
unbeachtet lassen, sich nicht um den Inhalt, die Quintessenz,
die Seele im Menschen kümmern, das lebendig Strahlende
und Feinstoffliche – sich lediglich mit dem befassen, was leb-
los und tot ist? Ich rate Euch: Steigt nicht zu tief hinab,
dringt nicht zu sehr in die Materie ein. Wenn Ihr Euch dem
gleichstellt, was stofflich, dicht und starr ist, lauft Ihr große
Gefahr, seid anfechtbar und jedem Angriff ausgeliefert; denn
Ihr seid starr und unbeweglich, jeder Feind kann Euch fassen
und vernichten. Wenn Ihr Euch aber bewegt, den Ort wechselt, ja sogar wie die Vögel davonfliegen könnt, seid Ihr außer
Gefahr. Alle lebendig-regen, feinfühligen Wesen sind unerreichbar, nicht einzufangen, entgleiten immer, fliegen auf...
und schweben! Ihr wendet ein: «Aber es bleibt doch immer

der physische Körper!» Das ist wahr, er ist plump und dicht, allen Gefahren ausgesetzt. Jedoch die Seele... Versucht mal die Seele eines Menschen, seinen Geist, seine Gedanken, sein Bewußtsein einzufangen!... Etwas im Menschen ist über alle Umstände erhaben. Man kann das Glas fassen, nicht aber den Duft, der in der Luft schwebt. Versucht doch einmal den Sonnenschein zu fangen!...

Weshalb eigentlich wiederholt Ihr jeden Tag das Essen, Trinken, Waschen usw...? Weil es dabei um konkrete Dinge geht: Nahrung und Wasser stehen ständig zur Verfügung. Eine einst erlebte Ekstase zurückzurufen ist wesentlich schwieriger, denn sie gehört in hohe Lichtsphären, die für Euch unerreichbar sind.

Auf der Persönlichkeitsebene ist alles wiederholbar: dieselben Handlungen, Streitigkeiten, Rollen, Zeremonien, Komödien oder Trauerspiele. All das läßt sich mühelos wiederholen; nicht aber heilige, göttliche Wonnen.

Sinkt man zu tief in die Materie ab, wird man Sklave und von jedem ausgenutzt. Dies eben widerfährt den Menschen: es wird über sie verfügt, sie werden hin-und hergeschoben, entführt, zurückgeschickt, gefangengenommen oder getötet. Aber mit Feinstrahligem ist es nicht möglich so zu verfahren. Daraus ziehe ich folgenden Schluß: Um über jegliche Umstände erhaben zu sein, sich durch kein Unglück, keine Schicksalsschläge, durch nichts unterkriegen zu lassen, über sämtlichen Ereignissen zu schweben, muß man unentwegt steigen, sich erheben und auf keinen Fall stillstehen. In dem Moment steht Ihr hoch über Kummer, Verzweiflung, Verlust und Aufruhr; nichts kann Euch berühren, Ihr seid unerreichbar, unantastbar, himmelhoch entfernt.

In solcher Höhe weilen die Eingeweihten. In der Geschichte gibt es viele Fälle, wo sie bedroht wurden: «Ich werde dich töten! Du wirst verbrannt!» Man hat sie geschlagen, gefoltert, um ihnen gewisse Geheimnisse zu entreißen, aber sie sagten kein Wort. Einem von ihnen wurde eines Tages an-

gedroht, man werde ihm die Zunge herausschneiden, er aber
biß sie sich selbst ab und spuckte sie seinem Henker ins Gesicht, um ihm zu beweisen, daß nichts an ihn herankommen
konnte. Jawohl, in der Geschichte gibt es viele Fälle dieser
Art.

Bonfin, den 26. Juli 1968

Kapitel III

Vom Nehmen und Geben
Sonne, Mond und Erde
I

Freie Ansprache

Um Euch die Vielschichtigkeit der Frage von Persönlichkeit und Individualität zu veranschaulichen, möchte ich heute einige Vergleiche anführen. Ein eindeutiges Bild der Persönlichkeit vermittelt die Ethymologie des Wortes «Persona». Lateinisch bezeichnet Persona die Maske, welche die Komödianten für ihre jeweilige Rolle aufsetzten. Wechselt ein Komödiant die Maske, wechselt er die Persönlichkeit. In Wirklichkeit bleibt er derselbe, jedoch für jedes neue Theaterstück, jede neue Rolle, trägt er ein anderes Kostüm, ändert er sein Spiel.

Also bietet uns das Theater eine Idee von dem, was die Persönlichkeit ist: Sie ist die Rolle, welche der Mensch in einem Erdenleben zu spielen hat. Im darauffolgenden Dasein wechselt er die Rolle, aber in seinem Wesen ändert er sich nicht, bleibt immer derselbe. Der Mensch, der für die Dauer eines Erdenlebens Gestalt annimmt, kleidet sich, nimmt eine Maske, d.h. eine Persönlichkeit an: erscheint als Mann oder Frau, äußert sich auf diese oder jene Weise, hat die Fehler oder jene guten Eigenschaften. In einem späteren Dasein kommt er mit völlig verändertem Aussehen, einer neuen Persönlichkeit wieder, jedoch in seinem Wesensgrunde bleibt er

er selbst. Wechselhaft und vergänglich ist die Persönlichkeit;
was überdauert, ihm als ein Erbgut, ein Vermögen von einem
Erdenleben zum anderen erhalten bleibt als die Summe der
von ihm erworbenen Einsichten, gemachten Erfahrungen und
ausgeführten Übungen, was von einem Leben ins andere
übertragen wird, ist die Individualität. Demnach also ist des
Menschen Persönlichkeit in jedem Erdenleben eine andere,
wohingegen alle guten Eigenschaften, alle Weisheit, die er erworben, ihm von einem Dasein zum andern als sein Eigentum erhalten bleiben, von der Individualität unzertrennlich
sind.

Die Individualität ist der Sonne, die Persönlichkeit dem
Mond vergleichbar. Der Mond macht verschiedene Phasen
durch, wandelt sich immerfort, ist keine selbständige Licht-
quelle, ist nicht das Zentrum eines Planetensystems wie die
Sonne. Die Persönlichkeit ist ebenso unbeständig wie der
Mond, hingegen die Individualität bleibt, der Sonne gleich,
stets strahlend, lichtreich und mächtig.

Gestern sagte ich: «Wesentlich für Euch ist zu wissen, für
wen Ihr wirkt. Seid Ihr nur für die Persönlichkeit tätig, d.h.
für alles Vergängliche, das keine Spuren läßt, so gehen Euch
sämtliche Errungenschaften und Güter verloren, schwinden
dahin, und all Eure Mühe war umsonst. Um nun einen klaren
Begriff über diese Frage zu gewinnen, müssen wir erst einmal
untersuchen, wann der Mensch für seine Persönlichkeit, und
wann er für seine Individualität arbeitet.

Das Auffälligste an der Persönlichkeit ist, daß sie immer
nur nehmen will, an sich zu raffen und festzuhalten sucht.
Wie ich bereits erwähnte, ist die Persönlichkeit eine umge-
kehrte Dreiheit und entspricht im Menschen der Dreiheit:
Verstand, Herz und Wille – ich sprach öfters schon darüber –
jedoch in ihrer niederen Ausdrucksform. Stößt sie auf wider-
strebende Kräfte, die ihre egoistischen Neigungen hemmen,
begehrt sie auf, greift zu den Waffen, wird böse, grausam und

sinnt auf Rache. Das also sind die Äußerungen der Persönlichkeit, die stets darauf bedacht ist zu nehmen und das Eroberte für sich zu behalten. Sie denkt nur an sich selbst, wünscht immer nur, was ihr Vergnügen bereitet, handelt stets zu ihrem eigenen Vorteil.

Die Individualität hingegen möchte strahlen, sprühen, sich verschenken... Sie will erleuchten, helfen, beistehen... Uneigennützig gibt sie etwas von ihrem Innersten, ist bestrebt sich einzusetzen, und zu befreien, sich aufzuopfern, will mit Edelmut, Selbstverleugnung und Entsagung vorangehen... Darum besteht sie nicht auf ihrem Eigentum, wird nicht verärgert, wenn man sie ihrer Güter beraubt. Im Gegenteil, es macht sie glücklich zu sehen, daß andere durch sie zu Speise, Trank, Licht und Klarheit gelangen. Die Individualität ist ebenfalls eine Dreiheit mit Verstand, Herz und Willen; aber ihre Vernunft strahlt, ihr Herz verströmt Wärme, und ihr Wille belebt alle Wesen und macht sie frei.

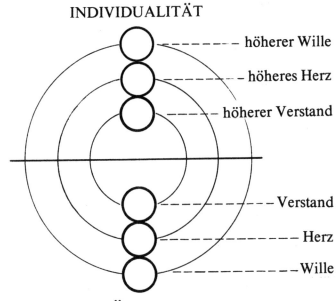

Da nun diese beiden völlig gegensätzlichen Naturen im selben Körper wohnen, wird der Mensch ununterbrochen von zweierlei Kräften, einer egozentrischen und einer heliozentrischen, anders ausgedrückt, einer Zentripetal- und einer Zentrifugalkraft gefordert. Er selbst steht zwischen ihnen. Überläßt er sich nur ein wenig den Neigungen seiner Triebnatur, ergreifen ihn die Klauen der Persönlichkeit, und er wird von der egozentrischen Strömung fortgerissen. Leider ist dies bei den meisten Meschen so: Es mangelt ihnen an Urteilsvermögen und Klarsicht, und sie geraten in den Sog der Persönlichkeit, ohne zu ahnen, daß er teuflischen Bereichen enstammt.

Jedermann findet es durchaus natürlich, daß der Mensch nur für sich selbst arbeitet, sich nicht um seine Mitmenschen kümmert, vielmehr bestrebt ist, sie zu verdrängen, zu unterdrücken und zu beseitigen, zu unterjochen und zu verfolgen, damit nur ja die eigene Persönlichkeit triumphiert und sich bereichert. Diese Einstellung ist derart verbreitet, daß, wolltet Ihr die Menschen ein anderes Verhalten lehren, man Euch erstaunt fragen würde, von woher Ihr denn kommt. Sie finden völlig normal zu überreden, zu übervorteilen, zu hintergehen und zu betrügen. Na ja, was ließe sich schon Besseres finden?...

Allein, ein solches Verhalten hat Unerfreuliches zur Folge. Steht der Mensch nämlich im Dienst der Persönlichkeit, die stets auf ihren eigenen Vorteil bedacht ist, übertritt er unweigerlich zahlreiche Gesetze, wird unangenehm, abweisend und grausam, sein Tun widerspricht der göttlichen Moral. Freilich, wenn er es übertreibt, das Maß überschreitet, treffen ihn Rückschläge, er ist Gegenangriffen ausgesetzt, die bis zu seiner völligen Vernichtung führen können. Es werden ihm harte Lehren und Lektionen erteilt, bis er einsieht, daß er sich nicht zum Diener seiner Persönlichkeit machen darf. Jawohl, die Folgen lassen nicht auf sich warten: Früher oder später wird ein solcher Mensch gemieden, ja selbst von seinen eigenen Kindern und seiner Frau gehaßt.

Die anderen indessen, die über das Wesen der Gottnatur, des höheren Ichs, aufgeklärt wurden, beeilen sich, in die nach oben führende Strömung hineinzugelangen und hohe, edle Eigenschaften zu entfalten. Die Grundeigenschaft der höheren Natur ist das Geben, das Verschenken. Tugenden sind ja eigentlich nichts anderes als ein Ausstrahlen: Das Aussenden von Lichtstrahlen aus der Wesensmitte, das Bestreben, aus innerster Seele etwas zu geben, zu opfern. Dabei wächst der Mensch über sich hinaus, überwindet die Angst ins Elend zu geraten, zu verhungern... Furcht und Kleinmütigkeit werden durch das Verlangen der höheren Natur, zu geben, auszustrahlen, zu sprudeln, besiegt. Die in der Religion gepriesenen Tugenden, wie Hingabe, Entsagung, Selbstverleugnung, sind nichts weiter als die Kundgebungen der Individualität in ihrem Bemühen mit Gott eins zu werden.

Um das Wesen der Persönlichkeit zu verstehn, wählen wir das Beispiel von Erde und Mond. Auch die Erde nimmt, saugt auf, sendet nichts ins Weltall aus wie die Sonne. Es ist schon möglich, daß man sie im Weltraum etwas schimmern sieht. Die Jupiter- oder Saturnbewohner sehen vielleicht durch ein Teleskop die arme kleine Erde ein wenig glänzen, wie den Mond und die anderen Planeten. Aber ihr Licht stammt nicht von ihr selbst. Sie ist außerstande Licht zu erzeugen, denn sie ist noch selbstsüchtig. Menschen, die egoistisch, eigennützig sind, strahlen kein Licht aus... Licht ist etwas, das der Mensch von seinem Innersten hergibt als einen Teil seiner selbst. Es ist demnach eine Kundgebung der Liebe, der Güte und Großherzigkeit. Von da an schwindet alle Furcht; im Lichte ist keine Angst vorhanden.

Bekundet sich die höhere Natur im Menschen, so leuchtet sein inneres Wesen strahlend auf, er fühlt sich reich und beseligt. Die niedere Natur hingegen drängt ihn dazu, um jeden Preis zu nehmen, die Umwelt auszuplündern, ja sogar über

Leichen zu gehen – sie will immer an sich raffen, sich be-
reichern, besitzen. Sämtliche Fehler wurzeln in diesem Drang
des Menschen, diesem Trieb alles zu ergreifen, zu verschlingen.

Aus einer anderen Sicht heraus läßt sich die Persönlichkeit mit einem gähnenden Abgrund vergleichen; die Individualität mit einem sprudelnden Gebirgsbach, einem hohen
Gipfel. Freilich ist dies bildlich auszulegen. Wenn ich sage,
die Persönlichkeit sei ein Abgrund, müßt Ihr richtig verstehen. Ich weiß sehr wohl, auch in den Abgründen wird Bedeutendes geleistet.

Ich möchte Euch nur zeigen, daß die Sonne die Freigebigkeit veranschaulicht, die Erde hingegen das Nehmen. Das soll
aber nicht heißen, daß die Erde überhaupt nichts gibt. Oh
doch, mit dem, was sie erhält, bringt sie Früchte und Blumen
hervor, jedoch nur für ihren eigenen Bedarf. Glaubt Ihr etwa,
andere Planeten hätten etwas von diesen Blumen und Früchten? Keineswegs, sie wachsen und reifen lediglich für die Erde
selbst oder deren Kinder, was auf dasselbe herauskommt. Die
Erde verarbeitet wohl die empfangene Sonnenenergie, behält
die Erzeugnisse aber für sich. Die Persönlichkeit ebenso, verarbeitet was sie aufnimmt und bewahrt es zu eigenen Zweken.
Die Sonne hingegen sendet ihre Erzeugnisse weit hinaus in
den Weltenraum, damit unzählige Lebewesen sich daran laben. Dies also sind die beiden Grundgesetze: Das eine ist das
Aufnehmen. Das andere ist das Gesetz des Ausgebens und
Ausstrahlens, dessen leuchtendstes Vorbild die Sonne ist.

Nun denn, meine lieben Brüder und Schwestern, ist es
dringend notwendig, daß wir uns von diesem Hang des Besitz-
ergreifens, Einfangens und Aufschlingens lösen. Laßt uns das
neue, lichtvolle Gesetz in seiner ganzen Pracht und Herrlichkeit üben! Wenn die Sonne sich erhebt, erblickt Ihr die herr-
lichste Erscheinung der Individualität, des Geistes, der Gottheit: deren überquellende Lichtfülle, Freigebigkeit und Hin-

gabe. Ihr aber schaut und schaut, und da Euch niemand je erklärt hat, was vorgeht, noch wie es zu deuten ist, mögt Ihr Euer ganzes Leben lang die Sonne aufgehen sehen und werdet trotzdem weitermachen im Nehmen, dem Gesetz der Erde und der Persönlichkeit folgend. Indessen, kommt jemand und erklärt Euch, was ein Sonnenaufgang bedeutet, wird Euch die Kraft, die Schönheit, die Unermeßlichkeit des Gebens bewußt, und in diesem Bemühen, Euch völlig zu wandeln, werdet Ihr freudig gewahr, daß Euch dies von Tag zu Tag besser gelingt – bis Ihr eines Tages tatsächlich der Sonne gleicht.*

So beschließt denn Euch zu wandeln, alles aufzuopfern. Doch ohne Belohnung dafür zu erwarten, denn die Sonne wartet ja auch nicht auf Belohnung. Sie schenkt aus, wartet nicht ab. Viele erhoffen für jedes kleine Opfer zumindest ein Lob, einen Dank, ein Kompliment. Das ist erdhaft, gleicht nicht der Sonne!

Was ich hier sage, gilt natürlich nicht für alle, ist nur für die Schüler, die Kinder Gottes bestimmt, welche ihrem himmlischen Vater gleichen möchten. Ihnen gelten meine Worte. Um dem Herrn gleichzuwerden haben sie keine andere Wahl als sich zu überwinden, zu entsagen, etwas aus tiefster Seele herzugeben bis zu dem Tage, da sie bereit sind, Ihm sogar ihr Leben zu schenken. Das ist die höchste aller Gaben! Selbstverständlich sind ihrer viele die geben: ein paar Groschen, einige Brotkanten, abgetragene Kleider, abgelaufene Schuhe und meinen, das sei Wohltätigkeit, die sie ins Paradies bringt. Wo denkt Ihr hin! Als ob das so einfach wäre... Solange man nicht gelernt hat, etwas von seinen Schwächen und Mängeln zu opfern, weiß man nicht, was Opfern wirklich ist.

Diese Frage ist sehr umfangreich, ich möchte zusammenfassend nur betonen: Der Sonnenaufgang soll uns lehren zu

---

* Ein Band ist der Sonne gewidmet: «Pracht und Herrlichkeit von Tipheret» (Band X)

geben. Sonst bleiben wir in der Finsternis. Der Egoismus
wirkt auf den Menschen stets verderblich. Gibt man nicht,
behält man alles für sich, so beginnen gewisse inwendige Ka-
näle sich zu verstopfen. Und Ihr wißt ja, was geschieht, wenn
Ausgußrohre verstopft sind: Gärung und Fäulnis treten ein,
ziehen Ratten und Ungeziefer an, die alles auffressen. Seht
zum Beispiel eine Quelle... Versiegt sie, sammeln sich alle
möglichen Abfälle um sie herum an, und die dadurch entste-
hende Fäulnis lockt Ungeziefer herbei, es verbreitet sich ein
ekelerregender Geruch. Ganz einfach nur, weil kein Wasser
mehr fließt! So ist es auch beim Menschen, denn die Persönlichkeit ist ein stagnierendes Wasser... Andererseits wiederum
gibt es nichts Gewandteres und Schlaueres als sie! Sie bedient
sich jeder List, denn sie will essen, will besitzen. So gesehen
freilich ist die Persönlichkeit tatkräftig, prompt, gewalttätig
sogar. Die Individualität ihrerseits ist nicht so gewandt und
rege. Wunderbar an ihr ist jedoch, daß sie immerfort fließt
und belebt, begießt, befruchtet und erleuchtet. Darin gleicht
die Individualität der Quelle: beginnt sie zu fließen, so erfüllt
sie den Menschen mit ihrer überströmenden Liebe und Güte,
mit ihrer Reinheit und ihrem Lichtglanz, und er fühlt sich geläutert, hell und leicht.

Beginnt Ihr mich zu verstehen, meine lieben Brüder und
Schwestern? Es ist sehr leicht geistig zu wachsen. «Leicht?»
ruft Ihr, «seit Jahren bemühe ich mich darum und bringe es
doch nicht weiter!» Ja, weil Ihr nicht am Wesentlichen arbeitet, das Gesetz der Selbstaufgabe und Opferbereitschaft nicht
anwendet. Was Ihr auch tut, dient stets zu Eurem eigenen
Wohl. Selbst wenn Ihr lest oder lernt, Ihr tut es, um Euch etwas anzueignen. Erst, wenn Ihr mitteilt und weitergebt, was
Ihr auf Hochschulen, aus Büchern oder sonstwo erworben
habt, beginnt Ihr Euch zu wandeln. Die Leute arbeiten, gewiß, jedoch nur um anzuschaffen, sich weiter auszubreiten,
mächtiger zu werden, über Filialen und Fangarme zu verfügen, keineswegs um zu geben!

Jesus hat diese Frage ebenfalls erwähnt. Natürlich hat er sie nicht so ausführlich erläutert wie ich. Wer aber das Evangelium richtig deutet, weiß, für wie wesentlich auch er die Fähigkeit hielt, sich aufzuopfern und zu entsagen. Und der Beweis hierzu ist das Beispiel von dem reichen jungen Mann, der ihn fragte: «Was soll ich tun, um das ewige Leben zu erlangen?» – «Die Gebote einhalten», erwiderte Jesus. – «Das tue ich bereits», sagte der junge Mann, «was fehlt mir noch?» – «Willst du vollkommen sein», sprach Jesus, «dann verkaufe alles, was du hast, gib's den Armen und folge mir nach.» Diese Antwort stimmte den jungen Mann sehr traurig, denn er war noch nicht bereit zu entsagen, und er folgte Jesus nicht. Jesus stellte diese Forderung, weil er wußte, wie wichtig die beiden Gesetze: Nehmen und Geben sind. Wozu denn geben? Um endlich frei zu werden und ihm folgen zu können und wie die Sonne zu strahlen! Ihr seht, es ist mit anderen Worten gesagt derselbe Gedanke.

Habt Ihr mich verstanden, so werdet Ihr frühmorgens auf dem Felsen die Sonne hinfort mit anderen Augen ansehen. Dann ist das Ergebnis auch großartig, denn alles hängt vom richtigen Einschätzen und Verstehen der Dinge ab. Entgeht Euch nämlich der Sonnenaufgang in seiner tiefen Bedeutung, ist dieses wunderbare Ereignis von keinerlei Nutzen für Euch, selbst wenn Ihr stunden- und jahrelang hinschaut, denn es gelingt Euch nicht, magische Kräfte in Euch wachzurufen. Allein durch ein tieffühlendes, wahrhaftes Verstehen der Dinge vermag der Mensch himmlische Schwingungen in seiner Seele zu wecken. Von da an wandelt er sich, wird wie die Sonne; er verschenkt und wird gewahr, daß er sich bisher noch nie so reich, klarsehend und stark gefühlt hatte. Zuvor, unter dem Einfluß der Erde, der Persönlichkeit, quälte er sich und litt, wurde von ihr hin- und hergestoßen, gegen die Wände und die ganze Welt geworfen. Sein Leben verlief in Kämpfen und Kriegen.

Seht, welchen Rat Jesus gegeben hat: «Wer dir das Hemd
nimmt, dem wehre nicht auch den Mantel.» Und wozu? Um
der Sonne zu gleichen. Freilich sagt Jesus hier nicht, man solle die Sonne nachahmen, aber er meinte das gleiche: Innerlich soll der Mensch so stark werden, daß er hoch über aller
Angst und Furcht steht. Furcht und Angst müssen überwunden werden! Darum heißt es auch, das Gottesreich werde
dem Mutigen zuteil. Die Persönlichkeit hat Angst, niemals
die Individualität. Die Persönlichkeit fürchtet sich, denn sie
fühlt sich arm und verlassen; deswegen sucht sie immer zu
nehmen, um ihr Dasein zu sichern. Wo Angst herrscht, ge-
bricht es an Liebe.

Damit habt Ihr einen Einblick in alle Intrigen und Kunst-
stücke der Persönlichkeit, meine lieben Brüder und Schwestern. Ihr seht, wie sie vorgeht und warum sie Angst hat. Und
der Mensch, der zwischen Persönlichkeit und Individualität
steht, sollte sich mehr und mehr von dieser Persönlichkeit
entfernen, die da unablässig ihre Netze und Schlingen aus-
wirft um ihn einzufangen. Es ist der Persönlichkeit größtes Interesse, den Menschen gefangen zu halten und zu ihrem
Knecht zu machen. Sie will essen, trinken, will sich amüsieren, und er soll ihr alles beschaffen! Da sie befürchtet, er
möge ihr entwischen, streckt sie ihre Fangarme aus, um ihn
festzuhalten. Manche Tiere, wenn sie sich in Gefahr fühlen,
verspritzen eine Flüssigkeit um sich, damit man sie nicht
sieht. Genauso verfährt die Persönlichkeit mit dem Menschen: Sie blendet ihn, damit er ihre Ziele und Absichten
nicht wahrnimmt, und er rennt, ihre Befehle auszuführen.

Es bleibt kein anderer Weg, als sich von der Persönlichkeit
zu entfernen. Man soll sie nicht umbringen, indem man ihr
Essen, Trinken und Kleidung verweigert. Lediglich ihr entge-
hen, ihr nur sehr wenig gewähren und sich immer mehr der
höheren Natur, der Individualität, der Sonne nähern. Von da
an werden einem Wärme, Licht, Leben, Güte und Schönheit
fühlbar. Und da sich Sonne und Licht in Gold verwandeln,

wird auch der Mensch innerlich reich an Gold. Nur auf diese
Weise kann er sich von der Persönlichkeit retten: indem er
Abstand nimmt und sich der Individualität nähert, die ihm
eine einsichtsvollere Denkweise, Vernunft und Weisheit verleiht. Wer dem Geiste wahrer Intelligenz sich nähert und somit von der Persönlichkeit löst, erleidet nicht mehr deren An-
griffe, Finten und teuflischen Machenschaften. Er fühlt sich
in Sicherheit dank der edlen Eigenschaften der Individualität,
welche ihm Selbstvertrauen, Zuversicht und unerschütter-
liche Überzeugung schenken. Das sind die hohen Tugenden
eines Eingeweihten: Überzeugung, Gewißheit und Klarsicht.
Er geht nicht mehr auf die Wünsche der Persönlichkeit ein,
löst sich, macht sich frei. Das ist die wahre Befreiung! Der
Mensch kann sich nicht aus den kosmischen Kräften heraus-
lösen, er wird von ihnen gespeist und getragen; aber aus den
Krallen der Persönlichkeit mit all ihrer Begehrlichkeit, ihren
Ausschweifungen und Berechnungen kann er sich befreien,
sie aus seinem Herzen, seinen Gedanken verbannen. Das,
meine lieben Brüder und Schwestern, heißt frei sein.

Ein Eingeweihter, wie jeder andere Mensch, schleppt seine Persönlichkeit mit sich, nährt sie, damit sie nicht verhun-
gert, gibt ihr jedoch nicht alles, wonach sie hungert. Er erhält
sie, überwacht sie, sie ist nicht die Herrin wie bei vielen Männern, in deren Heim geschrieben steht: «Ich bin der Herr im
Hause, aber meine Frau befiehlt.» Beim Eingeweihten heißt
es vielmehr: «Die Persönlichkeit ist meine Magd, ich bin ihr
Meister.» So spricht ein Eingeweihter, aber er tötet seine Persönlichkeit nicht ab, bringt sie nicht um, wie jene armen Unwissenden, welche man Einsiedler und Asketen nannte. Es
wurde ihnen beigebracht, sie sollten sich geißeln, Büßerhem-
den tragen; daraufhin war ihre arme Persönlichkeit zu nichts
mehr nütze. So darf mit der Persönlichkeit nicht umgegangen
werden. Man soll sie nähren, waschen, für sie sorgen, aber
nicht auf ihre Launen und Intrigen eingehen. Laßt Ihr Euer
Dienstmädchen etwa ohne Nahrung und Unterkunft? Nein,

nicht wahr? Ihr versorgt Euer Dienstpersonal mit Essen und
Trinken, laßt es jedoch Eure Geschäfte nicht leiten und Euch
befehlen. Ich weiß, es kam vor, daß ein Hausmädchen sich
derart unentbehrlich zu machen wußte, daß es schließlich
den Hausherrn beherrschte. Sie bereitete ihm beispielsweise
die feinsten Leckereien zu, so daß er, ein ausgesprochener
Feinschmecker, sie schließlich nicht mehr entbehren konnte
und heiratete: sie hatte ihn mit ihren Kochkünsten eingefangen! Lest in der Geschichte nach und seht...

Die Dienerin darf man nicht töten. Man soll sie schulen,
aber ihr auf keinen Fall zu viel Freiheit lassen, sonst lädt sie
während Eurer Abwesenheit alle Nachbarn und Nachbarinnen zu Gast, und Ihr findet bei Eurer Rückkehr nur leere
Schränke und zerbrochene Flaschen vor. In Eurer Abwesenheit haben sie sich gelabt, alles ausgetrunken und aufgegessen.
Seht, wozu die Persönlichkeit imstande ist! Wo es an Einsicht
fehlt, schlingt sie alles auf, denn sie lädt Freunde und Freundinnen aus der Astralebene – d.h. niedere Gedanken und Gefühle – zu ausschweifenden Festgelagen ein.
Zusammenfassend kann man sagen, es gibt zwei Gesetze:
Nehmen und Geben. Nehmen heißt die alte Lehre. Geben die
neue. Welches ist nun die höchste Gabe? Sprechen wir vom
Geben, heißt dies nicht, dem erstbesten alles schenken, vielmehr den Lichtwesen, den Engeln und Erzengeln, den Heiligen, Propheten und Gott seine Kräfte, sein Denken, sein Leben übergeben. Wer bereit ist, sein Leben dem Ewigen zu weihen, ist weit voraus, verwirklicht das Sonnengesetz. Der
Mensch ist der Selbstaufgabe nicht fähig, solange er an seiner
Persönlichkeit haftet. Denn sie wird ihm davon abraten, ihn
überzeugen wollen, daß dies Unsinn sei. Am Ende gibt er
nach und wird es nie schaffen eine Gottheit zu werden. Man
wird kein Gottwesen, solange man sich ausschließlich den
Erdgesetzen beugt, man muß dem Gesetz der Sonne folgen.

So läßt sich das Newton- Gesetz auf geistiger Ebene auslegen. Newton entdeckte das Gesetz der kosmischen Anziehungskraft: Die Planeten kreisen um die Sonne, als würden
sie zu dieser hingezogen durch eine Kraft, welche dem Produkt ihrer Massen direkt und dem Quadrat ihres Abstandes
indirekt proportional ist. Also ist die Anziehungskraft proportional der Masse der Körper und umgekehrt proportional
ihrem Abstand. Später führten die Physiker folgenden Versuch durch: Sie wogen ein und denselben Gegenstand am
Nordpol und am Äquator und stellten fest, daß dieser am
Äquator weniger wog als am Pol. Weshalb? An ihren Polen
ist die Erde leicht abgeplattet, daher beträgt die Entfernung
vom Erdmittelpunkt zum Pol weniger als zum Äquator. Die
Anziehung ist demnach größer und der Gegenstand schwerer.
Entfernt sich dieser von der Erde, so unterliegt er von einem
gewissen Punkt an, der Anziehungskraft der Erde nicht mehr
und wird schwerelos. Kommt er in den Anziehungsbereich
der Sonne, wird er, demselben Gesetz zufolge, allmählich von
ihr angezogen. Der Anziehung der Erde enthoben, bewegt er
sich nun der Sonne entgegen, unwiderstehlich zu ihr hingezogen, von ihr aufgesogen.

Dasselbe gilt für den Menschen, der sich irgendwo zwischen Erde und Sonne, zwischen Persönlichkeit und Individualität befindet. Ist er der Erde zu nahe, hält ihn die Persönlichkeit fest, und er hat ein gewaltiges Gewicht. Gelingt es
ihm, sich von ihr zu lösen, verliert sie an Macht, und er wird
leichter. Entfernt er sich noch weiter von ihr, hat die Persönlichkeit von einer gewissen Stufe an überhaupt keinen Einfluß
mehr auf ihn, er wird von der geistigen Sphäre angezogen,
schreitet dem Zentrum der Sonne zu. Seht Ihr, es ist das gleiche Gesetz! Die Astronomen, die sich immer nur mit der
physischen Seite beschäftigen, haben nie bedacht, daß dieses
physikalische Gesetz ebenfalls im Menschen wirkt.

Bleibt der Mensch zu nahe an der Persönlichkeit, kann er
sich nicht ausbreiten und durchs Weltall schweben. Er muß

zunächst gewisse Fesseln und Bindungen zerschneiden. Und
damit ihm dies gelingt, muß er sich im Geben üben. Auf diese
Weise wird das Loslösen möglich. Völlige Entsagung, Aufopferung, Weitherzigkeit und Güte sind Gesten des Gebens. Dadurch hebt er sich von der Erde ab, wird von der Sonne angezogen und aufgenommen. Für mich ist das so klar, so einfach! Schwierig sind nur die Worte zu finden, Euch dies verständlich zu machen. Ja, ich würde sogar am liebsten von diesen Dingen gar nicht sprechen, denn es gelingt mir nie, sie so
darzulegen wie ich sie innerlich sehe und fühle. Mir ist dies
alles ganz klar, doch wenn es darum geht, sie den Menschen
nahezubringen, ergeben sich Schwierigkeiten. Und wenn ich
dann so viele Wörter und Sätze zusammenbringen muß, um
eine mir so selbstverständliche Wahrheit auszudrücken, sehe
ich nicht mehr klar. Nun ja... wohl noch immer klar, jedoch
nicht so klar wie wenn ich schweige.

Ihr solltet nun doch einsehen, meine lieben Brüder und
Schwestern, wie vorteilhaft es ist, nach dem Gesetz der Individualität zu leben. Wer die bisherige Denkweise beibehält, ist
noch nicht zum Licht erwacht. Wäre es Licht geworden in
ihm, hätte er begriffen und würde sich durch nichts zurückhalten lassen. Wenn Ihr jetzt, selbst nach diesen Erläuterungen, noch immer nicht den Wunsch verspürt, einer höheren
Erkenntnis und Lebensanschauung zu folgen, ist dies der Beweis dafür, daß Eure Persönlichkeit Euch wahrhaftig fest um-
klammert hält. Ich weiß sehr wohl, die Persönlichkeit hat sich
seit Tausenden von Jahren durch die Familie und alle Arten
von Denkrichtungen im Menschen so sehr verankert, daß er,
was man ihm auch erzählen mag, weiterhin nach den Ratschlägen der Persönlichkeit handelt. Nur wenige haben das
Verlangen ihr zu entkommen, weil sie gewahr wurden, daß
sie der Persönlichkeit wegen ihr ganzes Leben lang durch Mo-
rast gewatet sind. Andere werden sagen: «Uns geht es ganz
gut so; wenn uns auch ein paar Widerwärtigkeiten begegnen
– was soll's, so ist halt das Leben!» Sie akzeptieren ihre

Angstgefühle, ihre Wutausbrüche, ihre Versklavung; ersehnen weder die Befreiung, noch Glückseligkeit und Lebensfülle. Wie vielen Menschen begegnete ich, die sich in ihrem erbärmlichen Dasein wohlfühlten. Sagt man ihnen, daß es etwas Schöneres gibt, entgegnen sie, daß es ihnen so gut genug geht.

Darum weiß ich auch, daß diese Geisteshaltung nie und nimmer bei jenen Aufnahme findet, die völlig in den Krallen der Persönlichkeit leben. Die Persönlichkeit hat sie verblendet, so daß sie kein Verlangen nach einem höheren, schöneren, poesievolleren Dasein verspüren. Ihr werdet sagen: «Warum sprechen Sie dann noch zu den Menschen, wenn Sie doch schon im voraus wissen, daß sie nicht auf Sie hören werden?» Nun, weil ich weiß, daß einige nicht mehr so fest unter der Herrschaft ihrer Persönlichkeit stehen: für sie spreche ich. Es besteht die Hoffnung, daß sie eines Tages aus dem Teufelskreis der Persönlichkeit heraustreten und sich der Lichtwelt nähern werden, wo die grobe Materie keine Macht mehr über sie hat. Ich spreche für die Schüler, für die Brüder und Schwestern, die nicht völlig in ihrer Persönlichkeit verstrickt sind. Was die anderen betrifft, mache ich mir nicht allzu viele Illusionen. Später vielleicht, über einige Jahre hinweg, nach Leid, Schicksalsschlägen und deren Lektionen, nach einigen Inkarnationen – lösen auch sie sich aus den Klauen der Persönlichkeit.

Die Persönlichkeit tritt bei den Geschöpfen im Tierreich auf; sie ist die Triebnatur. Die höhere Natur ist bei den Tieren auch vertreten, doch nur latent. Bei den Menschen leuchtet sie schon etwas hervor. Bei den Übermenschen ist sie noch viel sichtbarer, bei den großen Meistern bewegt sie sich frei, ist weitreichend und umfassend, überstrahlt alles mit Pracht. Nach diesem Ideal laßt uns streben! Wieviel Zeit wird dies beanspruchen? Das darf Euch nicht aufhalten... Die Sonne ist das Sinnbild dieser Vollkommenheit, dieses Ideals, wir nahmen sie deswegen zum Vorbild. «Aber die Sonne ist doch

kein menschliches Wesen!» wenden manche ein. Sicher, aber
sie vollbringt weit mehr als Menschen je zustande bringen.
Darum ist es vorzuziehen sich Wesen anzuschließen, die vielleicht keine Menschen sind, diese aber doch weit übertreffen,
als unter solchen zu verweilen, die schwach, böse, eigensüch-
tig und dunkel sind.

Und wäre die Sonne auch nur ein Felsblock oder flüssiges
Metall, das wäre mir gleich. Weist sie höhere Eigenschaften
als die Menschen auf, eile ich ihr zu. Und frage nicht: «Ist es
ein Mensch, ein Stein, ein Metall?» Ich sehe nur, daß ihre
Vollkommenheit menschliches Vermögen weit überragt, und
so gehe ich zu ihr; denn in ihrer Nähe steigert sich mein Le-
bensbewußtsein, in ihrem Lichte wachse ich, klärt sich mein
Denken und Fühlen, bei ihr werde ich gesund. Währenddes-
sen, bei den Menschen macht man sich häufig krank, wird
unglücklich und gereizt. Einige werden sagen: «Meine Güte,
was ist er verdreht! Dichtet sogar der Sonne Intelligenz und
Charaktereigenschaften an.» Nun, warum nicht? Und ich bin
nicht der einzige. Ich folge dem Beispiel derer, die mir vorangingen. Ich habe mir erlaubt, eine Weltanschauung zu verlaßen, welche mir nichts mehr geben kann. Wenn sich andere
damit zufrieden geben, sollen sie in ihr verbleiben, niemals
werde ich versuchen sie davon loszureißen.

Über die Persönlichkeit und die Individualität habe ich
noch nicht alles gesagt... Für heute merkt Euch vor allem
dies: Versucht Euch weniger für die Persönlichkeit einzusetzen, verringert die Rationen all dessen, was sie benötigt. Wie
in dem Gleichnis vom ungetreuen Gutsverwalter.* Der ungetreue Gutsverwalter ist der Schüler, der im Dienste eines
Herrn, der Persönlichkeit, steht. Eines Tages kam er zu der
Erkenntnis, daß über seinem Herrn noch ein höheres Wesen
war: die Individualität. Dessen Freundschaft wünschte er zu
erwerben. In der Geschichte ist dies anders dargestellt, der
Sinn jedoch ist genau derselbe. Der Gutsverwalter stand im
Dienste der Persönlichkeit: mußte ihr gehorchen und für sie

arbeiten. Doch eines Tages begann er nachzudenken und sagte sich: «Ja, wenn ich mir keine Freunde in jener anderen Welt erwerbe, wer wird mich dann empfangen, wenn ich dort ankomme?... Ah, ich verstehe: Von hundert Prozent, die ich sonst meinem Herrn gebe, bekommt er eben nur noch die Hälfte oder ein Viertel.» Da ließ er die anderen Schuldner kommen und fragte sie: «Du, was schuldest du meinem Herrn?» – «Hundert Maß Öl.» – «Gut, schreibe fünfzig auf!» – «Und du, was schuldest du?» – «Hundert Maß Mehl.» – «Schreibe achtzig.» Auf diese Weise machte er sich Freunde, und Jesu war es zufrieden. Für den Schüler bedeutet dies, anstatt seinem Körper an die hundert Hühner, Hammel, Kühe und Puter zu verfüttern, soll er die Ration verringern. Alle Energien, die er gewöhnlich der Persönlichkeit widmete: seine Zeit, Kraft, Tätigkeit... soll er dem Himmel, der Individualität weihen.

Wir sind der Persönlichkeit untertan; wir müssen sie betrügen, das heißt, anstelle der hundert Prozent, ihr viel weniger, nur die Hälfte zuschieben. Alles, was sie an Zeit und Kraft, an Gedanken und Gefühlen, Vergnügen und Tätigkeit verschlang, dem Himmel, der edlen höheren Natur zukommen laßen. Dadurch wartet unser etwas im Himmel, wenn wir die Erde verlaßen. Ich erfinde nichts, habe lediglich die Worte Jesu entziffert, gedeutet und auf meine Art verstanden. Ich übermittle sie Euch, und Ihr könnt nicht behaupten, dies sei eine Erfindung. Geht hin und fragt ihn – er wird Euch bestätigen: «Was er sagt, ist vollkommen richtig, es steht ihm frei, meine Worte auf seine Art zu deuten. Es ist sein Recht, denn er weicht ja nicht von der Wahrheit ab. Ich bin mit ihm einverstanden; denn er wirkt seit jeher in diesem Sinne.»

Bonfin, den 28. Juli 1968

---

* Siehe Kapitel: «Der ungetreue Gutsverwalter» (Band II)

Vom Nehmen und Geben
Sonne, Mond und Erde
II

Freie Ansprache

Nun, meine lieben Brüder und Schwestern, habt Ihr die gestrige Ansprache über die Persönlichkeit auch richtig verdaut?...

Dieses Thema muß noch eingehender behandelt werden. Es sollte dem Menschen allmählich klarer werden, daß er zweierlei Naturen in sich trägt. In Wirklichkeit sind es viel mehr, aber man kann sie einteilen, einerseits in die geistige Natur, die über uns steht, andererseits in die niedere Triebnatur.

Nun aber können wir in der Weise, wie wir von diesen beiden Naturen beeinflußt werden, auch auf sie einwirken und die niedere Natur veredeln. Auf die geistige Natur freilich haben wir keinen Einfluß, da sie ja aus Gott stammt, aber man kann mit ihr eins werden, in ihr aufgehen. Der Mensch kann aber auch so tief absinken, sich mit dem Prinzip des Bösen vereinigen, daß er ein Unmensch, ein Teufel wird. Jawohl, manche Menschen wurden zu Teufeln, weil sie allzulange in der Schule der Persönlichkeit verharrten. Die Persönlichkeit ist ein Band, eine offene Tür zwischen der Hölle und uns; durch die Persönlichkeit also kann die Hölle uns erreichen. Durch sie bahnt sich das Unterschwellige einen Weg zu uns.

Die Persönlichkeit grenzt an die Triebe, Leidenschaften und Gelüste; befolgt der Mensch dauernd ihre Ratschläge, so wird er schließlich untrennbar mit ihr und der Hölle verwoben.

In einer früheren Ansprache erwähnte ich das Bestehen zweier Strömungen: eine, die bis ins Erdinnere hinabführt, die andere, welche zur Sonnenmitte aufsteigt. Viele Menschenseelen sind an den ins Erdinnere fließenden Strom angeschlossen und werden von dessen Sog eingefangen. Nennt es Anziehungskraft oder Verlockung, wie Ihr wollt; sicher ist, daß jene, die sich davon fortreißen lassen, in die Erdtiefe geschleust und schließlich zu Teufeln werden.* Jene, die sich von der Sonnenströmung emportragen lassen, dringen in die Sonne hinein. Alles hängt von der Richtung ab, die man wählt.

In der Natur kreisen unzählige Strömungen verschiedenster Art; zum leichteren Verständnis nennt man nur zwei: den Strom des Lichts und den der Finsternis.

Zahlreiche Eingeweihte, Philosophen, Dichter, Mystiker und Seher haben auf mannigfaltige Weise den Begriff einer von zwei unterschiedlichen Kräften zerteilten Welt dargestellt. Die Perser vor allem, mit Zoroaster, hoben die Gegenüberstellung des Lichts und der Finsternis hervor; sie nannten den Lichtgott Ormuzd, den Gott der Finsternis Ahriman. Dieser Unterschied wurde jedoch nicht immer richtig verstanden, und es erwuchsen daraus auf die Dauer verfälschte Anschauungen. Zoroaster beabsichtigte nicht, das Böse als ein dem Guten sich widersetzendes, unbesiegbares Prinzip hinzustellen. Er betonte lediglich die Idee der Polarität. Gott ist eins, in Seiner Offenbarwerdung zwei: männlich und weiblich, positiv und negativ, Licht und Dunkelheit.

---

* Den zur Sonnenmitte und den zum Erdmittelpunkt führenden Strom muß man symbolisch verstehen. Die Hölle liegt nicht im Innern der Erde. Meister Omraam Mikhaël Aïvanhov hat mehrere Male über das unterirdische Reich Agartha gesprochen, wo eine geistig und technisch weit höher entwickelte Kultur als die unsrige herrscht.

In der Natur erscheint die Dunkelheit nicht als das Böse: es wirken in ihr Kräfte der Bildung, des Wachstums, des Aufbaus.* Lediglich im Denken der Leute gilt die Dunkelheit als das Böse. Ist zum Beispiel die Nacht etwas Böses?... Ist es etwa verwerflich, daß das Kind neun Monate lang sein Wachstum im Leib seiner Mutter in der Dunkelheit durchmachen muß? Dennoch weilt es in der Finsternis. Wäre sie das Böse, wie erklärte sich dann, daß sich in ihr Geschöpfe bildeten, welche später zu Heiligen, Propheten, Märtyrern wurden?... Sie künden vom Licht! Woher kannten sie das Licht, da sie doch in der Finsternis weilten? Das muß richtig verstanden werden, es ist symbolisch gemeint. Dasselbe gilt auch für rechts und links. Man sagt: «Paß auf, du nimmst den Weg nach links.» Was heißen soll: du begibst dich auf den falschen Weg, du dienst dem Bösen. In Wahrheit ist die Linke nicht das Böse, dies ist nur eine Redensart. Rechts und Links, beide Seiten machen den Menschen aus. Man teilt ihn der Einfachheit halber in zwei auf, er selbst aber ist eine Einheit; es ist nicht möglich ihn zu teilen. Seht her: Eure linke Hand schlägt auf die rechte; sie sind nicht getrennt und feindlich, ist es doch dasselbe Wesen, das den Schlag gibt und empfängt. Vieles wird begreiflich, wenn man das Gesetz der Polarisierung versteht.

In der Schöpfung ist alles gut. Damit behaupte ich natürlich nicht, daß auch die Teufel gut sind. O nein, jedoch eines Tages werden sie gebraten, gewürzt und verschmaust werden. Warum nicht? In der Kabbala steht, der Leviathan werde am Ende der Zeiten zerstückelt, gesalzen und den Gerechten als Festschmaus dargeboten. Welch ein Leckerbissen erwartet uns, vorausgesetzt freilich, wir haben die Ehre, dieses Untier mit den Gerechten zusammen zu verspeisen! Wenn Leviathan, der ja nicht besser ist als die übrigen Teufel, als Festmahl vorgesetzt werden soll, warum denn nicht die anderen

---

* Siehe den Vortrag: «Tag und Nacht» (Band X)

Teufel? Man wird sich später mal an ihrem Fleisch laben...
Einstweilen freilich sind sie es, die sich am Menschenfleisch
gütlich tun.

Genauso wie der Mensch durch die Persönlichkeit mit der
Hölle in Verbindung steht, ist er durch seine Individualität,
sein höheres Ich, mit Gott verbunden; läßt er sich von dem
Lichtstrom erfassen, ist er gewillt, sich mit seiner Individualität in Einklang zu bringen, wird er eine Gottheit. Was ich
Euch hier sage, stimmt mit sämtlichen esoterischen und religiösen Lehren überein; sie verkünden, der Mensch soll wieder werden, was er ursprünglich war... Gegenwärtig befindet
er sich irgendwo zwischen Himmel und Hölle, denn er ist zu
sehr herumgeirrt, von einer Stelle, einem Ort zum anderen
und weiß nun nicht mehr wohin; er hat sein ganzes früheres
Wissen vergessen und braucht jetzt einen Führer. In früheren
Zeiten bedurfte der Mensch keiner Führung, er wurde von
seinem eigenen Licht geleitet; nun, da er es verloren hat, findet er sich nicht mehr zurecht. So ist es im Augenblick fast
um die ganze Menschheit bestellt. Bisweilen begegnet man
noch Menschen, die im Lichte stehen und sich erinnern, wie
der Mensch im Uranfang war, wissen, woher sie stammen
und wohin sie gehen. Diese bedürfen keiner Führung, denn
ein inneres Licht unterweist und leitet sie. Jeder neue Tag bestätigt ihnen die Wahrhaftigkeit der erhaltenen Weisungen;
darum wächst auch ihre Überzeugung, ihre Gewißheit, und
mit Verwunderung werden sie gewahr, daß dieses führende
Licht sie nie getäuscht hat.

Die meisten hingegen stecken ständig in Zweifel, Ungewißheit und Lebensangst: sie fragen sich, was nach dem Tode
mit ihnen geschieht, ob sie weiterleben oder völlig vergehen,
was sie der Nachwelt hinterlaßen, wozu sie gearbeitet haben... Aus dieser Ungewißheit heraus entstehen jetzt allerlei
Bücher, Theaterstücke, Filme. Wenn auch einige davon noch
die Richtung weisen, so gibt es viele andere, die den Zweifel
nur noch vertiefen, das hoffnungsvolle Streben im Menschen

vernichten. Wie viele Bücher werden geschrieben, um das
bißchen Glauben und Liebe, das noch übrig ist, zu zerstören!
Es ist schade, daß die Jugend lieber Bücher liest, die den
Zweifel und den Unfrieden, das Chaos stiften, Vernichtung
und Verödung bringen, anstelle der Bücher, worin weise
Menschen den Reichtum ihrer Erfahrungen und Entdeckun-
gen mitteilen. Manche Schriftsteller, Philosophen und Wis-
senschafter haben alles dazu getan, um die letzten Licht-
schimmer im Menschen zu vernichten, und nun lebt die
Menschheit planlos dahin, weiß nicht mehr die Richtung,
und das ist folgenschwer. Dem Menschen muß von neuem
eindeutig die Richtung gezeigt werden, die er einschlagen soll.
Wer das einsieht, entscheidet sich. Die anderen mögen ruhig
ihre Erfahrungen machen; sie werden eines Tages schon sehen, ob diese Lehren richtig oder falsch sind.

Ich habe Euch gestern über die Persönlichkeit bei weitem
noch nicht alles gesagt. Es bleiben noch viele Seiten von ihr
zu betrachten; eine davon möchte ich Euch noch zeigen. Ich
sagte gestern, das Hauptbestreben der Persönlichkeit sei das
Nehmen, selbst auf Kosten anderer. Sie kennt keine Gerechtigkeit, kein Mitleid, nichts. Alles will sie besitzen, verschlingen und ist obendrein noch undankbar und schnell beleidigt.
Alles Negative gehört mit zur Persönlichkeit, denn durch ihre
Habgier entwickelt sie allerlei Untugenden: ist ständig unzufrieden, aufgebracht, unersättlich, eifersüchtig und grausam.
Ich verglich die nur aufs Nehmen bedachte Persönlichkeit mit
der Erde, die frei gebende Individualität mit der Sonne. Der
Mensch, der zwischen beiden steht, fühlt sich bald zu der
einen, bald zu der anderen hingezogen. Ich fügte hinzu, wenn
der Mensch ausschließlich seine Persönlichkeit befriedigt, ist
sein Schicksal schon vorausbestimmt; durch seine Heftigkeit
und Härte verletzt er die anderen und macht sich dadurch
Feinde. Wer hingegen die Ratschläge der Individualität befolgt, die stets zu geben bereit ist, entfaltet Eigenschaften, die
ihn so sympathisch machen, daß alle ihn gerne mögen, weil

er selbst einer Sonne gleicht. Anschließend erklärte ich mit Hilfe des Gesetzes von Newton, daß der Mensch sich von der Erde entfernen und unter den Einfluß der Sonne gelangen kann. Sich entfernen und sich nähern, diese beiden Begriffe enthalten die beiden wirksamsten Möglichkeiten, sich aus den Krallen der Persönlichkeit zu befreien.

Ich erwähnte die Erde und die Sonne und wies auch flüchtig auf den Mond hin. Über ihn möchte ich noch einiges sagen. Was ist der Mond? Eine Erde wie die unsrige. Astronomisch und wissenschaftlich gesehen ist er nicht ganz wie unsere Erde, symbolisch aber ist er unserer Erde gleich, mit anderen Worten, keine Sonne, denn er nimmt. Erde und Mond sind weiblich, beide nehmen auf, jedoch auf unterschiedliche Weise, wie Ihr jetzt von esoterischer Sicht aus sehen werdet. Die Sonne gibt; Erde und Mond nehmen. Wir lassen die anderen Planeten beiseite und betrachten nur die Sonne, den Mond (die in den Mysterien stets als das männliche und weibliche Prinzip galten) und die Erde. Die Erde steht für den physischen Körper, der Mond für den Astralleib (das heißt die niedere Seele) und die Sonne für den Geist. Der Intellekt wird durch Merkur versinnbildlicht, aber davon spreche ich heute nicht.

Bleiben wir bei Sonne, Mond und Erde. Die Sonne, mit anderen Worten der Geist, schenkt, nimmt niemals – Seele und Körper jedoch nehmen beide. Auf welche Weise? Das ist das Interessante. Man darf ja nicht denken, nehmen sei unbedingt etwas Schlechtes, es gibt nämlich mehrere Arten des Nehmens. Es kann entweder ein egoistisches, brutales Ansichreißen sein oder ein Aufnehmen gleich einem Bergsee, einem Spiegel, einer friedlichen Seele, worin sich der Himmel widerspiegelt...

Man unterscheidet unter den Menschen solche, die unter dem Einfluß der Erde stehen und egoistisch, lieblos, ohne Mitleid an sich raffen und solche, die unter dem Einfluß des Mondes stehen: die Medien, Hellseher, Dichter, Mystiker, die aus den jenseitigen Bereichen und von der Sonne etwas empfangen möchten, um es wieder auszustrahlen. Ausstrahlen ist bereits ein Geben. Sie geben etwas, behalten nicht alles für sich; das Empfangene wird nicht restlos absorbiert. Die Seele eines Mediums ist derart empfindsam geworden, daß ihr Offenbarungen von oben zuteil werden, die es dann als Weissagungen überträgt. Der Empfangsfähige, Feinfühlige, der Wellen und Nachrichten empfängt, ist völlig anders geartet, als derjenige, der einem Schlund gleich alles verschluckt. Der Spiegel gibt zumindest ein Widerbild, er gibt nichts aus sich selbst heraus, natürlich – aber doch etwas zurück: er widerspiegelt. Das ist die Aufgabe des Mondes: er reflektiert; und da er zwischen Sonne und Erde kreist, spiegelt seine der Erde zugekehrte Seite das Niedrige und Düstere, und die der Sonne zugekehrte Seite alles Erhabene und Lichte. Der zu- und abnehmende Mond scheint zeigen zu wollen, daß er während einer kurzen Dauer alles Schlechte und Teuflische und in einer anderen Zeit nur Gutes und himmlisch Schönes widerspiegelt.

Die menschliche Seele ist dem Mond, sein physischer Körper der Erde und sein Geist der Sonne verwandt. Der Sonne gleich, gibt und schenkt und sprudelt der Geist unerschöpflich.Deswegen, weil er immerfort ausstrahlt, quillt und aussendet, ist er nicht aufnahmefähig. Die Erde dagegen kann nicht geben, sie nimmt auf, empfängt, und aus dem, was sie erhalten hat, bringt sie einige Blumen, einige Früchte hervor. Der Mond seinerseits wird teils von der Sonne, teils von der Erde beeinflußt. Darum sind die Mondtemperamente auch so unbeständig. Sie leben in der Poesie, erhalten Eingebungen, aber plötzlich bricht alles zusammen, sie sind niedergeschlagen, verzweifelt; aber nicht lange darauf singen sie wieder und sind lustig... Man begreift nie, was in ihnen vorgeht, ihre Voraussagungen vor allem sind unzuverlässig: teils wahr, teils unwahr. Wenn Ihr erfahren wollt, welches der Bereich der Lügen und Täuschungen ist: es ist der Mond; und das

Reich der Klarheit und Reinheit? ebenfalls der Mond! Warum?...

Seht Euch den Sephirotbaum* an, Ihr werdet feststellen, daß nach Malkut (dem Erdreich) aufwärts Iesod (der Mondbereich) liegt. Darauf folgt Tipheret, das Reich der Sonne. Der Mond liegt also zwischen Tipheret und Malkut, wird in seiner oberen Hälfte von der Sonne, seiner unteren Hälfte von der Erde beeinflußt, und dort spiegelt sich alles, was von ihr kommt an Lügen, düsteren Wolken und Schreckgestalten. Wer diese trügerische Zone übertritt, gelangt in eine lichte, sonnerleuchtete Sphäre. Die wahrhaft Hellsehenden weilen dort, in diesem oberen Teil des Mondes, wo keine Lügen, keine Dunstwolken mehr sind. Auf der Ebene des Mondes trifft man daher zwei unterschiedliche Menschenarten: empfindliche, unstete, unberechenbare, leicht verrückte, und im Gegensatz dazu solche, die klar denken, hell sehen und rein sind. Der Mond verleiht vollkommene Reinheit. Möchtet Ihr Euch läutern, rein werden wie klares Wasser, dann verbindet Euch mit dem Mond – und zwar mit der oberen Mondsphäre. Der Mond waltet sowohl über das klare wie auch über das schmutzige Wasser; alle Gewässer, ob rein oder getrübt, sind seinem Einfluß ausgesetzt. Der niedere Mondbereich ist durch Hekate, der höhere durch Diana, die keusche Diana und ebenfalls durch Isis dargestellt.

Hinsichtlich der vorhin verwendeten Ausdrücke: ausstrahlend und empfangend muß ich noch etwas hinzufügen. Manche Menschen sind ausschließlich empfangend, nehmen wahllos alles auf, das Gute wie das Schlechte und fangen daher, ohne es zu merken, alles Unreine und Krankhafte ihrer Umwelt auf. Empfängliche Menschen sind überaus empfindlich und leicht verletzbar, weil sie sich nicht wehren können. Medial veranlagte Menschen sind daher allen möglichen Ein-

---

* Siehe Kapitel: «Der Lebensstrom» (Band VII)

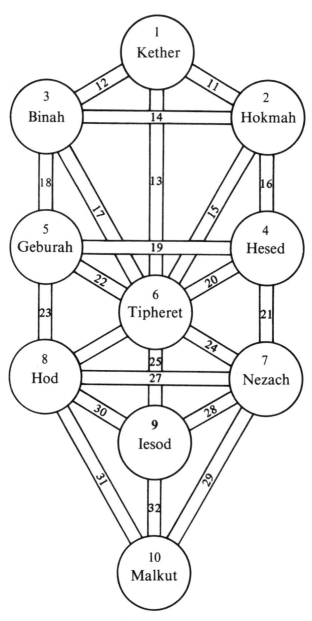

SEPHIROT-BAUM
(Baum des Lebens)

flüssen und Wesenheiten ausgeliefert. Jedoch unter den ausstrahlend-sonnenhaften Menschen findet man die Magier. Bei den Magiern ist der willensbetonte, nännliche Aspekt vorherrschend, das Bedürfnis des Gebens, des Aufbauens, das Verlangen, einzuwirken, einflußreich und tätig zu sein. Das sind männliche Charakterzüge. Das weibliche Prinzip empfängt, bildet und fügt sich. Beide Pole, männlich und weiblich, ausstrahlend und empfangend sind notwendig; fehlt der eine, hört das Leben auf.

Im Menschen müssen ebenfalls beide Pole, männlich und weiblich, ausstrahlend und empfangend vereinigt sein. Ist er nur empfangend, droht ihm großes Unheil: er kann keiner Situation gerecht werden, weil es ihm an Willen fehlt. Er hat lediglich seine Feinfühligkeit entwickelt, was aber nicht genügt, da im Leben gegen feindliche Kräfte gekämpft werden muß. Ist er nur ausstrahlend und dynamisch, wirft er alles zurück, fehlt es ihm an Einfühlung; er hat keinen Zugang zu den Naturgeheimnissen, empfängt keine Eingebungen, keine Erleuchtungen, hat keine Erinnerungen, und das ist bedauerlich. Ein solcher Mensch ist stark und einflußreich, legt sich jedoch mit jedem an, denn der Wille kennt nur dies: kämpfen, andere belästigen, angreifen und überrumpeln; dadurch schafft er sich natürlich Feinde. Ist der Mensch lediglich empfangsfähig, so erregt er keinen Anstoß, weil er zu allem «ja und amen» sagt, sondern wird dauernd unterdrückt und getreten, was ebenfalls nicht empfehlenswert ist. Vereinigt der Mensch hingegen die Sonnen- und die Mondnatur in sich (zusammen mit der irdischen Natur, der physischen Ebene, um in der Materie wirken zu können), steht er in der Vollkommenheit, in der Lebensfülle. Die esoterische Wissenschaft nennt einen solchen Menschen Androgyn, einen voll entfalteten Menschen. In Indien wird diese Vollkommenheit und Fülle bildhaft durch das Lingam dargestellt.

Nehmen und Empfangen ist, wie Ihr seht, nicht unbedingt verwerflich, vorausgesetzt, man nimmt auf wie der Mond mit

seiner der Sonne zugewendeten Seite. Wer sich sowohl auf das Empfangen als auch auf das Geben versteht, erfreut sich außerdem guter Gesundheit. Nehmt Ihr immer nur auf, ohne jemals zu geben, so entstehen in Euch Gärungen, und Ihr werdet krank. Gebt Ihr nur, ohne je zu empfangen, so erschöpft Ihr Euch und verarmt. Weise sein, heißt genau wissen wem, in welcher Weise was zu geben, und von wem, auf welche Weise was zu empfangen ist... Gestern sprach ich vom Geben, aber noch wißt Ihr nicht wem, wann und wie... Diese Frage zu erläutern sind noch viele Erklärungen nötig.

Bevor ich schließe, will ich noch folgendes hinzufügen. Wenn Ihr jemanden seht, wie könnt Ihr erraten, was er denkt, was für Pläne er schmiedet? Ein finsteres, verschlossenes, bedrohliches Gesicht läßt mit Sicherheit darauf schließen, daß der Betreffende auf Einbruch, Zerstörung, irgend etwas Übles sinnt. Die Natur hat es so eingerichtet. Wenn der Mensch verbrecherische Absichten hegt, verdüstert sich sein Gesicht, strahlt nicht mehr. Ist er von dem Wunsch erfüllt, anderen zu helfen, sie zu unterstützen, klärt sich sein Gesicht auf, strahlt und leuchtet. Es mag sein, Ihr wißt nicht, was in ihm vorgeht; die Natur jedoch weiß es.

Welche wunderbare Schlußfolgerung läßt sich aus dieser Beobachtung ziehen? Nun, warum hat wohl die Sonne ein so hell strahlendes, leuchtendes Gesicht? Weil sie nur Gutes

denkt und ihr Licht proportional zur Erhabenheit ihrer schönen Gedanken und Gemütsregungen, zu ihrer Liebe und
Weisheit ist. Habt Ihr wohl schon daran gedacht?... Die Sonne weist uns den Weg: sie heißt uns geben, erleuchten, beleben! Aber von diesem Wissen sind die Leute weit entfernt,
keiner läßt sich davon überzeugen. Sie sagen: «Ach wie poetisch, wie hübsch», glauben jedoch nicht, daß es die reine
Wahrheit ist. Ach ja, man wird nur sagen, es sei hübsch und
sehr poetisch.

Noch so vieles möchte ich Euch enthüllen! Es ist Euch
manches im Augenblick noch nicht ganz klar, weil Ihr mit
der Sprache der Symbole noch nicht genügend vertraut seid.
Sie wird Euch bald verständlich werden, meine lieben Brüder
und Schwestern, nur Geduld!

Licht und Friede seien mit Euch!

Bonfin, den 29. Juli 1968

Kapitel IV

Persönlichkeit und Individualität:
Die Begrenzung der unteren Welt –
Die unendliche Weite der höheren Welt

Freie Ansprache

Die Frage der Persönlichkeit und der Individualität ist ein
Problem, dem wir unser ganzes Leben lang begegnen; nicht
allein in unserem jetzigen Dasein, sondern auch über zahlreiche Wiedergeburten hinaus. Nur wenige wissen, was Persönlichkeit und Individualität, ihr niederes und ihr höheres
Wesen eigentlich sind und daß sie sich zwischen beiden befinden, mal unter dem Einfluß der einen, mal unter dem der anderen stehen, und nicht selten, wenn sie sich gut beeinflußt
glauben, sind sie in Wirklichkeit von ihrer Persönlichkeit an-
gelockt, beraten und überzeugt worden und geraten in größtes
Unglück.
Die Individualität, diese edle, wundervolle Wesensart im
Menschen, versucht häufig, ihn vor den Folgen seines Han-
delns und drohenden Unfällen zu warnen. Aber nur selten
schenkt er ihr Gehör, ja, er sagt ihr sogar: «Sei still, du weißt
nichts, siehst und verstehst nichts.» Darum sollte unser erstes
Bestreben darauf hinzielen, uns unausgesetzt zu beobachten:
bei jeder neuen Idee, jedem Wunsch, jeder Entscheidung, jeder Unternehmung stets überprüfen, erkennen und erforschen, welcher Natur sie sind; genau die Art und Beschaffen-

heit dieser Anweisungen und Ratschläge festzustellen. Leider
sind nur wenige daran gewöhnt, diese Anstrengung zu machen: Sie lassen sich mitreißen, erliegen, gehen mit der Persönlichkeit und sind anschließend von Reue, Kummer und
Enttäuschung überwältigt. Könntet Ihr den Menschen ins
Herz blicken, ihr Vertrauen gewinnen, so daß sie ihr Innerstes
enthüllen, wäret Ihr entsetzt. Ich selbst bin oft erschüttert
über das, was man mir erzählt und ersehe daraus, daß die
Menschen über sich selbst nicht im Klaren sind und die beiden Naturen, die sich in ihnen bekunden, nicht unterscheiden
können.

Die Menschen denken, wenn sie ihre niederen Triebe befriedigen, sind sie es, die Nutzen daraus ziehen. Keineswegs,
sie sind für andere tätig, werden sich dessen aber erst zum
Schluß inne, wenn sie sich geschwächt, leer und verlassen
fühlen. Es gibt nämlich Geschöpfe, nicht sichtbare Wesenheiten, von denen der Mensch nichts ahnt, die sich unaufhörlich
von ihm nähren. Wird er sich dessen bewußt, so wird ihm
klar, daß er sein ganzes Leben hindurch sich für andere ein-
setzte und nicht für sich selbst, d.h. für jenen Teil seiner
selbst, der ständig zunehmen, reifer werden und sich entfalten
sollte. Wer sind nun diese «anderen»? Es würde zu lange
dauern, Euch dies im einzelnen zu erklären; denn ihrer sind
so viele, die darauf aus sind, sich an uns zu nähren, sich an
uns gütlich zu tun und die an uns zehren! Ganze Generationen wirkten für ihr Wohl, nun haben wir sie ererbt und
schleppen, ohne es zu wissen, viele dieser Geschöpfe, dieser
Kräfte mit uns, all unser Mühen kommt ihnen zugute, während wir glauben, für uns selbst zu wirken. Würde uns eines
Tages diese Einsicht, dieses Licht, dieses Bewußtsein zuteil,
so weigerten wir uns, länger für sie tätig zu sein... Hingegen
gibt es in der unsichtbaren Welt auch Wesenheiten, für welche wir wirken können und uns dabei unaufhörlich be-
reichern, weil jede unserer Anstrengungen unseren Besitz, unseren Reichtum, unsere Kräfte vermehrt.

Wer sich genau beobachtet, wird es sofort feststellen: Er hat allerlei Wünsche, welche er verwirklicht, und es wird ihm klar, daß bei manchen nicht er es ist, der profitiert hat; sein Denken ist nicht heller geworden, er fühlt sich nicht friedlicher, gefestigter, noch sicherer, im Gegenteil. Dies beweist ihm zur Genüge, daß andere an seiner Stelle Nutzen davon hatten. Und wären wir hellsehend, was würden wir erblicken! Es sind Millionen und Aber-Millionen, für die wir wirken und die uns unserer Kraft und Lebensenergie berauben... Ich berichtete Euch einmal von einem Gespräch, das ich mit einem Schriftsteller hatte, der sich für sehr intelligent und begabt hielt, weil er einige Romane geschrieben hatte. Ich erklärte ihm das Bestehen der beiden Naturen des Menschen, und als er vernahm, daß es im Unsichtbaren Kreaturen gibt, die uns ausnützen, sich unser bedienen genau wie wir es mit den Tieren tun, war er empört und aufgebracht: «Wie? Uns so etwas anzutun! Uns unsere Haut, unser Fett und alles wegzunehmen?» Ich sah ihn an und dachte mir, daß er für einen Schriftsteller nicht besonders scharfsinnig sei, da er nicht einmal einsehe, daß andere mit uns genauso verfahren könnten wie wir mit den Tieren. Die Menschen lassen die Tiere für sie arbeiten, enthäuten sie und verkaufen ihr Fleisch,ohne sich je zu fragen, ob ihr Tun nicht ungerecht und grausam sei. Gewiß, fragte man die Tiere nach ihrer Meinung, so würden sie sich über die Unbarmherzigkeit der Menschen beklagen. Die Menschen jedoch finden ihr Vorgehen normal. Warum sollte es dann nicht auch Wesen geben, die in gleicher Weise mit uns umgehen? Das ist logisch, nicht wahr? Sie nutzen uns aus: Sie geben uns etwas Nahrung, treiben uns an, auf ihren Feldern zu arbeiten, ihre Ziele zu erreichen und am Ende hacken sie uns in Stücke, machen uns zu Schinken und Wurst, woran sie sich laben.

Wüßte man nur, was die unsichtbare Welt eigentlich ist! Das will nun nicht heißen, daß alle Wesen, die in ihr leben, dieser Art sind; nein, lediglich ein Teil davon. Es finden sich allerlei Nationen, Völker und Stämme vor; einige unter ihnen verfolgen hartnäckig gewisse Menschen, genauso wie die Menschen es auf gewisse Tiere abgesehen haben, sie zur Arbeit antreiben, sie verkaufen und ihnen das Fell abziehen: Es ist genau das gleiche. Dieses neue Wissen wird später der gesamten Menschheit zuteil werden. Einstweilen kommt es Euch zugute, und Ihr beginnt bereits zu verstehen. Doch müßt Ihr Euch ständig überwachen, Eure Wünsche und Ziele, Gedanken und Vorhaben prüfen, wie ein Juwelier die echten Edelsteine untersucht, prüft, sie von den gewöhnlichen Glasstückchen trennt.

Ja, in manchen Bereichen handeln die Menschen bisweilen, als wären sie sehr weise... Alle wissen, daß es im Leben Gutes und weniger Gutes gibt, bessere und schlechtere Qualität: sei es in der Nahrung, der Kleidung, den Blumen, Früchten, Gegenständen, ja selbst unter den Menschen... Daß nun einige die Armut dem Reichtum vorziehen, häßliche Frauen den schönen, lieber sich in Lumpen kleiden, das ist eine andere Frage. Im allgemeinen ist es so, daß die Menschen zwischen höheren und tieferen Stufen unterscheiden. Aus diesem Grunde sagen Euch die Eingeweihten, indem sie sich auf diese Beobachtung stützen, daß der Mensch von Stufe zu Stufe höher steigen und eine immer bessere Qualität erreichen kann, denn in dieser Richtung gibt es keine Begrenzung. Lernt Ihr einen intelligenten Menschen kennen, so könnt Ihr nicht sagen: «Das ist nun das höchste Maß an Intelligenz und Wissen», denn es könnte sein, Ihr begegnet einem Menschen mit noch größerer Intelligenz. Für Intelligenz, Schönheit, Güte und Liebe sind keine Grenzen gesetzt: sie sind unendlich, lassen sich immer weiter steigern!

Schlägt man nun die entgegengesetzte Richtung ein, kann man auch da bis ins Unendliche steigern? Nein, und Ihr werdet den Unterschied gleich sehen. Begebt Ihr Euch hinunter in Häßlichkeit, Armut und Krankheit, so findet Ihr eine Grenze vor, denn allem Niederen sind Schranken gesetzt.

Nehmt zum Beispiel die Wärme und die Kälte: Von Grad zu Grad kann die Temperatur von 0° Celsius bis ins Unendliche steigen; sie kann jedoch nicht unter minus 273 Grad absinken. Dies erklärt sich folgendermaßen: Unter dem Einfluß der Kälte ziehen sich die Teilchen zusammen, erstarren, drängen sich dicht zusammen bis zur völligen Unbeweglichkeit, womit die Kältegrenze erreicht ist. Die Wärme gibt ihnen im Gegenteil die Möglichkeit sich im Raum zu verbreiten, umherzuschwirren. Die Materie wird alsdann von lebhafteren Schwingungen bewegt. In der Unendlichkeit des Weltalls sind nirgendwo Schranken gesetzt. Sehen wir noch Grenzen, dann nur, weil wir noch nicht weitergegangen sind, um die uns noch unbekannten Gebiete zu erforschen, und wir sagen: «Das ist die Grenze.» Niemals! In der Höhe sind keine Grenzen.

Daraus habe ich folgenden Schluß gezogen: Das Böse ist raum- aber auch zeitbegrenzt. Gott läßt es nicht ewig dauern; während das Gute in Zeit und Raum unbegrenzt ist. Darin liegt ein Unterschied, der den Menschen unbekannt ist. Sie meinen, daß die Kräfte von Gut und Böse sich gegenseitig ausgleichen. Keineswegs. Um es Euch genau zu sagen: Wenn man zum positiven Pol aufsteigt, tritt man ins Raum- und Zeitlose, ins Unendliche und Ewige, und dieses Unermeßliche ist Gott. Gott allein ist unbegrenzt, allem anderen sind Grenzen gesetzt. Infolgedessen besteht keine Gleichheit zwischen den Kräften des Himmels und der Hölle, dies ist ausgeschlossen: Das Böse (der Teufel) ist dem Guten nicht vergleichbar.

Was läßt sich daraus im Hinblick auf den Menschen schließen? Alle jene, die den absteigenden Weg der Persönlichkeit mit ihrer Schwäche und Verwirrung wählten, enden in Vernichtung und Tod. Nach und nach vergehen sie, denn in der abwärts gerichteten Spitze des Kegels sind sie derart eingezwängt und gehemmt, daß sie weder atmen noch sich rühren können.» Hingegen wählt man die Individualität, so weitet und dehnt man sich. Ein wirklich kluger Mensch wählt diese Richtung, denn wenn er aufsteigt, eröffnen sich ihm unendliche Sphären der Freiheit, und es bieten sich ihm unzählige Lösungen, die ihn davor bewahren anzustoßen und zu scheitern; er lebt in Wonne, Glück und Harmonie. Hingegen jene, die nach unten sinken, fühlen sich immer eingeengter, beginnen sich zu bekämpfen und gegenseitig auszurotten, um sich etwas Raum zu schaffen.

Wollt Ihr mir nicht glauben, so prüft meine Worte nach; geht diesen Weg, Ihr werdet schon sehen! Wartet aber nicht ab, bis Ihr völlig zerdrückt seid, versucht es nur eine Woche lang, das genügt: Eine Woche in innerer Zerrüttung und Wirrnis, und beobachtet Euch dabei genau – Ihr werdet sehen, was sich ereignet! Ihr werdet feststellen, daß die segenreichen Lichtkräfte Euch allmählich verlassen und andere Wesen und Kräfte völlig entgegengesetzter Art Euch durchdringen...Erst später stellen sich Leid und Unglück ein, bis dahin fühlt Ihr nur, daß Euch schwer zumute wird; Ihr seid erdrückt, etwas Dunkles kommt über Euch, nimmt Euch alle Unternehmungslust... Diese Gefühle sind eine Warnung dafür, daß sich der Raum Eurer Seele verengt.

Seid Ihr in einer Menschenmenge, im Zug oder in der Metro eingezwängt, so glaubt Ihr zu ersticken... Es ist ein entsetzliches Gefühl! Aber hernach, wenn Ihr herauskommt, wie erleichtert atmet Ihr auf. Welche Wonne, frei zu atmen! Nun, diese Beobachtungen muß man gemacht haben, um die Parallele hierzu im Geistigen wiederzufinden. Ein jeder hat schon Ähnliches erlebt, aber wer versteht es zu nutzen, zu deuten und Schlüsse daraus zu ziehen? Wie gesagt, sobald Ihr das Gefühl habt, etwas erstickt und erdrückt Euch, solltet Ihr dessen Bedeutung erkennen und Euch sagen: «Aha, ich bin dabei, abzuirren, einzusinken, ich bin nicht mehr auf dem richtigen Weg.» Kehrt alsdann zurück, sonst weicht das Leben immer mehr... Und was wird erst nach ein paar Jahren

aus Euch? Man muß auf diese Hinweise achten, die Sprache
der Natur entziffern, sich beobachten und stets das Beste wählen.

Ich führte dies an, weil wohl jeder von Euch sich schon
einmal in einer solchen Situation befand, nicht wahr? Zumindest für einige Stunden oder Tage, wenn nicht Wochen... oder
sogar Jahre. Ein jeder hat das schon erlebt, aber nur wenigen
wurde die Bedeutung dieser Erfahrung bewußt. Dabei sprach
all dies eine klare und deutliche Sprache, nur war niemand
zugegen, der es ihnen erklärt hätte, denn Eltern und Lehrer
geben keine Unterweisungen dieser Art. Die esoterische Lehre der Universellen Weißen Bruderschaft allein vermittelt das
Wissen, welches dazu beiträgt, Eure Zukunft zu bilden und
zu gestalten. Wohlan denn, beobachtet Euch genau, Ihr werdet sehen, wie häufig schon Ihr ähnliche Empfindungen hattet! Und nicht etwa zufällig! Denn in Eurem Zimmer war
keine Menschenmenge, Ihr befandet Euch nicht in der U-
Bahn und trotzdem fühltet Ihr Euch erdrückt, verdüstert, von
unerklärlicher Unruhe ergriffen, kraftlos und sterbensmatt.
Der Grund von all dem ist folgender: Ihr habt Euch gehen
lassen...

Es ist immer möglich sich aufzuraffen, erneut den rechten
Weg zu gehen, sich an den lebendigen Strom wieder anzuschließen. Ist man jedoch gar zu unwissend und überhört jahrelang derlei warnende Anzeichen, verschlimmert sich die
Lage, man weicht immer mehr ab und versinkt schließlich; es
ist wie im Treibsand. Je mehr man sich bemüht herauszu-
kommen, desto tiefer sinkt man ein, denn man hat keinen
Grund mehr unter den Füßen. Begebt Ihr Euch in sumpfige
Gebiete voller Wespen, Fliegen und Stechmücken, fallen sie
alle über Euch her und zerstechen Euch. Dasselbe ereignet
sich in der Astralebene, im Seelischen: Von wieviel Ungeziefer und Insekten wird man da gestochen! Man weiß nicht einmal mehr, wie man ihnen entrinnen soll. Es wäre besser gewesen diese Gebiete erst gar nicht zu betreten. Wozu ging

man denn auch hin? Dieses Ungeziefer ist dort zu Hause und
vollkommen berechtigt, aufgebracht zu sein und Euch zu drohen: «Was suchst du hier, du bist ein Eindringling! Das ist
unser Reich.» Worauf sie Euch verfolgen und innerlich ste-
chen, so daß Ihr nicht mehr wißt, wohin Ihr Euch noch retten
sollt.

Schwierigkeiten, Entmutigungen, Enttäuschungen und Er-
bitterungen sind dadurch zu erklären, daß man vom rechten
Weg abgewichen war. Lebt man sinnvoll und nach den Gesetzen der Natur, begegnet man nur geringfügigen Schwierigkeiten, die man leicht beseitigt. Verläßt man aber diesen Weg,
um sich sogenannten wichtigeren Dingen zuzuwenden,
kommt lauter Trübsal und Unheil auf einen zu. Dann ist es
weise, danach zu suchen, welche Fehler man begangen hat.

Zum Thema Persönlichkeit gibt es, wie Ihr seht, noch viel
zu sagen. Es ist wesentlich zu wissen, daß die Persönlichkeit
eng mit der niederen Welt verbunden ist: sie steht ihr nahe,
hat Umgang mit ihr und nimmt nur allzu häufig Verbindung
mir ihr auf. Gewiß, in dieser unterirdischen Zone weilen hervorragende Wesen, ausgezeichnete Arbeitskräfte, ja selbst Na-
turgeister, aber die meisten davon sind geistig wenig entwik-
kelte, dunkle, eigensüchtige Geschöpfe, und da die Persönlichkeit mit ihnen ständig in Kontakt steht, wird der Mensch,
der seiner Persönlichkeit unterliegt und ihren Launen nachgibt, von ihnen schlecht beeinflußt. Darum darf man nicht
auf die Persönlichkeit hören: denn sie rät uns nie zu edelmü-
tigem, uneigennützigem, weitherzigem Tun. Sie ist berechnend und stets auf ihren Vorteil bedacht. Wer sich die von der
Persönlichkeit befohlenen Ansichten zu eigen macht, wird
sich nie veredeln noch befreien, um sich in die Weite des Unendlichen aufzuschwingen: Er ist wie ein von Lasten und
Ketten niedergedrückter Gefangener. Jawohl, nur weil er die
Persönlichkeit zu seinem Führer machte. Er kennt keinen anderen. Dennoch ist in ihm ein anderer Führer bereit. Solange
der Mensch den Rat seiner Persönlichkeit befolgt – nehmen,

nehmen, niemals geben – lädt er sich Ketten auf, und selbst wenn hohe Meister und Eingeweihte ihn eines Tages auffordern, ihnen nachzufolgen, wird er klagen: «Ich kann nicht, ich bin zu sehr gebunden, verstrickt und gefesselt!» Er bleibt zurück, lebt versklavt, bis er vergeht und schließlich zu Staub und Dünger wird.

Eines möchte ich noch hinzufügen: Wir dürfen die Persönlichkeit nicht völlig vernichten unter dem Vorwand, uns freizumachen. Sie liefert uns das Material, das wir zu unserem Wirken auf Erden benötigen. Vergleicht sie meinetwegen mit einer sehr begüterten Erbtante, von deren Reichtümern man schöpfen darf, deren Ratschläge und Anleitungen man jedoch verwirft. Stellt die Persönlichkeit an die Arbeit! Als Arbeiterin leistet sie Bedeutendes, denn sie besitzt den Schlüssel zur Vorratskammer und Reserve. Man darf sie nicht umbringen, sondern muß sie bezwingen, sie unterwerfen. Der Mensch weiß nichts von seiner Versklavung, er bildet sich ein, Herr zu sein; jedoch, er ist im Irrtum, seine Persönlichkeit befiehlt ihm, und er ist ihr Sklave. Da er aber noch nicht imstande ist, dies einzusehen, macht er so weiter, sinkt immer tiefer ab, fühlt sich eingeengt und angekettet. Wie viele Male konnte ich dies feststellen! Ich habe es an mir selbst erfahren... Ja natürlich, woher kämen mir denn sonst diese Erkenntnisse, wenn nicht aus eigener Erfahrung, dank der Gewohnheit, die ich annahm, jede Regung in mir zu beobachten und bis in alle Einzelheiten zu deuten... Um darüber Bescheid zu wissen, ist es indessen nicht nötig, wie die meisten es tun, die Erfahrungen auf gewissen Gebieten zu weit zu treiben, denn man riskiert dabei abzustürzen und mit den unterschwelligen Zonen, der Hölle, in Berührung zu kommen. Die Jugend von heute ist nur darauf bedacht, kostspielige und wenig schöne Erfahrungen zu machen, wo es doch so viel Wundervolles und Herrliches zu erleben gibt! Aber wer ist bereit, diese höheren Erfahrungen zu machen?

Alle sind bereit, Negatives, Lasterhaftes, Verwerfliches und Gefährliches zu erproben. Würden sie dies mit Vorsicht tun, es nur flüchtig berühren und daraus ihre Schlüsse ziehen, könnte ich verstehen... Aber nein, sie gehen mit ihrer Erfahrung bis ins Letzte, und nicht nur einmal, sondern zehn, ja hundertmal, ohne zu bedenken, daß ihnen nichts mehr bleibt für den Tag, an dem sie andere, höhere Erfahrungen machen möchten. Nehmt nur an, jemand, der sich allerart Ausschweifungen hingab, beschließt, Erhabenes kennenzulernen, die Unendlichkeit, die Pracht, die Schönheit und das Himmelslicht zu erfahren... Aber es ist zu spät, es fehlen ihm dazu jegliche innere Bedingung, die erforderlichen Mittel und Möglichkeiten, denn alles ist verbraucht, verschwendet, alle Kraft ist dahin, er muß sich vorbereiten zu gehen... Ist erst mal alle Kraft verschwendet, meine lieben Brüder und Schwestern, kann man keine Gotteserfahrung mehr machen. Sich einzubilden, dies sei möglich, zeigt, daß man keine Ahnung hat von Psychologie, Biologie und vom Leben überhaupt. Man ist dem Zusammenbruch nahe und bildet sich noch ein, in alter Frische, Spannkraft und Anpassungsfähigkeit Himmlisches zu erleben! Völlig beschmutzt und verdorben möchte man noch auf himmlischen Pfaden wandeln? Welche Unwissenheit! Niemandem ist dies je gelungen; allein jene, die nur flüchtig diese untere Welt berührt haben, nicht in ihr versanken, sind imstande wieder Verbindung aufzunehmen, sich emporzuarbeiten und ihre Fehler wieder gutzumachen. Allen jenen, die ihren triebhaften Erlebnishunger bis ins Letzte auskosten wollen, sage ich: «Nur zu, macht was ihr wollt! Ich bin gespannt zu sehn, was ihr anschließend tun werdet.» Nichts! Sie sind zu nichts mehr fähig, alles ist ihnen verloren gegangen.

Kein Mensch kann leugnen, daß im Universum etwas Heiliges und Vollkommenes ist. Es gibt Vollkommenheit, sie ist grenzenlos und vollendet: ist Gott selbst. Dies ist für mich die beste Umschreibung des Göttlichen: Wo keine Grenzen

mehr sind, ist göttliches Sein. Der Herr weilt im Unbegrenz-
ten, Unsterblichen, Ewigen, Unendlichen. Mit dem, was begrenzt und vergänglich ist, kann Er nicht dargestellt werden.
Ich sagte es bereits, dem Guten sind keine Grenzen gesetzt,
wie der Wärme: sie erreicht Millionen und Abermillionen
Grade und man weiß nicht, bis wie weit sie sich steigern läßt.
Voriges Jahr, auf der Weltausstellung von Montreal, filmte
ich im russischen Pavillon eine außergewöhnliche Maschine,
die imstande war, mehrere Millionen Hitzegrade zu erzeugen,
zur Bearbeitung von Metallen, Plasma usw...

Ja, meine lieben Brüder und Schwestern, über diese Dinge
wird nicht genügend nachgedacht, man hat keine Zeit dazu,
ist mit sogenannten wichtigeren und ernsteren Dingen beschäftigt. Würden die Menschen folgerichtig denken, hätten
sie ebenfalls herausgefunden, daß wenn selbst die Natur eine
Einstufung von höheren und niederen Werten schuf, dies der
Beweis für das Vorhandensein von zweierlei Richtungen ist,
die sich beliebig ausdehnen lassen; jedoch das Böse kann nur
einen gewissen Grad erreichen, das Gute läßt sich bis ins Unendliche steigern, hört nie auf. Man wußte nicht über Wärme
und Kälte nachzudenken und Schlüsse daraus zu ziehen:
Man versteht eben die Sprache der Natur nicht.

Alles spiegelt sich wider; das Geistige, Göttliche spiegelt
sich auf Erden wider. Wenn Ihr also richtig folgert... Nur
müßt Ihr Euer Denken erst schulen, d.h. falsche Ansichten,
welche Umwelt und Familie sowie die Schulbildung in Euch
einprägten (so erging es auch mir), berichtigen. Nur habe ich
hart an mir gearbeitet, um davon frei zu werden. Gelingt es
nun auch Euch diese Verformungen zu beseitigen, dann denkt
und seht Ihr die Dinge wie ich und macht dieselben Entdek-
kungen. Jeden Tag seid Ihr aufs neue über meine Denkweise
erstaunt: Ich enthülle Euch Wahrheiten, die Ihr nicht leugnen
könnt; ich habe sie nicht erfunden, sie sind Tatsache, nur sah
man sie nicht, weil man von der allgemein üblichen Schulbildung verformt wurde. Davon sollte man sich mehr und mehr

befreien, Abstand nehmen, ansonsten verbringt man sein ganzes Leben, ohne je zu einer eigenen Erkenntnis zu gelangen. Ich lebe Tag und Nacht inmitten dieser Wahrheiten und Erkenntnisse, nur kann ich sie Euch noch nicht alle mitteilen. Solange Ihr nicht von all dem losgekommen seid, was Euch beigebracht wurde und nicht der Wahrheit entspricht, könnt Ihr diese weder erfassen noch aufnehmen.

Man hat uns verbildet. Ich sagte es schon in einer früheren Ansprache: Stellt Euch vor, auf einem Blatt Papier befinden sich zwei Zeichnungen, eine in roter, die andere in grüner Farbe. Man setzt Euch eine Brille mit roten Gläsern auf – Ihr seht die Zeichnung an und erblickt nicht mehr die rote, nur noch die grüne Zeichnung, denn Rot auf Rot gehen ineinander über. Mag auch die grüne Zeichnung uninteressant, ja sogar häßlich sein, Ihr seht nur sie. Gibt man Euch nun eine grüne Brille, so seht Ihr nur die rote Zeichnung; Ihr ruft erstaunt aus: «Aber sie war ja da!» Ja natürlich war sie da, nur konntet Ihr sie nicht sehen, denn die Brillengläser, die man Euch gab und durch welche Ihr seit Eurer Geburt blickt, hinderten Euch sie zu sehen. Dennoch war sie da! Seht Ihr die Bäume, Sterne und Berge, so ist dies eine der beiden Zeichnungen, doch dahinter befindet sich eine zweite, welche Ihr noch nicht seht. Ich gebe Euch nun eine andere Brille, damit Ihr sie erblickt. Vielleicht verblaßt dann allmählich die erstere vor Euren Augen... und das wäre um so besser! Man hat sie zuviel gesehen, es ist nicht der Mühe wert, ewig nur sie zu betrachten. Die Natur machte zwei Zeichnungen; es ist Zeit, sich die andere anzuschauen. Aber hat sie nur deren zwei geschaffen? Ich sprach von zweien der Einfachheit halber, in Wirklichkeit aber schuf sie Tausende!

Zusammengefaßt ist es einfach und klar: Man muß die beiden Richtungen, die in uns sind, kennen und wissen: Schlagen wir den Weg ein, der nach unten führt, so enden wir in einer Sackgasse, stoßen auf den absoluten Nullpunkt, der sonst nie erreicht wurde, wo kein Molekül sich mehr regt.

Die Persönlichkeit steht in Verbindung mit dem Unterschwelligen, aus dem ständig Wesen heraufkommen, um sich am Menschen zu nähren, ihn auszurauben und auf seine Kosten ihren Unterhalt zu fördern. Ihr glaubt, Euer Handeln diente zu Eurem Vorteil; keineswegs, sie sind es, die Nutzen daraus zogen, und Ihr bleibt auf der Strecke, völlig ausgelaugt und auf die Hilfe anderer angewiesen. Nehmt Ihr hingegen den Weg, der nach oben führt, ist kein Ende abzusehen; denn er führt in die Unendlichkeit. Und welche Schätze findet Ihr angehäuft auf Eurem Wege vor! Hört Ihr auf die Individualität, jenen himmlischen, unsterblichen Teil Eurer selbst, welche mit der Unendlichkeit übereinstimmt, werden Euch alle Erkenntnisse zuteil, denn sie weiß und sieht alles. Sie ist das Ewigwährende, unendliche Herrlichkeit.

Die meisten schlafen, denken nur ans Essen und Trinken, ans Vergnügen, Kartenspiel und Fußball... Sie haben ein Haus, eine Frau, einen Hühnerhof und sind's zufrieden, fragen nicht nach mehr; und werden ihnen neue Ideen zugetragen, wie die unsrigen, sagen sie: «Was will der von uns, er stört uns nur! Wir fühlten uns bisher viel besser!» Ach ja, seit grauer Vorzeit sind sie gewohnt so zu leben. Nun bin ich gekommen, rüttle sie auf, lasse ihnen keine Ruhe mehr – darum sind sie empört; ja selbst hier in der Bruderschaft! Aber es ist nun eben meine Aufgabe, sie wurde mir aufgetragen, ich muß sie erfüllen, ob Ihr wollt oder nicht. Ich habe die Verpflichtung, Euch aus Eurer Ruhe zu reißen, und beklagt Ihr Euch hier darüber, so jauchzen die oben im Lichte sind, vor Freude! Ich weiß sehr wohl, daß nach Meinung der Allgemeinheit meine Lehrmethoden nicht gerade die besten sind, aber in der oberen Welt wird meine Vorgehensweise mit Euch begrüßt, weil sie Eure geistige Höherentwicklung beträchtlich voranbringt.

Bonfin, den 3. September 1968

Kapitel V

Die Individualität bringt das wahre Glück

I

Freie Ansprache

Lesung der Tageslosung:
«Allein in der Stille wird Gottes Stimme vernehmbar. Läßt sich der Mensch von dieser Stimme leiten, so wandelt er auf dem Wege des Glücks und der Ewigkeit».

Diese Losung muß eingehender erklärt werden. In ihr sind die Worte «Glück» und «Ewigkeit» enthalten, Ihr werdet sehen, sie stehen nicht etwa zufällig im gleichen Satz.

Aber werfen wir zunächst einmal einen Blick auf die Menschen, um zu sehen, was sie unter Glück verstehen. Ein jeder gebraucht das Wort und sagt: «Ah! welch ein Glück!... Oh, wie bin ich glücklich!... Wie glücklich wäre ich, wenn ich nur dies oder jenes hätte!...» Betrachtet man jedoch aus der Nähe, was sie unter «Glück» verstehen, so stellt sich heraus, daß es sich dabei nur um flüchtige Gefühle von kurzer Dauer, ja häufig um Illusionen handelt, einen Gemütszustand, der sie für einige Augenblicke oder Stunden in Zufriedenheit und Wohlbehagen versetzt. Das ist es, was sie Glück nennen. Genießt einer köstliche Speisen und Getränke, reist in ferne Länder, küßt ein hübsches Mädchen, mit anderen Worten, verspürt angenehme Gefühle, welche nur die fünf Sinne be-

langen, pflegt er zu sagen: «Was für ein Glück!... Ich bin
restlos glücklich!» Wirkliches Glück indessen, meine lieben
Brüder und Schwestern, ist etwas ganz anderes! Sich vorzu-
stellen, man sei erst dann glücklich, wenn man ein Haus, eine
Frau hat, Ruhm, Wissenschaft oder Schönheit erwirbt, ist ein
Irrtum! Seit Tausenden von Jahren beweist die Menschheitsgeschichte, daß das Glück nicht darin zu finden ist, und
wenn, dann nur für kurze Zeit. Um solches Glück zu erfahren, wie die Eingeweihten und Weisen es erlebt und verwirklicht haben, ist es notwendig, den Aufbau des Menschen und
des Universums zu kennen. Ohne das Wissen um diesen Aufbau wird man des wahren Glückes nie teilhaftig.

Ich erzählte Euch schon mehrmals von jenem Yogi, den
Alexander der Große besuchte, als er sich in Indien aufhielt.
Er hörte dort von einem außergewöhnlichen Menschen sprechen, der weder Haus noch Geld, noch Frau oder Kinder hatte und auch sonst nichts besaß, aber in reiner Glückseligkeit
lebte: er verfügte über hohe geistige Fähigkeiten, er wußte alles und war allsehend. Eines Tages nun, suchte Alexander der
Große ihn auf und traf ihn auf seinem Lager sitzend in tiefer
Meditation und innerer Beglückung, das Antlitz von lichter
Freude verklärt. Er trat zu ihm, grüßte ihn und sagte, wie erfreut er sei, einem Menschen zu begegnen, von dem man sich
so viel Wunderbares erzähle und lud ihn zu sich nach Maze-
donien in seinen Palast ein, wo er hinfort in Reichtum und
Ehren leben könne... Jedoch der Weise, mit einem Blick voll
Mitleid und Nachsicht antwortete ihm, daß er all dies nicht
benötige und sich sehr wohl fühle wo er sei. «Wie!», rief Alexander erzürnt, «du weigerst dich, mir die Ehre zu erweisen
und meiner Einladung Folge zu leisten? Weißt du denn nicht,
Unseliger, daß ich dich dafür töten lassen kann? Ein Befehl
von mir, und mit dir ist es vorbei!» Der Weise sagte lä-
chelnd: «Du kannst mich nicht töten, der Tod hat keine
Macht über mich, ich habe ihn besiegt. Du hingegen tust mir
leid mit all deinem Besitztum. Welch eine Bürde und Verant-

wortung! Wie unglücklich bist du!» So wurde Alexander der Große, der Sieger über alle Heere, zum ersten Mal von einem Mann überwunden, der keinerlei Waffen besaß. Beschämt kehrte er zurück und dachte lange über das nach, was er soeben gesehen und vernommen hatte. Wie war der Weise wohl zu einer solchen Glückseligkeit gelangt? Ihr werdet es gleich verstehen.

Es wird oft behauptet, einfache, primitive Menschen seien glücklich, wohingegen gebildete und zivilisierte Menschen durch ihre Weiterentwicklung empfänglicher sind für Schmerz und Widerwärtigkeit, Wechsel ihrer Lebensbedingungen oder Partner und darum auch rascher unglücklich. So wird das Glück im allgemeinen verstanden: je tiefer man hinabgeht zu niederen Stufen, desto glücklicher fühlt man sich. Warum dann nicht gleich bis zu den Tieren hinunter? Sie sind glücklich. Es könnte sogar sein, daß die Pflanzen noch glücklicher sind, denn sie leiden nicht. Und die Steine erst? Sie fühlen überhaupt nichts, also ist dies noch besser. Seht, welch eine Logik!

Wie soeben gesagt, ist das Glück, wie die Menschen es gewöhnlich erleben, eine Verfassung, die nur kurz dauert. Eine Weile lang fühlt man sich sehr wohl: Man ist beruhigt und gelassen, empfindet eine Entspannung, Zufriedenheit und Freude und denkt sich: «Das Leben ist schön. Ich bin glücklich...» Doch schon wenige Augenblicke später ist es bereits vorbei. Warum wohl? Weil man sein Glück auf etwas Schwankendes und Vergängliches baute, und demnach ist es kein echtes Glück. Wo also kann man es finden? In einer Sphäre, wo das Material seinen Glanz nicht verliert, weder oxydiert noch verwittert. Es gilt also eine Ebene zu erreichen, eine Welt, die den Eingeweihten wohl vertraut ist; deswegen ist denn auch ihr Denken, Lieben, Handeln und Wirken auf das eine Ziel gerichtet, in diese Gegend zu gelangen, wo ungetrübtes Glück waltet. Sie sind, was immer auch geschieht, wie die Lebensumstände auch sein mögen, immerfort beglückt,

denn sie haben einen festen, unwandelbaren, ewigwährenden
Grund gefunden. Nur was ewig dauert, birgt wahres Glück in
sich. Deswegen ist es auch nur schwer zu erlangen. Der
Mensch muß seelisch reif, einsichtig und rein sein, um jene
Höhe zu erreichen, wo grenzenloses Glück ihn durchströmt.
Die Leute irren, wenn sie meinen, sie könnten glücklich werden, indem sie unwissend, grausam und leidenschaftlich bleiben. Oh nein, denn Glück ist nicht aus dem gleichen Stoff wie
Dummheit und Bosheit. Gewiß, man kann sich darüber freu-
en, seinem Nachbarn etwas gestohlen zu haben, aber schon
bald stellt sich Unruhe ein, man kann nicht mehr schlafen:
das Glück ist dahin. Also war es denn auch kein Glück.

Wahres Glück ist eine seelische Verfassung, die unveränderlich währt. Ihr werdet sagen: «Aber im Leben ändert sich
doch alles!» Ja, aber nur im Leben. Ihr hingegen, Ihr könnt
Euch mitten in Krankheit, Krieg oder Hungersnot befinden
und trotzdem glücklich sein. Warum? Weil Euer Bewußtsein
nicht von dem erfüllt ist, was um Euch herum geschieht: Für
jede Schwierigkeit, jede Prüfung findet Ihr eine Erklärung,
eine wahre Deutung, welche Euch beruhigt und tröstet; denn
Ihr seid sehr hoch hinaufgekommen und wißt, wie die Dinge
zu werten sind. Bestiehlt man Euch, greift man Euch an, sind
dies noch lange keine Gründe dafür, unglücklich zu sein,
denn Ihr seid Euch bewußt, daß es vorbeigeht, Ihr unsterblich
seid und nichts Euch erreichen kann: Da, wo andere jam-
mern und sich beklagen, lächelt Ihr nur.
     Wirkliches Glück findet sich in hohen Sphären. Es ist in-
nere Ausgeglichenheit, Seligkeit, Verzückung – das Nirwana,
wo Harmonie und Reinheit, Schönheit und Liebe regieren.
Dieses Glück besitzen wir alle, wir tragen es in uns, jedoch
ohne es zu wissen, weil wir uns an der Oberfläche, an der Pe-
ripherie aufhalten, wo nur Täuschung und Unbeständigkeit
ist. Glück setzt eine hohe Stufe geistiger Entwicklung voraus,

größte Reinheit, ansonsten gelingt es einem höchstens, ein paar armselige kleine Freuden zu erhaschen, an deren Stelle sehr bald hartes Leid tritt, als hätte man dieses Glück irgendwo gestohlen. Zeigt mir jemanden, der ein auf unerlaubte Weise in unteren Bereichen an sich genommenes Glück nicht teuer bezahlte.

Ich will Illusionen zerstören und Euch zeigen, daß Ihr des Glückes teilhaftig werden könnt, jedoch unter der einzigen Bedingung, daß Ihr Licht, Reinheit und Beständigkeit besitzt, denn aus ihnen besteht das Glück. Es ist genau wie beim Frieden. Auch der Friede, wie ich Euch bereits zeigte, besteht nicht nur aus einer einzigen Eigenschaft: sondern er ist eine Synthese.

In gleicher Weise ist auch das Glück die Vereinigung zahlreicher, vollkommen entfalteter Eigenschaften. Aber die wichtigste ist die Beständigkeit. Ist der Mensch von allem Vergänglichen und Trügerischen enttäuscht und beginnt nach Dauerhaftem, Unvergänglichem, Ewigem zu suchen, d.h. sich dem Geist, Gott zuzuwenden, dann nähert er sich dem wahren Glück. Hat er es erlangt, so bleibt es ihm für immer erhalten, niemand kann ihm mehr etwas anhaben, ihn unglücklich machen. Was ihm auch widerfährt, sei er arm oder mit Gütern gesegnet, mag er von einer Frau geliebt sein oder nicht, berühmt oder geschmäht, er steht über allem Wandelbaren, schwebt über dem Irdisch-Wechselnden, lebt im Ewigen.

Doch ist dies eine Sprache, die vielleicht nicht jedem zugänglich ist... Aber was kann man da tun? Ein unerfahrener Jüngling sagt schon mal zu einem Mädchen: «Liebling, ich will dich glücklich machen...», und dabei weiß er nicht einmal was Glück ist; er selbst ist nicht glücklich und möchte ein junges Mädchen beglücken?... Oder aber eine Frau sagt zu ihrem Gefährten: «Ich mache dich glücklich.» Aber wie werden sie es fertigbringen? Mit ihren Mängeln, ihrer Unbeherrschtheit und ihrer Reizbarkeit machen sie sich gegenseitig glücklich! Ja, genau... und werden viele Kinder haben! Ver-

geßt die Märchen! Ich für mein Teil glaube nicht an solches
Glück. Natürlich, es wird ein paar glückliche Momente für
sie geben, aber sie selbst sind wie Gefangene, denen man jeden Tag einige Minuten zum Luftholen gibt, und aufs neue :
rein in die Zelle!... Oder es ist wie bei Zahnschmerzen : sie
halten einen Augenblick inne und packen uns dann erneut.

Meine lieben Brüder und Schwestern, um glücklich zu
sein braucht der Mensch einen Anhaltspunkt, auf den er sich
verlassen kann und der ihm sein Gleichgewicht sichert : In
der Physik nennt sich dies das stabile Gleichgewicht. Schaut
Euch ein Pendel an : Es schlägt von links nach rechts, kehrt
aber immer wieder in seine Ausgangsstellung zurück, denn es
ist an einem festen Punkt aufgehängt. Diesen Punkt muß der
Mensch in seinem Inneren finden und sich daran festhalten.
Solange er die Dinge nicht richtig beurteilt, sie nicht fühlt und
nicht weiß, wie sie zu behandeln sind, ist er allen Stürmen
ausgesetzt, verstört und verängstigt. Ich wies Euch bereits gestern darauf hin : Glück ist nichts weiter als eine innere Einstellung, ein Verstehen, Fühlen und Handeln, eine Haltung.
Aber um dies zu erreichen, muß man bestimmte Kenntnisse
haben und sich darin üben. Darum wird das Glück nur jenen
zuteil, welche es durch eine geistige Arbeit an sich selbst,
durch ein Studium, eine Disziplin erwerben. Nun seht Ihr,
weshalb das Glück eine Zusammenfassung ist : Versteht und
fühlt man die Dinge in ihrem wahren Sein, führt dies zu rich-
tigem Handeln, und man lebt im Glück. Aber hierzu muß
man in eine Einweihungsschule treten und einen Meister zum
Vorbild haben... Ihr seht, warum es notwendig ist, in eine
Einweihungsschule zu gehen... Ganz einfach : um zu lernen
glücklich zu sein. Ansonsten wird man nur das Glück finden,
das alle Welt kennt und nichts darüber.

Das Glück wird einem nicht zugeschoben wie ein Stück
Ware. Es verlangt ein ausdauerndes Studium, eine harte Arbeit, sein Denken, Fühlen und Wollen bis zum Himmel em-
porzuheben. Erst von da an könnt Ihr aus dem unendlichen

Meer der Liebe und Glückseligkeit schöpfen. Vor allem aber müßt Ihr es zur Beständigkeit gebracht haben, müßt Euch an Den halten, der unwandelbar und beständig ist. Dann könnt Ihr aussprechen: «Ich bin beständig, Sohn des Beständigen, gezeugt und geboren im Reich der Beständigkeit». Solange Ihr unstet, zögernd und wankelmütig seid, ist das Wort Glück fehl am Platze. Ihr habt ein paar Wohlgefühle, kostet ein paar Minuten der Wonne und bildet Euch ein, dies sei das Glück... Aber schon wird es Euch geraubt, Ihr könnt es nicht zurückholen, und Ihr weint... und weint. – Von der Liebe wird das gleiche behauptet. Ihr kennt sicher alle den Schlager: «Liebesfreude währt nur kurze Zeit, Liebesleid, ach, eine Ewigkeit!»

Wo es doch in Wirklichkeit gerade umgekehrt sein sollte: Habt Ihr die Liebe gefunden, kann keiner sie Euch nehmen. Sie ist Euer, für immer, wie das Glück. Aber die Liebe, ja die Liebe...

Auch darüber müßte eingehend gesprochen werden, um zu beschreiben, wie und wo die Menschen sie suchen. Denn das eigentliche Wesen der Dinge entgeht ihnen.

Sucht nicht unten nach dem Glück, meine lieben Brüder und Schwestern, dort ist es nicht zu finden. Was Ihr Glück nennt, sind kleine Aufwallungen, Strohfeuer, ein kurzes Aufleuchten, das gleich erlischt wie ein Feuerwerk, und darnach fällt man wieder zurück in Entbehrung und Elend. Glückseligkeit ist für mich und alle Eingeweihten ein Bewußtseinszustand der anhält, woraus sich aller Reichtum schöpfen läßt. Doch ist dies nicht einem jeden bestimmt... Glückseligkeit erfahren weder die Steine noch die Pflanzen oder Tiere, ebensowenig wie die Menschen. Nein, den Menschen ist es nicht gegeben glücklich zu sein, auch den Übermenschen nicht. Die Übermenschen leisten viel Großes, vollbringen überragende Werke, aber sie sind nicht glücklich. Man muß mehr sein als ein Übermensch, um wirklich glücklich zu leben. Glückseligkeit fängt erst im Reich der Engel an, denn es ist eine Ge-

mütsverfassung, worin es keinerlei Finsternis, keine Unrein-
heit oder Schwäche mehr gibt. Deswegen sind die Engel
glücklich, sie leiden nicht; Übermenschen jedoch leiden weit
mehr als andere, weil sie empfindsamer sind.

Warum sind eigentlich von der Zivilisation unberührte
Menschen glücklicher als hochgebildete? Weil sie in der Natur leben und sich mit wenigem begnügen. Auch die Landleu-
te mit Frau und Kindern, welche bisweilen mit ihrem Vieh
unter einem Dach wohnen, sind glücklich. Es geht da zwar
nicht besonders fein zu, noch ist es sauber, es riecht übel, aber
das macht nichts, sie sind glücklich. Und welches Glück!... Je
mehr man sich bildet, je mehr man studiert, desto unglücklicher fühlt man sich, so wird behauptet. Warum wohl? Man
wird wählerischer, anspruchsvoller, ichbezogener; Bedürfnisse und Wünsche nehmen zu, und alles wird kompliziert: man
ist mit niemandem mehr einverstanden und erträgt nichts
mehr. Der Grund hierzu sind Schulbildung, Technisierung,
die ganze heutige Zivilisation, denn heute ist die Erziehung
darauf ausgerichtet, den Egoismus im Menschen zu fördern,
seine Persönlichkeit zu entwickeln: Ein jeder sucht nur seinen eigenen Vorteil, und es entstehen Streitigkeiten, es folgen
Scheidungen usw. Wohingegen die einfachen Menschen einander ertragen, sich lieben, keine hohen Ansprüche stellen.

Würden Weise, wahre Pädagogen, Eingeweihte die Ver-
antwortung der Erziehung übernehmen, verbreiteten sie andere Methoden, welche nicht mehr die Persönlichkeit, sondern jene andere Natur, von der Einweihungswissenschaft Individualität genannt, fördern, die freigebig, uneigennützig,
aufopferungsbereit ist. Heutzutage erzieht man die Menschen
nicht mehr, beschränkt sich lediglich darauf, ihre Persönlichkeit zu entwickeln, und so tun sie denn auch, als wären sie allein auf der Welt; sie halten sich für den Mittelpunkt des
Universums und erwarten, daß ein jeder bereit ist ihnen zu
dienen. Ich frage Euch, wie sollen sie mit einer solchen Einstellung zusammen weiterleben? Von da kommen Streik,

Aufruhr und Schlägerein, von der ausschließlichen Entwicklung der Persönlichkeit. Die Schuld ist bei Schule und Universität zu suchen, welche die Ausbildung in die verkehrte Richtung leiten. Angenommen, ich übernähme die Leitung des Bildungswesens, so würde ich die Erziehung in eine völlig neue Richtung lenken, und alles änderte sich von Grund auf... Natürlich würde dies einige Jahre in Anspruch nehmen, aber es wäre eine völlige Verwandlung.

Die Persönlichkeit wurde viel zu sehr gefördert, glaubt mir, ich weiß wozu sie fähig ist, ich habe sie in allen Einzelheiten erforscht. Die Psychologen kennen sehr viele Dinge, die vielleicht sehr nützlich sind, jedoch finde ich, sie haben das Wesentliche übersehen. Es gibt keine Abhandlung über Persönlichkeit und Individualität, worin diese beiden Naturen, die höhere und niedere, ihre Handlungsweisen und die daraus entstehenden Folgen dargelegt werden. Ich meinerseits befasse mich mit dem Wesentlichen: mit der Persönlichkeit und der Individualität, deren Ergründung den Schlüssel zur Lösung sämtlicher Lebensprobleme liefert.

Die meisten Leute bleiben lieber allein in ihrer Ecke, um ihre Ruhe zu haben und Ärger mit anderen zu vermeiden. Sicher, von Zeit zu Zeit fühlen auch sie das Bedürfnis, die anderen zu treffen, irgendwo tanzen zu gehen, bleiben aber innerlich verschlossen, abgekapselt und wünschen alleine gelassen zu werden. Warum wohl? Und weshalb gibt es Menschen, die im Gegenteil dazu Freude, Kraft und Entfaltung in Gemeinschaft mit anderen finden? Die ersteren werden von Saturn, die letzteren von Jupiter beeinflußt. Es sind dies zwei gegensätzliche Planeten. Saturn ist trübsinnig, pessimistisch, er zieht sich wie ein Einsiedler allein in seine Höhle zurück; will niemanden sehen, vor allem keine Frauen, sie sind ihm verhaßt... Früher nämlich war er verheiratet, aber seine Frau ließ ihn sitzen, den Ärmsten, das trägt er ihr nach, verzeiht es den Frauen im allgemeinen nicht, obschon er seinen Ring beibehielt – Ihr wißt schon – den Reif... Auf diese Idee sind

die Astronomen nicht gekommen!... Nun ist er traurig und
unglücklich, er will seine Ruhe haben. Jupiter hingegen ist
großzügig, freundlich, liebevoll, sucht immer die Gesellschaft
anderer, um ihnen etwas zu schenken. Von mir weiß ich
nicht, bin ich nun ein Saturn- oder Jupiter-Typ, aber ich be-
obachte mich und sage mir: «Wie kommt es, daß mir, wenn
ich alleine bin, die Zeit lang wird, der Antrieb fehlt, ich traurig werde... Hingegen in der Bruderschaft bin ich glücklich!...
Ist dies nicht ein wenig jupiterhaft? Ich stelle mir die Frage,
wie Ihr seht... Andere wiederum, sind sie in Gemeinschaft,
fühlen sie sich sogleich unbehaglich und ziehen sich schleunigst wieder zurück. Daraus läßt sich vieles schließen.

Statt von Jupiter und Saturn zu sprechen, könnte ich Ausdrücke der hohen Psychologie verwenden wie extravertiert
und introvertiert... oder auch schizophren und paranoid.
Aber ich ziehe Einfachheit und Klarheit vor.

Es bleibt noch viel über das Glück zu sagen, aber als
Wichtigstes ist zu merken: Man kann nicht glücklich sein, solange man einen zu engen Horizont hat. Zum Glücklichsein
muß man sich öffnen, sich weiten bis ins Unendliche und
einswerden mit dem Weltall, der Unermeßlichkeit und Ewigkeit. Also kann auch ein selbstsüchtiger, ichbezogener, abseits
lebender Mensch nicht glücklich sein; denn er ist verschlossen, unzugänglich, und kann seine Seele dem Unermeßlichen
nicht auftun. Wessen Herz jedoch von Liebe erfüllt ist, der
lebt im Einklang mit dem Universum, schwingt sich aus in
den unendlichen Raum, alle Schranken weichen, ihm begegnen keine Hindernisse mehr, und das Glück verläßt ihn nimmer. Also ist es nur die Liebe, unendliche Liebe, welche zum
Glück führt. Wahre Liebe allein bringt Glückseligkeit, nur sie
vermag es; weder Wissen noch Philosophie. Die viel Wissen
erworben haben, sind nicht glücklich, hingegen der, dessen
Herz von Liebe überströmt, ist glückselig, selbst wenn es mit
seinem Wissen nicht weit her ist. Und warum wohl? Weil
Gott Glück und Liebe zusammenfügte, sie dem Menschen ins

Herz legte, nicht in seinen Verstand noch in sein Wissen.
Wissen und Kenntnisse tragen uns das Glück nicht zu; sie
bahnen den Weg, weisen die Richtung, verhelfen zur Einsicht, sind aber außerstande, glücklich zu machen.
Die sich mit viel Wissen überladen haben sind unglück-
lich: «Wo viel Wissen ist, da ist viel Grämens; und wer viel
lernt, muß viel leiden», sagte bereits Salomon. Alle die viel
Wissen anstreben, werden immer mehr von Sorge und Unruhe befallen, denn Wissen bringt Erleuchtung und dieses Licht
läßt häufig Dinge sehen, welche man am liebsten übersähe.
Wohingegen Glück ein Gefühl, eine Herzensempfindung ist.
Darum muß man lieben, will man glücklich sein, jedoch mit
Weisheit. Liebe und Weisheit sind miteinander verbunden.
Die Weisheit lehrt die Liebe, wie sie licht werden, wie sie lieben soll, und die Liebe zeigt der Weisheit, wie sie sich erwär-
men kann... denn sie ist kalt. Solchermaßen helfen Liebe und
Weisheit einander, und ein Mensch, der sie beide besitzt, lebt
in der Wahrheit. Seid Ihr glücklich und erleuchtet, so seid Ihr
in der Wahrheit. Ohne Glück und Licht ist die Wahrheit undenkbar. Angenommen, Ihr habt weder Liebe noch Weisheit,
seid weder glücklich noch im Lichte und beteuert: «Ich stehe
in der Wahrheit», so entgegne ich Euch: «Dies ist ausgeschlossen.» Die Wahrheit gleicht einer Medaille, deren eine
Seite die Liebe, die andere Seite die Weisheit ist, und diese
Medaille heißt Wahrheit.

Freilich mögen diese Gedankengänge diejenigen befrem-
den, welche sie zum ersten Mal vernehmen, denn sie sind
nicht darauf vorbereitet; sie wurden ganz anders unterrichtet,
und es braucht einige Zeit bis sie mich verstehen. Aber habt
Geduld. Selbst wenn Euch dies alles unphilosophisch, wider-
sprüchlich, sinnlos erscheint, wird die Zukunft Euch zeigen,
daß ich Recht habe. Nach zahlreichen Erfahrungen, gründ-
lichem Nachdenken, harten Prüfungen werdet Ihr einsehen,
wie wahr es ist, was ich Euch sage.

Laßt uns nochmals auf die Losung des Tages zurückkommen: «Allein in der Stille wird Gottes Stimme vernehmbar. Läßt sich der Mensch von dieser Stimme leiten, so wandelt er auf dem Wege des Glücks und der Ewigkeit.» Wie ich bereits in früheren Ansprachen betonte, muß die Stille als eine Vorbedingung verstanden werden, um Verwirrung und Mißstimmung zu beseitigen. In der Stille, in diesem inneren Schweigen, wird man gewahr, daß etwas in uns spricht. Es ist die Stimme Gottes, Gottes leise Stimme, die uns warnt, leitet und schützt... Vernimmt der Mensch sie nicht, dann nur, weil er zu laut, zu geräuschvoll ist und dies nicht allein rein äußerlich, sondern ebenfalls in seinen Gedanken und Gefühlen. Wird er ruhig und ausgeglichen, so hört er, was die Stimme ihm sagt: Da Gott Ewigkeit ist, ist Er der Einzige, der ihm Glückseligkeit verleiht. Nur diese Stimme allein kündet ihm davon: deswegen nennt man sie auch die Stimme der Stille. Manche Bücher der indischen Literatur tragen diesen Titel. Hat der Yogi sämtliche Regungen in sich zum Schweigen gebracht, ja sogar dem Lauf seiner Gedanken Einhalt geboten – denn auch die Gedanken werden als Geräusch empfunden – dann vernimmt er den Sang des Ewigen, die Stimme Gottes. Und wenn ich Euch nun sage, daß auch ich diese Stimme vernommen habe...

Die Weisen sagen es alle: Nur in der Stille offenbart sich der Herr in seinem Wesen, seiner Macht und Herrlichkeit. Da Ihr noch nicht so weit seid, dieses innere Schweigen in Euch wiederherzustellen, muß ich Euch wohl anstelle dieser Stimme wortreich erklären, was sie kündet. Könntet Ihr eines Tages diese Stimme der Stille vernehmen, würde Euch augenblicklich alles klar; all das, was ich bisher ausführte, würde Euch mit einem Mal bewußt. Nun seht Ihr, wie leicht verständlich die Worte dieser Losung sind: die Stille, Gottes Stimme, das Glück, die Ewigkeit...

Glück ist eine Hochstimmung der Seele, die nur sehr schwer zu gewinnen ist, denn es kostet viel Mühe, sich in die Sphäre der göttlichen Liebe aufzuschwingen.

Die Liebe birgt das wahre Glück.
Aus der Weisheit strahlt das wahre Licht.
Die Wahrheit verleiht echte Freiheit.

Dies sind grundlegende Merksätze. Mit den abwegigen Anschauungen, die heutzutage allgemein verbreitet sind, irren die Menschen haltlos ihrem Untergang entgegen, sie ecken überall an, erleiden Rückschläge, denn sie sind unzulänglich unterrichtet. Sie sagen: «Oh, hätte ich dies oder das, wäre ich glücklich.» Nein, Glück ist nicht materiell, nicht in Gegenständen enthalten. Was einem äußerlich zuteil wird, macht niemals glücklich oder nur für kurze Zeit. Wie häufig hat man dies beobachtet! Man erwirbt dies... oder erlangt das... und ist dennoch unzufrieden, innerlich bleibt gähnende Leere, bereit, alles zu verschlingen. Sucht das Glück in Euch selbst, in Eurem Denken, Eurer Liebe; dann erlebt Ihr, was Glück bedeutet. Selbst ohne Hab und Gut, völlig arm und mittellos, seid Ihr glücklich, fühlt Euch selig und froh, denn die Ursache zu Eurem Glück liegt tief in Eurem Innern. Freilich ist es nicht zu verachten, auch äußerlich etwas zu besitzen. Zum Beispiel, bötet Ihr mir zehn Millionen... oder gar zehn Milliarden, ich kann Euch versichern, ich würde darüber nicht in Wut geraten, sie auch nicht zurückweisen, das verspreche ich Euch! Na, versucht's mal... Wenn ich was verspreche... könnt Ihr dessen sicher sein! Aber nun behaupten, mit diesem Geld würde ich glücklich werden – oh nein, nie im Leben, es ist völlig ausgeschlossen! Ich erinnere mich, in früheren Inkarnationen sehr reich gewesen zu sein, aber glücklich war ich deshalb nicht. Will man glücklich sein, darf man nicht auf äußere Dinge zählen.

Ich weise Euch den Weg: In Euch selbst sollt Ihr das Glück suchen, in der Art und Weise, wie Ihr die Dinge seht, sie versteht und fühlt. Wollt Ihr mir auf diesem lichtvollen Wege nicht folgen – ich gehe ihn weiter, auch ganz allein. Aber ich weiß, ich bin nicht der einzige, der so denkt, viele andere auf der Welt denken genauso. Also erfüllt mich immer mehr die Hoffnung, daß wir eines Tages sehr viele sind, die den Menschen helfen, ihre Lebensbedingungen zu bessern und ihr Schicksal zu meistern, und darüber bin ich hocherfreut.

Ich wünsche Euch das wahre Glück, das in der Liebe und im geistigen Lichte ruht!

Bonfin, den 19. Juli 1970

Die Individualität bringt das wahre Glück
II

Freie Ansprache

Von der Persönlichkeit und der Individualität habe ich schon viel gesprochen: von ihren Merkmalen, ihrer Verhaltensweise und den Voraussetzungen, unter welchen sie sich entfaltet, und wies darauf hin, wie der Mensch, dem es an Unterscheidungsvermögen mangelt, statt auf die Individualität zu hören, sich von seiner Persönlichkeit verführen läßt und dadurch Erfahrungen macht, welche ihn teuer zu stehen kommen. Heute komme ich noch einmal auf dieses Thema zurück und lege Euch neue Gesichtspunkte dar, denn diese Frage ist wahrhaftig der Schlüssel zu sämtlichen Lebensproblemen.

Ein weiteres Merkmal der Persönlichkeit ist ihre Furcht vor der Stille, sie ist ihr unerträglich. Am liebsten mag sie Lärm und Getöse, Aufruhr und Wirrwar; darin fühlt sie sich wohl, wähnt sich glücklich und von Kraft erfüllt. In ohrenbetäubendem Lärm, ja, da atmet sie auf! In der Stille indessen wird sie gewahr, daß sie mit ihrer List und Frechheit, ihren Ansprüchen und Launen nicht mehr auftreten kann – die Stille lähmt sie. Seht Euch nur die Jugend an, sie liebt alles Laute, starken Umtrieb, denn in ihr äußert sich vor allem die Persönlichkeit. Da es ihr an Urteilsvermögen fehlt um den richtigen Weg zu erkennen, wird sie von billigen Vergnügungen angezogen, von all dem, was ihr Lust und Nervenkitzel verschafft und macht deshalb unzählige Dummheiten. Aber je reifer und älter der Mensch wird, desto klüger wird er, sieht ein, daß diese Nervenreize und Lustgefühle ihm nicht das brachten, was er ersehnte; er versenkt sich immer mehr in die Stille, denkt nach, meditiert, erinnert sich an Ereignisse aus seinem Leben und zieht Schlüsse daraus.

Leute mit stark entwickelter Persönlichkeit hören gern laute Trompeten- und Jazzmusik, in diesem betäubenden Lärm fühlen sie sich wohl. Das, was heutzutage als Musik dargebracht wird, gleicht mehr und mehr einem Krachschlagen. Als ich in Japan die Weltausstellung in Osaka besuchte, hörte ich ein Orchester solche Musik machen!... Es war zum Verrücktwerden... Ich spürte, daß diese Musik zur völligen Zerrüttung des Menschen führt; sie zerriß das Nervensystem. Die meisten Künstler unserer Zeit, seien es Musiker, Maler oder Bildhauer, wissen nicht mehr was sie noch schaffen könnten. Alle Möglichkeiten sind erschöpft, heißt es, und sie stehen ratlos da. Sie verstehen es nicht, wie früher die Künstler es taten, sich innerlich aufzuschwingen, um in den hohen Sphären des Geistes Eingebungen zu schöpfen, – Farben, Formen, Melodien in himmlischen Bereichen aufzunehmen. Nein, sie schlagen den Weg ein, der nach unten führt und entnehmen ihre Ideen und Themen aus den Abgründen, der Unterwelt, symbolisch ausgedrückt. Manche Komponisten gehen in Nachtlokale, Diskotheken und Kneipen (Es gibt nichts besseres, wißt Ihr) und schreiben da die Musik, die die Welt erneuern, die Menschen stärken und beleben soll! Man fragt sich, ob es nicht Verrückte sind, die die Menschheit in Irrsinn stürzen wollen. Das Wirken anderer führte sie bereits in diese Richtung, solche Musiker aber machen sie endgültig verrückt!

Nur wenige Musiker befaßten sich mit esoterischer Psychologie und wissen, daß Klänge, Worte sowie jegliche Schwingung einen Einfluß auf den Menschen ausüben. Dies sind physikalische Gesetze. Ich erwähnte einige Male die Versuche des Physikers Chladni. Man streut zum Beispiel feines Pulver auf eine Metallplatte und bringt sie mittels eines Bogens zum Vibrieren. Die erzeugten Schwingungen bilden Kraftlinien, welche die Teilchen der vibrierenden Stellen (man könnte sie lebendige Punkte nennen) anziehen, um sie den nicht vibrierenden, toten Punkten, zuzuteilen. Die toten Punkte bestimmen den Verlauf der sich bildenden geometrischen Figuren. Ich führte diesen Versuch ebenfalls durch und schloß daraus, daß sich beim Menschen das gleiche ereignet: er besitzt äußerlich wie innerlich Punkte, die wie tote Stellen sind, d.h. Zentren, worin sich der von lebendigen Punkten ausgesandte Stoff ansammelt. Demnach sind im menschlichen Körper, in Haut, Augen, Mund und Nervensystem die beiden Prinzipien, männlich und weiblich, ausstrahlend und aufnehmend, vertreten...

Die Töne, die wir vernehmen, erzeugen in uns geometrische Figuren; auch wenn wir diese nicht sehen. Winzigste Teilchen ordnen sich unter dem Einfluß der Schwingungen an und ergeben bestimmte Zeichnungen. Dies erklärt ebenfalls, wie Gott die Welt durch das Wort erschuf, wie durch die von Gott ausgehenden Klänge und Schwingungen das Universum sich geometrisch gestaltete. Das alles ist mir völlig klar! Noch andere Versuche wurden durchgeführt: In ein dunkles Zimmer dringt ein Lichtstrahl durch ein kleines Loch in der Wand. Man wirbelt Staub auf und erzeugt anschließend auf einer Geige einen Klang. Dieser Geigenklang wirkt gestaltend auf den Staub ein, welcher sich zu Formen bildet. Es walten Gesetze, meine lieben Brüder und Schwestern, denenzufolge das Anhören gewisser mißtönender zeitgenössischer Musik jene vorbestehende, vom Schöpfer in Euch angelegte Symmetrie, Schönheit und Pracht sich in hässlich verzerrte und struppige Formen verwandelt; und nach einiger Zeit spiegeln sich diese absonderlichen Töne auf Eurem Antlitz wider.

Dies gilt nicht nur für die Musik. Schaut Euch das Gesicht
eines Menschen an: Bisweilen nimmt es einen unangeneh-
men, bedrohlichen Ausdruck an, dann wieder sieht es engel-
haft aus. Wie kam es zu dieser Veränderung? Gedanken, Gefühle, Impulse eines Menschen sind dem Ton verwandte
Schwingungen. Dem Ton gleich verbreitet jeder Gemütszustand Schwingungen, welche den Gesichtsausdruck verändern. Warum wurde diesem Gesetz keine Bedeutung beige-
messen? Man sollte darüber nachdenken und sich vergegenwärtigen, daß man sich täglich bewußt in eine harmonische
Gemütsverfassung versetzen sollte, um seinem Gesicht einen
freundlicheren Ausdruck zu verleihen. Die Leute glauben
nicht, etwas ändern zu können, – wiederum zeigt sich ihre
Unwissenheit: sie wollen nicht glauben, was sich doch fortwährend vor ihren Augen abspielt.
    Alles liegt in den Schwingungen. Deswegen lehren die
Eingeweihten, die diese Frage erforscht haben, daß der
Mensch durch sein Innenleben nicht nur seinen Körper er-
schafft, sondern auch die Umwelt, in der er lebt. Gute oder
schlechte Lebensbedingungen, Erfolge und Mißerfolge, Glück
und Unglück, er selbst schmiedet sie, ob bewußt oder unbewußt. Ihr braucht mir nicht zu glauben, aber es ist absolute
Tatsache, wissenschaftlich erwiesen, ich habe es nachgeprüft...

    Dies waren einige Worte über Musik und Harmonie... und
über die Disharmonie, die sich gegenwärtig über die ganze
Welt verbreitet. Innerhalb der Gesellschaft nennt sie sich
Anarchie, und leider sind die Anwärter zur Verbreitung der
Anarchie weit zahlreicher als jene, die für den Gedanken der
Synarchie einstehen. Wüßte man nur, wieviel Schaden und
Unheil eine solche Einstellung für die Zukunft heraufbe-
schwört! Jede Mißstimmung wirkt sich nachteilig aus. Natür-
lich, wenn ich «Harmonie» und «Disharmonie» sage, meine
ich etwas anderes als Musik. Harmonie enthält für mich alles,

was opferfreudig, freigebig, edel, rein, liebevoll und selbstlos ist; das Egoistische, Niederträchtige, Feindselige, Zerstörerische und Grausame stelle ich unter den Begriff Disharmonie.

Warum wohl fürchtet sich die Persönlichkeit so sehr vor der Stille? Sie bietet ihr nicht die Voraussetzung zum Stehlen und Hintergehen. Licht und Stille stören sie, hindern sie daran ihre Pläne auszuführen, sie fühlt sich gehemmt. Die Stille ist gleichsam ein Tor zu den himmlischen Bereichen, und die Persönlichkeit, die stets eigensüchtige Pläne schmiedet, auf den eigenen Vorteil bedacht ist, immerzu auf Rache sinnt, zupackt und sich auflehnt, spürt, daß ihr in der Stille der Untergang droht, daß sie abtreten und kapitulieren muß und das will sie nicht! Bei der geringsten Beleidigung, statt sich ruhig zu verhalten, befiehlt sie dem Menschen: «Los, pack ihn, mach ihn kalt!» Die Ratschläge der Persönlichkeit zielen immer nur auf die Zerstörung hin. Wohingegen die Individualität den Rat gibt: «Warte noch ein wenig, bete für ihn, sende ihm lichtvolle Gedanken, es kann ja sein, daß er sich bessert, und du gewinnst einen Freund an ihm; ansonsten wird er zu deinem Feind... Sei unbesorgt, niemand kann dir ans Leben gehn, vor dir liegt die Ewigkeit. Beweise etwas mehr Liebe und Einsicht!» So spricht die Individualität. Doch die Persönlichkeit schlägt mit ihren Pasaunen, Trommeln und Trompeten so großen Lärm, drängt unaufhörlich, Tag und Nacht, bis der Mensch, dumm und schwach wie er ist, ihr nachgibt und sich sagt: «Schon gut, es muß wohl sein; da sie so sehr darauf besteht, hat sie wohl recht.» Die Individualität jedoch spricht mit leiser, weicher Stimme, kaum vernehmbar. Deswegen laufen die Menschen auch immer zur Persönlichkeit über.

Um eines beneide ich die Persönlichkeit, aber auch nur um dieses eine: sie ist unermüdlich! Alles andere an ihr ist abscheulich, doch diese gute Eigenschaft besitzt sie: unermüdlich zu sein. Seht die Gauner, Verbrecher und Kriminellen, sie sind unermüdlich, ihre teuflischen Vorhaben lassen sie nicht zur Ruhe kommen. Während die netten, sanften, freundlichen Leute immer müde sind. Sie haben nicht den Antrieb zum Stehlen, Morden und Racheüben. Es bleibt ihnen demnach nur wenig zu tun, sie erholen sich und sind mit sich selbst zufrieden. Eines Tages jedoch werde ich ihnen zeigen, daß sie die richtige Arbeit noch gar nicht begonnen haben, daß es viel zu tun gibt, und dann werden auch sie unermüdlich werden! Dazu aber müssen sie ein hohes Ideal anstreben, sich nicht mehr mit dem niederen, gewöhnlichen zufrieden geben, welches ihnen bisher geboten wurde : freundlich und barmherzig zu sein, ihre Ehepflichten zu erfüllen, Kinder zu erziehen... Wie elend und armselig! Man darf nicht da stehen bleiben, es ist gar zu wenig. Wünscht man große Fortschritte zu machen, Gewaltiges zu leisten, unausgesetzt, von Stufe zu Stufe immer Höheres zu vollbringen, muß man in die hohe Lebensschule eintreten, wo man lernt, daß es Aufgaben gibt, welche man bisher nie in Betracht gezogen hat. Jawohl, das höchste Ideal!*

Wie gesagt, die Stille ist der Persönlichkeit unheimlich, denn sie fühlt sich darin erdrückt, gemindert; zur Ruhe gezwungen. Sinn und Zweck aller unserer Übungen hier, der inneren Versenkung, der Meditation, ist : die Persönlichkeit zu bezwingen, einzuschränken, sie klein zu machen und der Individualität, dem Seelisch-Geistigen Raum zu schaffen. Überall, auf Prospekten und Plakaten ist zu lesen : «Nehmt dies oder jenes, es verhilft Euch zum Glück!» Aber es dient alles nur der Persönlichkeit; nirgendwo ist ein Hinweis zur Förderung der Individualität zu finden, auf keiner Reklame –nirgends. Alles gilt der Persönlichkeit, sie zu mästen, ihr zu schmeicheln : technischer Fortschritt, Vergnügungen usw... Die Menschen sind derart davon übersättigt, daß sie unaus-

---

* Siehe Kapitel : «Das hohe Ideal» (Band V)

stehlicher und undankbarer werden denn je, eben deshalb, weil nur ihre Persönlichkeit genährt wird. Auch Filme, Romane, Theaterstücke zeugen davon. Für die Individualität, die wahre Intelligenz, für das Tiefgehende und Geistige existiert nichts, fast nirgendwo und niemand. Ich übertreibe vielleicht ein bißchen, aber ich tue es absichtlich. Unter solchen Bedingungen darf sich auch niemand darüber wundern, daß alles schief geht. Man fördert die Persönlichkeit, darnach faucht sie, beschmutzt, zerstört; es kann auch nicht anders sein, etwas Besseres vermag sie nicht zu tun. Wünscht Ihr nun, daß sich alles zum Besten wendet, muß der Menschheit eine hohe geistige Nahrung dargeboten werden. Diese ist in der Lehre der Universellen Weißen Bruderschaft enthalten und wird hier gegeben.

Die Persönlichkeit mag die Stille nicht... Was bedeutet nun eigentlich: die Stille? Ein Beispiel: Ein Mensch in seinen jungen Jahren ist leicht zu begeistern und zu verführen; alles in ihm ist ungebändigt, voller Wirbelstürme, Orkane und lautem Getöse. Darum ist es auch seinem hohen, geistigen Ich nicht möglich sich zu entfalten. Nach Jahren endlich wird es ruhiger in ihm, seine edlen Eigenschaften treten hervor – zuvor war ihnen dies unmöglich. Seht nur, wie es sich in der Natur mit den Pflanzen verhält. Es kann geschehen, daß einige vorzeitig blühen, bevor der Winter vergangen ist; sie erfrieren, und vermögen keine Früchte mehr zu bringen. Die Lebensenergien der Pflanze können sich demnach nicht entfalten, solange die hierzu notwendigen Bedingungen nicht gegeben sind. Dasselbe ereignet sich auch im Menschen: Solange Gewitterstürme in ihm wüten, nimmt er die Stimme der Vernunft, der Weisheit, die Stimme der Engel in seinem Innern nicht wahr. Das Ungestüme, Leidenschaftliche muß sich legen, dann erst machen sich die hohen Tugenden, die längst darauf warteten, bemerkbar.

Ich kann Euch ein noch zwingenderes Argument aus der Geologie anführen, welches sich ebenfalls auf den Lebenslauf des Menschen übertragen läßt. Seht z.B. die Entstehung der Erde. Zu Beginn war alles öde und leer, es gab weder Pflanzen noch Tiere, weil sich noch keine Erdkruste gebildet hatte; sie war noch in feuerflüssigem Zustand. Und selbst nach Jahrmillionen, als sie sich allmählich abkühlte, und die Erdoberfläche da und dort sich festigte, somit einigen Pflanzen und Tieren Lebensmöglichkeiten bot, wurde alles von Vulkanausbrüchen aufs neue vernichtet. Die Erde beruhigte sich nach und nach, junges Leben begann vorzeitig zu sprießen; doch wieder brach die Erdkruste auf, und feuerflüssige Glutmassen wälzten alles nieder... Bis zu der Zeit, da die Lebensbedingungen günstiger wurden: Die Vulkanausbrüche wurden seltener und verloren an Ausmaß, die Erdkruste hatte sich genügend verdichtet. Von da an sprossen die Pflanzen, klammerten sich an der Erde fest, erschienen die Tiere und schließlich die Menschen. Seht Ihr, das ist ein weiterer Beweis. Und sehe ich jemanden, der noch in dem Zustand ist, wie die Erde in ferner Vergangenheit, so denke ich: «Na, mein Freund, in dir können sich keine Lichtwesen niederlassen, sie würden sonst verschlungen. Sie kommen erst dann zu dir, wenn du ruhiger und vernünftiger geworden bist.» Für mich ist es klar und einfach und stimmt genau überein. Also gibt es für Euch nichts anderes; Ihr müßt alles daransetzen, daß es stille in Euch wird, denn nur in der Stille, wenn Leidenschaften, innere Kämpfe, Begierden und Launenhaftigkeit beigelegt worden sind, tritt das Göttliche im Menschen endlich hervor: die Tugenden, alles Schöne und Lichte. Bis dahin erhofft und erwartet nichts, denn die Himmelsbewohner sind nicht so dumm und blind; sie haben keine Lust sich auf eine Erde niederzulassen, die dauernd einzustürzen droht.

Wählen wir nunmehr das Beispiel eines hervorragenden Künstlers, eines wahren Hellsehers oder genialen Mathematikers... Sie haben eine Begabung. Und was ist nun eine Gabe? Eine Wesenheit, die sich in einem Menschen niederließ, um ihn zu fördern und durch ihn zu wirken. Psychologen werden natürlich nie wahrhaben wollen, daß Talente und Fähigkeiten hochintelligente Wesen sind, die dem Menschen innewohnen. Aber der Beweis, daß nicht er es ist, der diese Leistungen vollbringt, sondern ein anderer durch ihn hindurch, ist, daß er sein Talent verlieren kann. Vielen ist es so ergangen, sie verloren ihre Gabe infolge eines sinnlosen Lebens in Ausschweifung und Trunksucht. Wollt Ihr, liebe Brüder und Schwestern, diese segenreichen Geistwesen und lichten Kräfte, diese Fähigkeiten, Talente, Gaben und hohen Tugenden heranziehen, müßt Ihr Frieden, Harmonie, Stille und Sanftheit in Euch ausbreiten, damit endlich Ruhe in Euch herrscht; unter dieser Bedingung allein werden sie sich bekunden. Sie warten ab, und machen sie jemanden ausfindig, der gelassen und vernunftvoll ist, viele seiner alten Gewohnheiten aufgegeben hat, mit welcher Freude dringen sie in ihn ein, um ihm zu helfen und vielen anderen durch ihn hindurch! Auch das war Euch nicht bekannt. Warum dann nicht in diesem Sinne sich bemühen, warum immer wieder in die gleichen Fehler verfallen, die gleiche negative Denkweise beibehalten, denselben Lastern frönen? Dem muß ein Ende gesetzt werden, indem man sich bessert, sich wandelt. Von da an ist man nicht mehr allein, sondern wird von den herrlichsten Wesen der hohen Sphären bewohnt. Dies ist wahres Wissen!

Warum schaffen denn die Menschen nicht die günstigen Bedingungen in sich, damit der Geist sich offenbart? Warum nur? Die Antwort hierauf ist immer dieselbe: Sie wissen es nicht, man hat sie nicht darüber belehrt. Wie vieles würde sich sonst zum Guten wenden!

Sie könnten in unaussprechlicher Beglückung und Seligkeit leben, in dem wahren Glück, von dem ich gestern zu Euch sprach. Das Erstaunlichste dabei ist, daß diese Freude,

diese Herzensweite, dieses tiefe Glück, das Ihr dann in Euch
fühlt und das Euch nicht mehr verläßt, völlig unbegründet ist.
Ihr seid glücklich, ohne zu wissen weshalb. Ihr findet es herrlich, leben, atmen, essen, sprechen zu können und wißt nicht
warum. Nichts wurde Euch zuteil, weder Geschenke noch
Erbschaften, noch hübsche Frauen... Ihr seid beglückt, denn
etwas ist in Euch gekommen, von oben, von Euch selbst unabhängig... gleich einer Quelle, die vom Himmel auf Euch
niederströmt. Hingegen das Glück, das die Menschen suchen,
ist stets eng an irdischen Besitz gebunden: an Haus, Geld,
Auszeichnungen, oder auch an Frauen und Kinder... Solange
sie dies nicht erreicht haben, fühlen sie sich nicht glücklich;
ihr Glück hängt von dem ab, was sie besitzen, und geht es ihnen verloren,... Das wahre Glück jedoch hängt von keinem
Gegenstand oder Besitztum ab, es stammt von oben, und Ihr
seid erstaunt, ständig diese wundervolle Verfassung in Euch
zu verspüren... Ihr seid erfreut und wißt gar nicht, aus welchem Grunde Ihr so glücklich seid. Das ist wahres Glück! Solange materieller Besitz für Euch das Glück bedeutet: «Ach,
hätte ich nur dies oder jenes, wie wäre ich glücklich», könnt
Ihr zwar beglückt sein, aber nur für kurze Zeit, denn dieses
Glück kommt nicht von oben und wird Euch nicht unaufhörlich zuströmen.

Wie ist es zum Beispiel beim Atmen. Müßt Ihr daran denken, Euch ein oder zwei Kilo Luft zu besorgen? Nein, die
Luft kommt Euch entgegen, Ihr bewegt Euch in einem Luft-
meer und atmet, ohne darüber nachzudenken. Alles andere,
Wasser, Nahrung, Geld, müßt Ihr Euch beschaffen... Hingegen die Luft nicht und ebensowenig das Licht. Ihr atmet ununterbrochen, und gibt es eine größere Lust als das Atmen?
Glaubt Ihr es nicht, so haltet Euren Kopf nur einige Minuten
unter Wasser; und bringt Ihr ihn wieder an die Luft, findet
Ihr, daß es nichts Herrlicheres gibt als zu atmen. Vorher war
Euch dies nicht bewußt, Ihr atmetet mechanisch und unbewußt, ahntet nicht, welche Gnade es bedeutete.

Genauso ist es mit dem Glück. Gelingt es Euch, in dieses
Meer der Stille und Harmonie einzutauchen, braucht Ihr zum
Glücklichsein nicht mehr nach Greifbarem zu suchen, Ihr
weilt fortwährend darin. Ihr atmet ein und aus, atmet ein und
aus... Ja, es ist das Atmen der Seele... Die Atmung wurde aus
dieser Sicht noch nicht betrachtet, noch wurde erkannt, daß
alles andere, Stück für Stück erworben und erkauft werden
muß, will man eine Freude, ein Vergnügen sich erobern ; hingegen für die Luft braucht Ihr nichts zu tun, Ihr atmet in
einem fort, auch beim Schlafen, auch ohne daran zu denken.

Jawohl, die Atmung beweist den Menschen, daß alles
Greifbare wie Geld, Besitztümer usw. sich nicht vergleichen
läßt mit dem, was feinstofflich, nicht greifbar, unsichtbar ist ;
mit der Ätherwelt, in der wir leben und atmen. Natürlich,
nicht alle Menschen. Nur die Kinder Gottes, die diese
Bewußtheit erlangten, schweben in der Äthersphäre, worin
sie atmen und deswegen glücklich sind. Ihnen atmen Seele
und Geist. Allen anderen muß man etwas geben, damit sie
glücklich sind. Die Gotteskinder jedoch schöpfen ihr Glück
aus der Höhe, ununterbrochen, denn sie haben sich an das
kosmische Meer angeschlossen und leben darin.

Nun denn, meine lieben Brüder und Schwestern, bemüht
Euch hinfort, und vor allem, habt den Glauben, zweifelt
nicht! Ich habe nie gezweifelt. Seit dem Beginn der Schöpfung glaubte ich an die Herrlichkeit dieser Wahrheiten und
habe mich hineinvertieft trotz Wind und Wetter, trotz Spott
und Unglück, Feindseligkeit, Ungerechtigkeit, Krankheit und
Elend, und ich bereue es nicht. Ich habe geglaubt. Warum
solltet Ihr nun eine Ewigkeit warten um Euch zu entschließen
dies zu glauben? Ihr ahnt nicht, was Ihr versäumt! Darum
beeilt Euch, glaubt mir einfach.

Es gibt noch so vieles über das Glück, die Individualität
und die Un-Persönlichkeit zu sagen! Glaubt ja nicht, die Per-

sönlichkeit werde Euch das Glück bringen, ganz im Gegenteil. Wenn die Menschen aus allem ihren Vorteil ziehen, Mittelpunkt des Universums sein wollen und meinen, alles müsse
sich nur um sie drehen, zu ihren Diensten stehen und sich vor
ihnen beugen, als wären sie Prinzen und Prinzessen, ist dies
der Beginn allen Unheils. Wir müssen uns in den Dienst der
anderen stellen, dann ist es zu Ende mit der Persönlichkeit,
sie weicht. Wer aber mag schon ein Diener sein? Ein jeder be-
wundert den, der sich durchzusetzen weiß und der sein Ziel,
selbst auf Kosten anderer erreicht, und sie sagen: «Das ist ein
wirklich intelligenter Mensch!» Nein, nicht das ist wahre Intelligenz, man verwechselt sie mit der Persönlichkeit, dem
Egoismus, der List! Der Menge fehlt es an Klugheit, indem
sie Gaunern und Betrügern Intelligenz zuspricht.

Von dem Zeitpunkt an, da sich unsere Lehre verbreiten
wird, verteilt sie einem jeden seinen verdienten Platz. Alle
jene, die auf unehrliche Weise emporkamen und sich nun in
Spitzenstellungen brüsten, werden von ihrem erhöhten Sockel
stürzen. Ja, diese Lehre ist imstande, all die hochangesehenen
Persönlichkeiten, die ein ihnen nicht zustehendes Amt bekleiden, dazu zu bringen ihre Stellung aufzugeben. Im übrigen
werden sie von selbst erschüttert sein: Angesichts dieser
Wahrheiten werden sie von sich selbst angewidert sein, einige
werden darauf verzichten, in der bisherigen Weise fortzufah-
ren, d. h. in trüben Wassern zu fischen. Ja, meine lieben Brüder und Schwestern, Ihr glaubt mir vielleicht nicht, jedoch
früher oder später trifft dies ein, denn der Himmel hat es beschlossen; alles wird umgewälzt, in seinen Grundfesten erschüttert: Diese Lehre wird das Gewissen und den Verstand
aller aufrütteln, wenn sie in die Öffentlichkeit durchgedrun-
gen ist. Denn eines Tages wird sie überall verbreitet sein!...
Sie ist ein Licht, diese Lehre, meine lieben Brüder und
Schwestern, ein gewaltiger, alles durchdringender Strahl!

Verlaßt Euch nicht auf die Versprechungen der Persönlichkeit. Sie treibt Euch zu vielen Dingen an, indem sie Euch
hoffen läßt, es werde Euch glücklich machen und Ihr würdet
dadurch vorwärts kommen... Aber schon kurz darauf schwindet der Boden unter Euren Füßen und hoppla... fallt Ihr her-
unter. Die Persönlichkeit versteht es wie keiner, Euch etwas
vorzugaukeln und durch ihre Verführungskünste zu verleiten.
Sie bringt es sogar sehr weit in Schönheit, Musik, Poesie und
Tanz. Sie besitzt viel Charme, und es ist unglaublich, was sie
alles vorzubringen vermag! Aber ihr Ziel ist stets, Euch zu
verschlingen. Sie versteht es, Euch mit liebenden Augen an-
zusehen, verführerisch zu tanzen, sie weiß mit Euch umzuge-
hen, auf welche Weise Euch zu beschenken, Euch zu
streicheln, und all dies wirkt so angenehm, liebenswürdig, poetisch und hold! Jawohl, aber Ihr seid aufgeschlungen, eingefangen in den Netzen der Persönlichkeit. Warum war sie nur
so schön? Um Euch sicherer zu packen! Das aber wußtet Ihr
nicht. Von der Individualität geht ebenfalls Poesie, Musik
und lieblicher Duft aus, nur in völlig verschiedener Absicht:
nicht um Euch zu verschlingen, zu fesseln, sondern um Euch
frei zu machen, zu beleben, zu verklären. Worauf es ankommt, ist das Ziel! Solange man das Ziel nicht kennt, kann
man sich nicht äußern. Ein Mann gibt einem jungen Mädchen Schmuck; aber weiß sie den Grund dazu? Dem Anschein nach ist es wundervoll und überaus großzügig... Aber
das Ziel? Um leichter mit ihr zu schlafen.

Die Persönlichkeit ist nicht so dumm, sie ist sogar sehr gut
unterrichtet, so gelehrt, daß sie Euch die Sterne vom Himmel
holt, um Euch davon zu überzeugen, aufzuhören Gutes zu
tun, Eure geistige Arbeit einzustellen. Sie wird Euch überreden, denn in ihr sind Gelehrte, Künstler, Wissenschaftler und
Tänzer vertreten, sie ist nicht nur eines. In ihr wimmelt eine
ganze Welt...

Aber ich habe Euch noch lange nicht alles gesagt. Ja, meine lieben Brüder und Schwestern, freut Euch darüber, dieses Wissen, dieses Unterscheidungsvermögen zu besitzen, welches Euch dazu verhelfen wird, die Persönlichkeit zu bezwingen und zu meistern. Sie hat viele Fähigkeiten, ist sehr reichhaltig; aber man muß sie zähmen.

Bonfin, den 20. Juli 1970

Kapitel VI

Der Persönlichkeit absterben,
um in der Individualität aufzuleben –
Der eigentliche Sinn der Gärung
aus esoterischer Sicht

Freie Ansprache

Ihr dürft Euch nicht daran gewöhnen, meine lieben Brüder und Schwestern, daß immer alles von mir ausgeht, daß
immer ich es bin, der Euch erfreut, Euch aufheitert, Euch zu-
lächelt, Euch mit Liebe anblickt... Denn seid Ihr wirklich in
der Gewohnheit festgefahren, daß es immer die anderen sind,
die den ersten Schritt zu Euch tun, dann weiß ich nicht, was
ich Euch noch sagen soll. Ein jeder ist daran gewöhnt zu bitten, zu fordern, zu verlangen und bildet sich ein, alle anderen,
ja Gott selbst, seien verpflichtet, seinen Wünschen und Launen nachzukommen. Und da dies nicht geschieht, wird er
mißmutig und unzufrieden. Ein solches Verhalten allein
schon ist der Beweis eines Mangels an Einsicht, Geduld,
Weitherzigkeit und Selbstaufgabe; es ist der Hinweis dafür,
daß man von der Persönlichkeit geleitet ist; denn fordern und
verlangen, ohne nur zu versuchen, sich an die Stelle seines
Nächsten zu versetzen, um zu sehen, ob er das von ihm Ver-
langte überhaupt zu geben vermag, ist einer der Grundzüge
der Persönlichkeit.

Die Fähigkeit, sich in seinen Mitmenschen einzufühlen,
ist eine höchst seltene Eigenschaft. Dazu sind nur sehr wenige
imstande. Und gerade hier seid Ihr in einer Schule, wo Selbst-

aufgabe und Selbstlosigkeit entfaltet werden und man sich
daran gewöhnt, nichts von anderen zu erwarten, sondern selber den ersten Schritt ihnen gegenüber zu tun, denn dadurch
wird man stark und gefestigt. Wartet man immer ab... nun,
dann kann man ewig warten, weil die andern im allgemeinen
mit ihren eigenen Problemen beschäftigt sind. Ihr habt keine
Ahnung, wie geizig, egoistisch und egozentrisch der Mensch
ist. Beobachtet Eure Reaktionen und seht, ob es nicht auch
mit Euch so ist.

Es mag sein, der Himmel findet meine Kinder sehr
schlecht erzogen, denn nie ist ein Lehrer, ein Meister so vor-
gegangen wie ich. Alle waren sie ernst, unerweichlich, spar-
sam mit ihrem Lächeln und ihrer Freundschaft: sie wenigstens waren weise und vernünftig, wohingegen meine Haltung
dermaßen gutmütig und vertraulich ist, daß sie kaum Erfolg
haben kann. Dieses Verhalten habe ich von meiner Mutter:
immer war sie es, die alles tat. Doch stellt Euch nur vor, daß
ich Euch einige Tage lang nicht mehr zulächle, Euch nicht
mehr liebevoll ansehe, noch zu Euch spreche... Ich frage
mich, ob Ihr auf den Gedanken kommen würdet, meiner lieb-
reich zu gedenken, um mich zu ermutigen, mir zu helfen.
Nicht, daß ich etwas von Euch verlange, nein, ich stelle nur
fest; Ihr seid viel zu sehr von Euren Interessen und Anliegen
in Anspruch genommen... Versucht doch ein wenig, hier etwas weitherziger und uneigennütziger zu werden – es würde
mir eine Freude bereiten. Und wie groß wird die Freude für
die sein, welche Euch hergesandt haben und über Euch wachen! Denn jeder von Euch hat einen Schutzengel, der ihn
betreut. Er hat Euch hierher geleitet und beobachtet Euch:
«Oh», sagt er, «du erwartest immer, daß man dich rein-
wäscht, dich nährt, dir Mut zuspricht. Aber wann wirst du
dich entschließen, das gleiche für die anderen zu tun?» Weiß
Gott wann! Versucht es doch, sonst, das versichere ich Euch,
sind die dort oben imstande sich zu verschließen. Und nichts
kommt Euch mehr zu. Ich mag es nicht, daß der Himmel sich

verschließt – ich wünsche, daß die Quelle immer sprudelt...
Glaubt nun nicht, ich beklage mich. Wozu sollte ich mich
beklagen, jetzt nach vierunddreißig Jahren, wo endlich ein
kleiner Fortschritt spürbar ist? Ein Vater, eine Mutter geben
sich auch nicht mit kleinen Fortschritten zufrieden: sie wünschen, daß ihr Kind vorbildlich und vollkommen sei.

Ich sage es Euch frei heraus, wegen ihrer Ich-Bezogenheit
und Engherzigkeit kommen Glück, Freude und Begeisterung
nicht über die Menschen. Sie schleppen sich dahin, sind unglücklich und traurig, weil sie nicht fähig sind sich zu öffnen
und etwas von sich zu geben, was der ganzen Schöpfung för-
derlich sei. Das ist es, was Ihr lernen sollt. Ich kann noch so
viele Ansprachen über dieses Thema halten, sie liegen beiseite, verlassen in einer Ecke. Hinfort gilt es, sich in dem Gedanken zu üben: «Auf welche Weise kann ich die Lage meiner
Brüder und Schwestern verbessern?» Durch solches Denken
wachst Ihr geistig, anstatt stets auf der Suche nach jemandem
zu sein, den Ihr herumkriegen könnt, um Euch auszuhelfen
oder Geld zu geben. Beobachtet Euch, und Ihr seht: Ein jeder, ob alt oder jung, ist nur darauf bedacht, jemanden zu finden, aus dem er Nutzen ziehen, den er ausnehmen und für
sich arbeiten lassen kann. Ihr entgegnet mir: «Sie ja auch,
denken nur daran, alle Welt einzulotsen!» Das stimmt schon,
nur tue ich es nicht für mich, sondern für einen Zweck, der
Euch gut bekannt ist und nicht mir persönlich dient: für das
Wohl der ganzen Menschheit.

Ja, ich will viele Mitarbeiter gewinnen, jedoch nicht um
sie zu bezaubern, auszunutzen und zu bestehlen... Wenn Ihr
mir nicht glaubt, so prüft es eben selbst nach. Versucht aber
auch Euer eigenes Verhalten zu überprüfen; ich kann Euch
nämlich zeigen, daß Ihr hierher kommt nur um zu lernen,
Euch fortzubilden, Euch geistigen Reichtum und Kraft anzueignen und nicht für meine Arbeit, meine Bruderschaft. Der
Beweis hierzu ist: Seid Ihr mit Wissen gesättigt, habt Ihr all
das erworben, was Ihr benötigt, ja sogar einen Mann oder ein

Mädchen zum Heiraten gefunden, so laßt Ihr mich im Stich,
statt die Arbeit fortzusetzen. Das zeugt davon, daß Ihr nur
um Eurer selbst willen gekommen seid. Wäret Ihr tatsächlich
meinetwegen gekommen, d.h. für den Grundgedanken dieser
Lehre, so würdet Ihr, selbst wenn Ihr ausgelernt, alles erfahren, alles verstanden habt... und sogar ein Mädchen zum Heiraten gefunden, hier in der Bruderschaft bleiben und weiterar-
beiten. Selbst wenn es nichts mehr für Euch zu lernen gäbe,
so würdet Ihr dennoch die Arbeit fortsetzen. Es kommt ein
Tag, an welchem das Hirn nichts mehr aufzunehmen vermag,
die Arbeit jedoch hört nie auf. Man studiert nur einige Jahre,
aber man arbeitet bis an sein Lebensende.

Kommt Ihr nur um Eurer selbst willen hierher, um zu
erstarken, Geheimnisse und Mysterien zu erfahren, ein Schäf-
chen zu holen, ist das ein Beweis dafür, daß Euer Ideal nicht
besonders erhaben ist: Ihr trachtet nur nach Eurem Wohl,
Eurem Vorteil, Eurem Glück, Eurer Macht und Eurem See-
lenheil. Wie die Christen... Es wurde ihnen gelehrt, ihr Heil
zu suchen: «Ich will meine Seele retten!» Und ich finde, das
ist zu wenig; man sollte sich nicht mehr um die Errettung seiner Seele kümmern. Was stellt man sich denn unter seiner
Seele vor? Welchen Wert, welche Bedeutung hat denn «seine
Seele» im Vergleich zu der unermeßlichen Schöpfung? Mögen sie aufhören, sich um sich selbst zu kümmern – und sich
darum bemühen die Seelen der anderen Menschen zu retten,
dann nämlich werden sie selbst gerettet! Ansonsten, während
sie sich mit der Rettung ihrer Seele befassen, vernachlässigen
sie ihre Mitmenschen, sondern sich ab, leben auf sich selbst
konzentriert, von der Umwelt abgetrennt, denken an niemanden mehr und tun nichts mehr für die anderen: Ihr Augen-
merk ist nur auf ihre Seele gerichtet! Aber das führt zu nichts
und ist sogar unschön. Das muß man beiseite lassen. Die ganze Welt wird sich von Grund auf wandeln, von dem Tage an,
an welchem man den Menschen die Idee aus dem Sinn entfernt, ausschließlich auf ihr persönliches Wohl bedacht zu

sein. Diese Einstellung ist es, welche das Kommen des Gottesreichs verhindert.

Man muß von nun an sein eigenes Ich etwas beiseite lassen. Wie denn? Indem man sich der Individualität zuwendet: sie herbeibittet, auffordert und anfleht zu kommen, ihr in der Seele einen Platz einräumt, betet, daß dieser kosmische Geist in dem Sinne wirke, die Persönlichkeit zu schwächen, gefügig zu machen, damit sie aufhört zu herrschen und sich zu brüsten. Es ist dies eine ungeheure Leistung, von der nur wenige Kenntnis haben: sich selbst ein wenig aufzugeben, von seinem niederen Ich abzulassen, nicht aber sein geistiges Ich zu vergessen. Sowie man nämlich seine Gedanken auf dieses höhere Ich richtet, welches erhaben, unendlich, allumfassend ist, wendet sich alles zum Guten; denkt man aber an sein kleines, beschränktes, egozentrisches Ich, dann stimmt nichts mehr. Deshalb sieht man die Christen derart unglücklich und bekümmert: sie fühlen sich verdammt und begehen sogar Selbstmord aus lauter Verzweiflung darüber, daß sie ihre Seele nicht zu retten vermochten! Sie ahnen nicht, daß, was sie ihre Seele nennen, ihre Persönlichkeit ist; es ist unmöglich die Persönlichkeit zu retten, sie bleibt was sie ist.

Ich werde heute Euer Vertrauen in die Persönlichkeit erschüttern. Zu diesem Zwecke habe ich mich mit dem notwendigen Werkzeug ausgerüstet, aber es stimmt mich nicht besonders froh: ich werde alle Hoffnung, die Ihr in Eure Persönlichkeit gesetzt habt, zertrümmern; denn sie wird sich nie bessern, was immer Ihr auch hierfür tut, weil sie aus brüchigem Material ist. Es steht geschrieben: «Das Verwesliche bleibt verweslich; nur das Unvergängliche erzeugt Unvergängliches». Ihr werdet sagen: «Ja, aber die Alchimisten wußten Blei in Gold zu verwandeln.» Ihr täuscht Euch, Blei wird nicht zu Gold: Es vergeht und weicht dem Gold. So wird auch die Persönlichkeit niemals göttlich: Sie vergeht, und an ihrer Stelle tritt die Individualität in Erscheinung. In einer früheren Ansprache erklärte ich Euch, daß Physis-,

Astral- und Mentalkörper eines Tages sich auflösen und die feinstofflichen Körper an ihrer Stelle in Herrlichkeit, Pracht und strahlendem Licht hervortreten und ewiges Leben der Liebe und Erfüllung bringen. Gegenwärtig jedoch ist die Persönlichkeit nichts weiter als ein Behälter.

Heute werde ich Euch also in Verzweiflung stürzen: Glaubt nicht mehr, hofft auch nicht und rechnet nicht damit: Eure Persönlichkeit wird niemals zu Gold und nie eine Gottheit werden. Wie sehr Ihr Euch auch müht, sie zu erweitern und zu erhöhen, mit Wissen, Talenten und Fähigkeiten auszustatten, sie bleibt brüchig und oxydierbar, ihre egozentrische Wesensart wandelt sich nicht. Von dem Moment an, da sie nicht mehr egoistisch handelt, nicht mehr aufs Nehmen bedacht ist, ist sie auch nicht mehr die Persönlichkeit.

Vertraut also nicht mehr auf die Persönlichkeit. Benutzt sie so oft wie möglich, aber in der Absicht sie aufzubrauchen, damit sie völlig schwindet; laßt an ihre Stelle jene andere Wesensart in Euch, die ewig und unermeßlich weit ist, zum Ausdruck kommen und erstrahlen. Fördert sie so gut Ihr könnt in ihren Kundgebungen, wissend, daß um dies zu erreichen, ein Mensch begnadet, gefördert und in seinen Bemühungen unterstützt sein muß; denn dies ist in einem Erdenleben allein nicht durchführbar. Wenn Ihr in diesem Sinne an Euch arbeitet, tragt Ihr viel dazu bei, Eure Entwicklung zu beschleunigen, auf daß das Himmlische in Euch eindringe, sich niederlasse, von Euch Besitz ergreife und über Euch verfüge. Doch selbst wenn es einige Gebiete und Zellen in Euch beherrscht, bleiben immer noch einige, unbekehrbare übrig, und es wird viel Zeit in Anspruch nehmen, bis auch die letzten Schlupfwinkel und Verstecke aufgespürt sind, damit endlich die Geistnatur sich ungehindert ausbreite. Das ist die bedauerliche Wirklichkeit!...

Die Leute meinen oft, wenn sie in einem negativen, verzweifelten Zustand sind, dann deshalb, weil ihre Persönlichkeit sich verschlimmert habe. Und wenn sie lichtvolle, beglückende, segenreiche Tage verleben, bilden sie sich ein, ihre Persönlichkeit habe sich nun doch verbessert. Aber sie irren sich : nicht ihre niedere Natur ist besser geworden, eine andere trat hervor und tat sich kund. Danach gewinnt erneut die Persönlichkeit die Oberhand, bringt alles durcheinander und versetzt sie wiederum in einen jämmerlichen Zustand. Daraufhin ruht diese sich aus, schläft ein und aufs neue tritt die Individualität in Erscheinung. Und so geht es weiter...

Man denkt im allgemeinen, es sei immer dasselbe Ich, welches einem Stimmungswechsel unterworfen ist. Nein, nicht sein Ich wandelt sich ; es sind zwei völlig verschiedene Naturen, die sich durch den Menschen äußern.

Es ist schwierig zu erklären, denn es geht hierbei um zwei grundverschiedene Naturen : Die Individualität ist nie negativ, nie düster, zerstörend oder egoistisch, und wenn sich eine dieser Eigenschaften im geringsten bemerkbar macht, so ist nicht sie die Ursache davon, sondern die Persönlichkeit. Die Persönlichkeit vermag nicht so lichtvoll, freigiebig, liebevoll und opferbereit zu sein wie die Individualität – sie bleibt stets was sie ist. Demzufolge, wenn sie sich kundtun, glaubt nicht, es sei ein- und dieselbe Natur, welche sich ändert, von einem Zustand in den anderen übergeht. Nein, was wirklich geschah : Ihr habt sowohl dem Guten als auch dem Bösen erlaubt sich durch Euch zu äußern. Jedoch das Gute kann nicht das Böse werden, noch das Böse gut, sie bleiben für immer was sie sind. Diese Wahrheiten wurden Euch noch nie verkündet!

Wer Großartiges vollbringt, hat seine Persönlichkeit für eine Zeitlang verlassen. Anschließend findet er sie in ihrem gewohnten Zustand wieder vor, und da er sich mit ihr identifiziert, ruft er aus : «So bin ich denn immer noch der gleiche!» O nein, da irrt er sich. Warum vergleicht man sich letzten Endes immer mit der Persönlichkeit? Stellte man sich der Individualität gleich, würde man sehen, daß man hervorragende Leistungen vollbrachte! Auch Ihr, meine lieben Brüder

und Schwestern, wenn Ihr das Gefühl habt, immer noch eifersüchtig, aufbrausend, genießerisch und sinnlich zu sein,
täuscht Ihr Euch; Ihr begeht lediglich den Fehler, daß Ihr,
nachdem Ihr gebetet und meditiert, herrliche Geistesarbeit
geleistet und Augenblicke himmlischer Wonne und Seligkeit
erlebt habt, wiederum auf die Stufe Eures niederen Ichs absinkt und erneut Eure gewohnte Alltagsstimmung aufnehmt,
indem Ihr sagt: «Ach, ich bin ja immer der gleiche! Ich komme nicht vorwärts, werde nicht besser.» Aber wer hat dann
soviel Herrliches geschaffen und erlebt? Auf jeden Fall nicht
Euer niederes Ich. Wieviele Dinge sind für die meisten noch
unklar!

Ihr habt beispielsweise gebetet, meditiert, Euch auf das
Wohl der Menschheit konzentriert... und nun geht ein hübsches Mädchen an Euch vorbei oder Ihr seht es in Gedanken,
und da die alten Bilder und Gedanken wieder in Euch auftauchen, denkt Ihr: «Wie ist es nur möglich, wo ich doch beim
Meditieren und Beten so hoch über all dem stand, mich so
rein, keusch und unschuldig fühlte!» Ja, dies war Eure Individualität, aber Ihr habt sie für einige Minuten verlassen und
Euch der anderen Natur genähert... Aber diese andere war
zwischenzeitlich nicht tot: sie macht sich ein bißchen bemerkbar. Wenn Ihr mit nüchternem Magen an einem Gast-
haus vorbeigeht, ist es ganz natürlich, daß Eure Nase auf die
appetitanregenden Düfte reagiert.

Ihr seht, dieses Wissen muß man sich aneignen, um die
Dinge unterscheiden zu können. Manchmal handelt man rit-
terlich, edel, großmütig und freigebig: dies sind Kundgebungen der Individualität. Und fällt es einem anschließend
schwerer, sich weiterhin so zu verhalten, zeigt dies an, daß
man sich wieder der Persönlichkeit genähert hat. In Wirklichkeit, meine lieben Brüder und Schwestern, habt Ihr Euch wesentlich verändert, nur ist Euch nicht bewußt inwiefern. Solange Ihr auf der Stufe der Persönlichkeit lebt, wandelt Ihr
Euch nicht; bis zuletzt bleibt sie, was sie immer war: ge-

wandt im Beißen, Kratzen, Ausbeuten und Besitzergreifen; seid nicht erstaunt darüber. Sucht auf höherer Stufe Euch zu wandeln!

Hier noch ein anderes Beispiel: In Friedenszeiten sind die Menschen allgemein freudlich, liebenswürdig, aufgeschlossen, hingegen im Krieg, seht, wozu sie imstande sind; sie zerstören und verheeren! Haben sie sich denn verändert? Nein, es sind die beiden Naturen, die sich durch sie hindurch äußerten, je nach den für die eine oder andere günstigen Umständen zu der einen oder anderen Zeit. Seht, wie es einem reinen, keuschen, jungen Mädchen ergehen kann, wenn es besonderen Umständen ausgesetzt ist, ob es sich nicht in eine zügellose Furie verwandelt, imstande, sich völlig hemmungslos zu benehmen! Es ist die Persönlichkeit, welche ihre Rechte verlangt, nachdem sie, wer weiß wie lange, verdrängt und vergraben war. Es handelt sich mithin um zwei unterschiedliche Naturen... Ja, und wie einfach wäre es, gäbe es ihrer nur zwei! In Wirklichkeit sind es ihrer unzählige, jedoch nennen wir nur diese zwei, der Einfachheit halber.

Habt Ihr mich heute richtig verstanden, so bringt Euch dies eine große Erleuchtung. Man glaubt, Übles in Gutes verwandelt zu haben; mitnichten. Zeigt sich das Gute, sieht man nicht mehr, wo das Böse geblieben ist: Es ist vertrieben, verjagt, ausgelöscht. Wenn aber das Gute verblaßt, erweist es sich, daß das Böse noch immer lauert, weder verschwunden noch tot ist. Dadurch wird Euch manch verworrenes Geschehen der menschlichen und kosmischen Ereignisse verständlich. Natürlich ist das Böse nicht von ewiger Dauer; es kann von Grund auf umgestaltet und verwandelt werden, doch diese Frage greift ins Kosmische. Die kosmische Weisheit allein ist in der Lage zu entscheiden, wie und zu welcher Stunde dies stattfinden soll. Bis dahin verrichtet das Böse seine Arbeit, erfüllt seine Aufgabe, die darin besteht, uns Lektionen zu erteilen; nur ist der Mensch außerstande, das Spiel der kosmischen Kräfte zu werten. Man stellt sich allgemein vor,

sowohl das Böse als auch das Gute würden bis in alle Ewigkeit bestehen und sich unablässig bekämpfen; das Böse sei
ebenso mächtig wie Gott und widersetze sich Ihm – wovon
Er so bedrängt und müde sei, daß er die Menschen bitte Ihm
beizustehen, den Rittern oder Kreuzfahrern gleich, im Kampf
gegen den Teufel! Das ist es, was die meisten Christen sich
einbilden.

Aber in Wirklichkeit ist das Böse nicht von ewiger Dauer:
es existiert lediglich, weil der Herr es ihm gestattet; doch sobald der Herr ihm befiehlt zu gehen, verschwindet es. Das
Gute allein ist ewig; das Böse vergeht, jedoch besitzen wir
Menschen nicht die Kraft es zu verjagen. Gott allein verfügt
über diese Macht. Demnach braucht Er den Beistand der
Menschen nicht: Sie sind zu schwach, zu hilflos und unwissend um Ihn zu unterstützen, ihre Waffen sind nicht wirksam
genug. Gott allein besitzt die Macht dazu. Deswegen sollen
wir uns dem Gottgeist öffnen, damit er einziehe, an unserem
Wirken teilnehme und sich durch uns hindurch offenbare. Er
nimmt es auf sich, das Böse durch das Gute zu ersetzen.

Ich weiß, diese Gedanken sind schwer zu verstehen... Jedoch, durch anhaltendes Meditieren und Beten wird es licht
in Euch werden, und Freunde in der unsichtbaren Welt werden Euch dabei helfen... So verlaßt Euch denn nicht mehr auf
die Persönlichkeit: Nie kann aus ihr ein Wesen des Lichts
werden! Infolge der trüben, undurchsichtigen Materie, woraus sie besteht und ihrer tief in der unteren Welt verankerten
Wurzeln steht sie mit sehr niederen Wesen und Kräften in
Verbindung, durch welche sie genährt, angetrieben und beeinflußt wird; darum ist sie so egozentrisch, tückisch, grob
und untreu. Ihre Wurzeln dringen bis tief in die Eingeweide
der Erde vor, wohin das Böse sich verkriecht. Die Individualität ist mit dem Himmel verbunden und wurzelt in den hohen
göttlichen Sphären, und lassen wir sie von uns Besitz ergreifen, vermag sie in uns alles zu erhellen und zu verschönen
und für immer in uns Wohnung zu nehmen.

Keine Übung noch Methode, kein Yoga wird je imstande sein die Persönlichkeit zu bekehren. Das Einzige, was man dadurch bewirkt, ist, daß die Individualität sich täglich mehr und mehr in uns festigt. Jahre hindurch kann man beten, lesen, meditieren, wohltätig sein und bleibt doch immer derselbe, das will heißen... aber ich sage lieber nicht, was sich unter dem Wort «derselbe» alles verbirgt. Dabei hat man soviel Großartiges geleistet, Anstrengungen gemacht, sich geübt und Opfer gebracht!... Und ist doch immer der gleiche mit denselben Schwächen, Gewohnheiten, Süchten und Verstimmungen. Warum wohl? Weil die Persönlichkeit noch immer zugegen ist. All diese hohen und herrlichen Erfolge kamen nur deshalb zustande, weil Ihr der Individualität ein wenig freien Lauf gelassen habt. Da Ihr aber weiterhin zu eng an der Persönlichkeit lebt, Euch ständig mit ihr identifiziert, seht Ihr, daß sie sich nicht änderte und jammert: «Welch ein Elend, welche Verzweiflung, ich bin immer noch der alte!» Dreißig, vierzig Jahre lang hat man alles versucht, alles getan und ist immer noch derselbe!

Nun ja, man darf nicht entmutigt sein, sondern soll sich sagen: «Es ist mir nicht gelungen die Persönlichkeit einzuschränken, zu fesseln, zu schwächen, zu verdrängen und zu zügeln, aber ich weiß warum: ich gab dem Göttlichen nicht genügend Möglichkeit zu wirken, welches allein imstande ist, Abhilfe zu schaffen.» Von da an, wenn man sich entschlossen hat seine Einstellung zu ändern, ändert man sich von Grund auf. Ich sagte Euch bereits: Ihr werdet gewandelt und erneuert, daß Ihr Euch selber nicht wiedererkennt... Wie es den Heiligen oder Propheten geschah, von denen in der Bibel oder der Geschichte geschrieben steht. Aber das kann nur dann eintreten, wenn Ihr der Individualität einen absolut vorrangigen Platz einräumt, ansonsten kommt sie kaum für eine Minute, eine Stunde oder einen Tag ein paar Worte zu sagen, etwas Schönes zu schaffen, um gleich darauf wieder zu entschwinden!... Auf diese Weise gelingt es Euch von Zeit zu

Zeit unter ihrem Einfluß Herrliches zu leisten, doch bleibt Ihr
weiterhin fähig, Böses anzurichten. Im übrigen ist alles Große
und Überragende, was der Mensch vollbringt, nicht seine
eigene Leistung: Eine andere Kraft bekundet sich durch ihn.
Keines der Kunstwerke, der dichterischen oder mystischen
Schöpfungen vermochte die Persönlichkeit hervorzubringen;
sie lieferte lediglich etwas Material zu deren Vollbringung.
Alles göttlich Schöne stammt von woanders her, kommt von
hoch oben.

Ich weiß, es ist Euch nicht möglich, alles auf einmal zu
verarbeiten, was ich Euch eben erklärte: Es braucht Zeit.
Man müßte diese Ansprache noch einmal anhören, aber ich
wiederhole: Ihr dürft weder hoffen noch glauben, daß die
Persönlichkeit je ein Lichtwesen wird. Wenn sie vergeht, wird
sich das Himmlische in Euch niederlassen. Ihr werdet Eurer
niederen Natur völlig abgestorben sein, und es wird etwas anderes in Euch aufleben. Wir, die wir mitten zwischen den beiden stehen, werden der Persönlichkeit abgestorben und in die
Individualität eingegangen sein. Und wer ist dieses «wir»...
dieses «ich»? Das ist das Geheimnis: wir sind weder die Persönlichkeit noch die Individualität, sondern etwas wesentlich
anderes. Glaubt Ihr, in einer Minute erfahren zu können, was
wir sind, was Ihr seid, so täuscht Ihr Euch, dies ist ein großes
Geheimnis... Doch darüber sprechen wir noch, und allmählich werdet Ihr zur Klarheit kommen.
Dennoch sagt Ihr mir: «Je tiefer man in diese Lehre eindringt, umso mehr ist man verwirrt, denn man hat den Eindruck, überhaupt nichts mehr zu verstehen.» Ich weiß, eine
gewisse Zeit ist es so, doch es ist nur ein Übergang. Die hier
neu ankommen, zum Beispiel, fühlten sich vorher sehr wohl,
lebten glücklich und zufrieden, alles ging ihnen nach
Wunsch; aber seit sie, angeregt und begeistert von dieser Lehre, sich entschlossen haben ihr Leben zu ändern, ein gottgeweihtes Dasein zu führen, geht nichts mehr seinen gewohnten

Gang und man sieht, wie es in ihnen gärt. Ich sage ihnen:
«Geduld, durch den Zustand der Gärung muß man hindurch.» Dasselbe trifft man in der Alchimie an. Das erste Ergebnis, das verzeichnet wird, die erste Stufe ist die Gärung:
Der Stoff trübt sich, beginnt zu gären und stirbt ab, aber anschließend lebt er wieder auf. Das geschah mit all denen, die
sich dieser Lehre anschlossen... Nicht mit allen jedoch, es gibt
welche, mit denen sich keine Wandlung vollzog, sie haben
sich nicht entschlossen, sind infolgedessen dieselben geblieben, alles steht zum besten, es gärt nicht, aber dies ist kein gutes Zeichen. Seh ich jemanden in Gärung, so freue ich mich
und denke: «Der dort ist dabei, den Stein der Weisen zu finden, womit jegliches Metall in Gold verwandelt wird.» Ihr
seht also, tritt man dieser Lehre bei und nichts geht mehr seinen gewohnten Gang... ist dies ein gutes Zeichen!

Vielleicht versteht Ihr mich besser, wenn ich als Beispiel
unseren Organismus anführe. Nehmen wir an, es haben sich
in Euch zuviele Abfallstoffe, Schlacken und Gifte angehäuft,
aber Ihr eßt, trinkt, raucht weiter wie gewohnt... Seit Jahren
tragt Ihr die Krankheit, ja sogar den Tod in Euch, aber sie
bricht nicht aus, fühlt sich geborgen und weiß sehr wohl, gibt
sie sich zu erkennen, so riskiert sie verjagt, ausgerottet zu werden: denn die Ärzte, Medikamente... Sie gräbt sich in Euch
ein und höhlt Euch aus... Heimlich, still und leise! Doch sowie Ihr in diese Lebensschule eintretet, gewisse Regeln einhaltet und Übungen zur Läuterung durchführt, treten Fieber,
Bauchweh und Kopfschmerzen auf, alles Krankhafte tritt zutage, denn der Körper, richtiger gesagt, die ihm innewohnenden Wesen, faßten Mut und erklären: «Der Augenblick ist
gekommen, alle diese Unerwünschten, Friedensstörer, Übeltäter, die sich auf unsere Kosten hier eingenistet haben, zu
verjagen.» Der Organismus reißt sich zusammen, rafft sich
auf, und wer nichts davon versteht, sagt sich: «Es ist diese
Lehre, die die Menschen durcheinander bringt», und sie fliehen, ohne zu wissen, daß gerade unsere Lehre es war, welche

den Kampf auslöste gegen all diese Übeltäter in ihnen,
anschließend aber die Befreiung herbeiführt.

Ihr verspürt die gleichen Anzeichen, wenn Ihr drei, vier
oder fünf Tage fastet, um Euch innerlich zu reinigen. Es stellen sich Herzklopfen, Bauch- und Rückenschmerzen, Be-
schwerden beim Atmen und Schwindelgefühle ein... Denn
der Organismus nutzt die Gelegenheit, eine Selbstdiagnose zu
stellen und anzuzeigen, wo sich Schmarotzer eingenistet
haben und wo sich die Krankheit verbirgt. Darum sollte man
fasten, denn es ist eine ausgezeichnete Möglichkeit herauszufinden, wo man anfällig ist. Die nicht genügend darüber Bescheid wissen, geben beim ersten Unwohlsein angsterfüllt auf,
sie folgern: «Sprecht mir nicht vom Fasten, das ist ja furchtbar, es bringt mich um!» Wo es doch gerade das einzige Mittel war, sie von allen Schlacken und Giftstoffen zu befreien.

Vor einiger Zeit erzählte ich Euch folgendes. Einen, der
im Gefängnis sitzt, frage ich: «Weswegen sind Sie hier?» Er
erwidert: «Daran ist die Gesellschaft schuld und die Leute in
ihrer Schlechtigkeit, der und jener hat mich verraten...»
–«Nein, nicht deshalb», sage ich, «sondern weil Sie einen
übertriebenen Glauben hatten.» – «Zuviel Glauben? Woran
denn?» – «An sich selbst, an Ihre Anschauungen, Überzeugungen und Berechnungen. Sie waren zu sehr vom Gelingen
Ihrer Pläne überzeugt, dem Gesetz entrinnen zu können,
ohne je für Ihre Taten einstehen zu müssen. Sie setzten zuviel
Glauben und Hoffnung in sich selbst. Wären Sie etwas klein-
gläubiger gewesen, wäre es mit Ihnen nicht bis dahin gekommen!»

Ich wiederhole es, ich bin wirklich entschlossen, diese Art
des Glaubens und Hoffens zunichte zu machen; denn geht
man auf die Machenschaften der Persönlichkeit ein, erliegt
man früher oder später, denn blind wie sie ist, sieht sie nichts

voraus... Da seht Ihr, alles ist jetzt völlig umgekehrt: Glaubt nicht mehr, hofft nicht mehr – zweifelt und Ihr werdet erlöst! Ihr werdet sagen: «Das ist aber eine komische Moral!» Ich versichere Euch, die beste Form des Glaubens ist die, von jetzt an nur noch der Treue, der Wahrheit und der Allmacht der Individualität zu vertrauen, wenngleich alle heutzutage zweifeln an dem, was göttlich ist. Es muß nunmehr alles umgewertet und umgestürzt werden. Ich bin ein Zerstörer und Brecher. Das hatte mir übrigens Meister Peter Deunov bereits gesagt. Natürlich muß man das richtig verstehen: Ich habe noch nie irgendwo irgend etwas zerstört. Nie würde ich wagen an Göttliches zu rühren, geschweige es zu vernichten. Jedoch, sehe ich Altes, Verschimmeltes und Morsches, so ahnt Ihr nicht, mit welcher Lust und Freude ich es zerschlage! Ich bin trunken vor Seligkeit, wenn es mir gelang, eine Geschwulst, etwas Abgestorbenes herauszuschneiden, einem Chirurgen gleich, der aus dem Gewebe nur das herausoperiert, was die Gesundheit gefährdet. Nun, ich stelle mich vor – als den größten aller Zerstörer und Vernichter!

Wenn nun junge Leute zu mir kommen und mir eröffnen, daß sie alles zerstören und in die Luft jagen wollen, sage ich ihnen: «Meine lieben Kinder, soweit seid Ihr erst? Das ist ja noch gar nichts! Kommt und lernt von mir, wie man mit einem großen Hammer alles zusammenschlägt; denn was Ihr zertrümmert ist nicht der Rede wert!» Und ich stelle sie zu einem ungeheuren Zerstörungswerk an.

Ich frage mich, ob es mir gelungen ist, Euch zu überzeugen; denn die Persönlichkeit ist zählebig. Sie hat eine unglaubliche Ausdauer: man mag sie braten, kochen, sieden, immer noch ist sie da. Selbst vom Boden des Kochkessels ruft sie noch: «Kuckuck, ich bin's!» Sie ist wahrhaftig aus ganz besonderem Stoff!

Bonfin, den 17. August 1971

Kapitel VII

Die Persönlichkeit will nach eigenem Gutdünken leben Die Individualität wünscht Gottes Willen zu tun

Freie Ansprache

Lesung der Tageslosung:
«Wir alle haben eine höhere Seele, die weit in die himmlischen Sphären reicht und eines Wesens mit Gott ist. In der Stille der inneren Versenkung nehmen wir mit dieser Seele Fühlung auf, welche strahlende Kraft, Wohlklang und Lichtfülle ist.»

Ich habe schon mehrmals von der höheren Seele, der sogenannten Buddhi-Ebene und von der niederen Seele, der Astral-Ebene gesprochen und Euch gesagt, daß sich in der einen wie in der anderen Gefühlsregungen und Antriebe kundtun, die in ihrer Art, Eigenschaft, Schwingung, Schönheit und Ausstrahlung jedoch sehr verschieden sind.* Um sie von einander unterscheiden zu können, ist es notwendig, die besonderen Merkmale von Individualität und Persönlichkeit zu kennen.

Einige Brüder und Schwestern, mit denen ich gestern sprach, gaben mir ihre Begeisterung kund über die Klarheit

---

* Siehe Kapitel: «Sterbt ihr nicht, so werdet ihr nicht leben» (Band III) und «Der Leib der Auferstehung» (Band IX)

der von mir über dieses Thema gegebenen Erläuterungen.
«Aber das ist noch gar nichts», rief ich aus. «Ihr glaubt, Ihr
habt einen klaren Begriff von der Persönlichkeit und der Individualität gewonnen, doch würdet Ihr erstaunt sein, wenn Ihr
wüßtet, was es noch alles darüber zu sagen gibt.» Tatsächlich,
man braucht nur einen Blick auf die Mehrzahl der Leute zu
werfen und zu beobachten wie sie leben, arbeiten, welches
Ideal sie haben und was für ein Ziel sie verfolgen – was stellt
man fest? Alle sind sie damit beschäftigt, sich ihre Wünsche
zu erfüllen, ihren Ehrgeiz zu befriedigen, sinnen nur darauf,
in die Tat umzusetzen,, was ihnen durch den Kopf geht, wonach es ihr Herz, ihren Bauch, ihren Sex gelüstet. Haben sie
sich je Gedanken gemacht, wohin ihre Berechnungen, ihre
Pläne und Vereinbarunohin ihre Berechnungen, ihre Pläne
und Vereinbarungen führen? Ist ihnen je der Gedanke gekommen, den Herrn im Himmel zu fragen: «Stimmen unsere
Pläne mit den Deinigen überein? Geschieht Dein Wille oder
der unsrige? Welches ist Deine Ansicht darüber? Was hast
Du für uns vorgesehen? Wo und wie sollen wir unsere Kräfte
einsetzen, um Deinen Willen zu erfüllen?» Sehr wenige haben sich diese Fragen gestellt.

Ein jeder arbeitet für seinen eigenen Gewinn, richtiger gesagt, für seine Persönlichkeit. Und die Persönlichkeit in uns
ist jene Natur, die uns antreibt, das Leben «genießen» zu
wollen, eigene Pläne zu schmieden, welche nur unserem Gewinn und Vergnügen dienen. So will es die Persönlichkeit.
Alle auf dieser Welt erfüllen sich beflissen jeden Wunsch und
keiner ahnt, daß es darüberhinaus andere Bedürfnisse zu stillen, andere Pläne auszuführen gilt, die tausendmal wichtiger,
schöner und idealer sind. Nur selten trifft man auf Erden einige Ausnahmen an – aber man hält sie für verrückt, eigenartig,
überspannt und nimmt sie nicht ernst. Im Wesen der Individualität hingegen liegt es, die Pläne Gottes zu verstehen, für
sie tätig zu sein, zu bitten und zu flehen, selbst Jahre lang,
wenn es sein muß, um endlich den Willen Gottes und der ho-

hen Geistwesen, die an der Spitze der Hierarchie stehen, zu erfüllen... Von da an wandelt sich das ganze Leben: Man läßt sich nicht mehr von seinen Torheiten und Schwächen, seiner Verblendung und Gier leiten; sondern bemüht sich, die Pläne des Himmels zu erforschen, seinem Leben eine neue Richtung zu geben, die mit dem Denken Gottes übereinstimmt. Dann wahrhaftig beginnt das wahre Leben! Da seht Ihr, meine lieben Brüder und Schwestern, von dieser Warte aus habt Ihr Euer Dasein noch nie betrachtet. Ihr denkt, wenn jeder nach seinen eigenen Ideen lebt, ist dies ein herrliches, ideales Leben... O nein, es gibt Besseres zu tun!

Da uns aber die Pläne, die Gott mit uns hat, unbekannt sind, müssen wir Ihn darum bitten und selbst, wenn wir sie nicht klar verstehen, Ihn anflehen: «Mein Herr und Gott, wenn ich auch nicht alles verstehe, so tue Du Dein Möglichstes: treibe mich, selbst blindlings und ohne mein Wissen dazu, Deinen Willen zu tun. Mache mich zu Deinem Werkzeug, nimm Dich meiner an, erfülle mich ganz, nimm Wohnung in mir!» Man erkennt bisweilen im gegebenen Augenblick nicht, welches der Wille Gottes ist. Die Richtung ist einem zwar bekannt: es sind stets das Gute, die Selbstlosigkeit, Aufopferung, Liebe, Verzicht, Güte und Grosszügigkeit usw... Allein, es gibt Fälle, in denen man Gottes Willen nicht klar sieht, und in dem Augenblick, da es einem an Hellsicht und Wahrnehmung fehlt, sollte man bitten: «O Herr, vollziehe Deinen Willen, selbst wider meinen eigenen: leite mich, wohin Du willst.» Bisweilen erfüllt man Gottes Pläne ganz unbewußt. Denkt man anschließend über das nach, was man getan hat, ist man erstaunt und sagt sich: «Woher hatte ich nur die Kraft, das zu vollbringen? Ich errettete diese Menschen – dabei glaubte ich falsch zu handeln – und nun erweist es sich, daß dieses «Übel» zum höchsten Wohle führte!»... Nicht allen ist es gegeben, klar zu sehen, eine genaue Vorstellung vom Nutzen dessen zu haben, was sie unternehmen wollen.

Was Ihr nun zu tun habt, ist, den Himmel zu bitten und anzuflehen, von ihm zu verlangen, ja ihn sogar zu zwingen, Euch endlich als Werkzeug Gottes anzunehmen. Sagt: «Nun ist es mir klar, vollkommen klar: Mit meiner niederen Natur ist nichts zu machen. Sie ist eigensinnig, zäh, bestechlich, ich vermag sie nicht zu bessern. Ja, nach all den verlorenen Jahren habe ich endlich verstanden, o Ihr himmlischen Wesen, daß alle Mühe umsonst ist. Auch unser Lehrer hier bestätigte uns schon, daß nichts von ihr zu erwarten ist, wir sollten weder glauben noch hoffen, sie könne sich eines Tages ändern. Ich habe erkannt, wie beschränkt, blind und verneinend sie ist. Darum bitte ich Euch, sendet mir edle und herrliche Geistwesen, auf daß sie mir innewohnen, mich leiten und lehren und die Führung meines Lebens übernehmen! Da Jahrhunderte und Jahrtausende nicht genügen sie zu verwandeln, bindet sie fest, vertreibt sie, ersetzt sie durch hohe Lichtkräfte, die sie bändigen und unterjochen; helft mir, selbst gegen meinen Willen, Eure Pläne auszuführen.» Dies ist eines der besten Gebete, die man vorbringen kann. Die meisten enthalten irgendein persönliches Interesse, eine kleine Berechnung –man will dem Herrn schmeicheln – mit diesem Gebet hingegen setzt Ihr Euer ganzes Leben auf eine Karte, denn Ihr sagt: «Herr, ich bin bereit zu sterben, nimm mein Leben, laß mich vergehen, doch sende mir himmlische Wesenheiten, die an die Stelle meiner niederen Natur treten.» Dann geht es: wie du mir – so ich dir: Ihr bezahlt mit dem Wertvollsten, das Ihr besitzt, und der Himmel kann nicht umhin, Euch zu entlohnen, da Ihr alles hingegeben habt. Ihr seht, man muß sogar dem Himmel etwas entrichten, will man etwas erhalten! Nichts ist umsonst. Glaubt Ihr denn, indem Ihr ohne Hemmung eßt, trinkt, Euch amüsiert und nichts respektiert, erhaltet Ihr das Höchste und Beste? Keineswegs, der Himmel spricht: «Was gebt Ihr mir dafür? Nichts?... Nun, so bekommt Ihr auch nichts.» Mögt Ihr noch so sehr weinen, bitten, rufen, es wird Euch nichts zuteil. Eine große Anzahl

Menschen beten für dies oder jenes, aber da sie nur um materielle Vorteile bitten, werden sie nicht erhört. Bietet Ihr jedoch Eure Seele dar, um Weisheit, Liebe und Frieden zu erlangen... sind sie dort oben gleich bereit, all dies zu schenken. Es ist dasselbe wie im Pfandhaus: Ihr versetzt Eure Uhr, Euren Ring oder einen sonstigen Wertgegenstand, und Ihr erhaltet ein paar Groschen dafür. Alles ist Widerspiegelung, meine lieben Brüder und Schwestern, was sich zuträgt. Alles, was unten ist, ist wie das, was oben ist.

Ich wies Euch hiermit das beste Gebet, das es gibt. Was die Persönlichkeit anbelangt, ist alles umsonst: sie mag wachsen, sich Bildung, alle Wissenschaften aneignen, Kräfte sammeln, alle möglichen Listen verwenden, ja sogar sehr Schönes vollbringen, nichts ändert die Tatsache: sie bleibt was sie ist, d.h., wendet alles zu ihrem Vorteil. Sie benutzt ihre Größe und Pracht, ihre Orden und Diplome als Blendwerk, behält aber stets ihr egoistisches Wesen bei: Nie wirkt sie für den Himmel, nur für sich selbst. Sie bleibt unveränderlich sie selbst. Wandelt sie sich, dann ist nicht mehr sie es, sondern sie wurde von der Individualität ersetzt. Gerade das vollzieht sich durch die Einweihung. In manchen Einweihungen der Vergangenheit ließ der Meister seinen Schüler drei Tage und drei Nächte in einem Sarkophag liegen, worin er sterben sollte. Natürlich war dies ein symbolischer Tod; der Tod der Persönlichkeit, auf daß die höhere Natur erwachte, der wahre Eingeweihte, dessen Individualität hinfort herrschte und regierte, während die Persönlichkeit zur Dienerin geworden war.

Auf der ganzen Welt ist fast jeder tätig, arbeitet, trifft Entscheidungen, ohne je nach der Meinung des Himmels zu fragen und zu sagen: «Vielleicht habt Ihr etwas anderes mit mir vor... Vielleicht durchkreuze ich Eure Pläne... Vielleicht überwerfe ich seit meiner Geburt immer wieder Eure Pläne...» und alsdann um Verzeihung zu bitten, um Erleuchtung und vor allem darum, daß diese hohen Lichtwesen endlich in

sie einziehen mögen, um sie auf ihrem Lebensweg zu leiten.
Wenn es einige gibt, die so fest in die Persönlichkeit verwik-
kelt, in ihren Krallen gefangen sind, daß sie von dem eben
Gesagten nichts verstehen, dann ist alles umsonst, muß man
sie eben lassen; sie werden leiden und unglücklich sein,
Kummer und Krankheiten durchmachen... bis sie reif geworden! Was kann man anderes tun als warten bis zur Reife...
wie beim Kürbis! Das ist die Persönlichkeit – ein Kürbis. Er
wird eines Tages reif; das heißt aber nicht, daß aus ihm eine
Wasser- oder Honigmelone wird. Er bleibt ein Kürbis! Habt
Ihr schon gesehen, daß aus einem Kürbis eine Honigmelone
wurde? Nein. Ihr werdet sagen: «Ja, aber ich habe gesehen,
wie man veredelt...» Nun, die Veredlung, das ist etwas ganz
anderes!

Gerade das kann die Individualität: veredeln. Auf einen
Baum, der bislang nur bittere, saure Früchte trug, pfropft sie
Zweige eines Baumes, der süße und saftige Früchte bringt.*
Die Persönlichkeit liefert den Saft, die Nährstoffe, die Individualität verwertet und läutert sie. Darin besteht die Lebensaufgabe des Schülers: zu Beginn ist er ein Birnbaum oder
meinetwegen ein Quittenbaum mit ungenießbaren Früchten;
sowie aber ein Eingeweihter auf diesen Baum ein Edelreis der
Individualität pfropft, wird der Schüler nach einiger Zeit eine
wahre Pracht: Eine Hälfte seines Wesens liefert die Rohstoffe, dieweil die andere blüht, grünt und köstliche Früchte
bringt.

Glaubt nun aber ja nicht, ich hätte über die Persönlichkeit
und die Individualität alles gesagt. Immerhin hilft das Licht,
das ich auf dieses Thema heute warf, Euch genau zu zeigen
wo Ihr steht. Ihr allein werdet die Wahrheit über Euch selbst
erkennen, niemand sonst. Auch wenn andere sagen: «Du bist
so oder so», irren sie sich. Ihr selbst müßt wissen, wie Ihr

---

* Vgl: «Charakter und Wesensart» (Band V) und «Die geistige Veredelung» (Kapitel 13, 2. Teil in Band X)

Euch, den Kriterien unserer Lehre gemäß, einzustufen habt. Merkt Ihr, daß Ihr die geistigen Regeln und Vorschriften nicht einhaltet, sondern Euer ganzes Denken nur darauf ausgerichtet ist, die Bedürfnisse Eurer niederen Natur zu befriedigen, so dürft Ihr Euch nichts vormachen. Die Menge mag Euch zujubeln, weil Ihr ein paar Schlager oder Zeichnungen fertiggebracht habt, doch seid Ihr noch weit davon entfernt, ein Wesen des Lichts zu sein! Hört nicht auf die Menge, sie ist blind, kennt nicht den wahren Wert der Dinge; traut ihr nicht! Ob sie Euch mit Begeisterung auf Schultern trägt, oder faule Tomaten auf Euch wirft, darf dies nie ein Kriterium für Euch sein, Ihr müßt selber Eure eigenen, unfehlbaren Wertmaßstäbe besitzen.

Seid Ihr für den Himmel tätig, wirkt Ihr für die Wahrheit, für das Licht, das Reich Gottes und nicht für Euch, Eure rein persönlichen Begierden, was Euch auch zustößt, was immer man Euch sagen und wie man Euch behandeln mag, fürchtet Euch nicht, gebt nicht auf und verliert den Mut nicht: Eines ist sicher, Ihr seid auf dem rechten Wege. Tretet Ihr zurück, so beweist dies, daß Ihr aus rein persönlichen Gründen gehandelt habt. Ihr wollt nichts für die Wahrheit riskieren, setzt Euch nicht für sie ein, sondern nur für Euch selbst. Denn ich kenne sie, jene die sich seit jeher für die Wahrheit eingesetzt haben, jene mutigen Streiter aus der Menschheitsgeschichte, welche für die großen Pläne Gottes wirkten; sie kannten keine Furcht, was auch immer mit ihnen geschah. Man brachte sie um, verbrannte, kreuzigte sie – es lag ihnen nichts daran; sie waren sich ihrer Unsterblichkeit bewußt, sicher, daß Belohnung und Ruhm ihrer warteten. Man mochte sie verfolgen und verhöhnen, sie wußten, daß dies nur von kurzer Dauer sein konnte, die Lage sich umkehren würde und die ganze Welt sich ihnen zuwenden, sie ehren, lieben und ihnen folgen werde. Wer dieses Licht, diese Charakterstärke nicht besitzt, bleibt ständig verborgen und tarnt sich... Und was gewinnt er dabei? Nur Unwesentliches, eine kleine Genugtuung, eine

vorübergehende Gunst der Menge, flüchtige Belohnungen...
Ja, es ist unglaublich, nicht unterscheiden zu können, was in
einem vorgeht! Viele sind furchtsam und wissen es nicht und
haben auch nie gehört, daß die Furchtsamen nicht in das
Reich Gottes eingehen werden! Was ist denn das Reich Gottes? Ihr könnt es Euch vorstellen als ein Land, wo man unter
Engeln und Auserwählten wandelt, aber auch als inneren
Frieden, Ruhe, Harmonie und Erleuchtung, objektiv oder
subjektiv, wie Ihr wollt, es ist immer dasselbe Gottesreich,
denn es besteht sowohl um als auch in uns. Wer furchtsam
und feige ist, wird aus dem einen wie aus dem andern versto-
ßen.

Das Unangenehme an dieser Lehre ist, daß man sich
nichts mehr vormachen kann, wenn man es auch noch so
sehr wollte. Das ist furchtbar, nicht wahr? Man wäre besser
der Bruderschaft nicht beigetreten, weil man sich hinfort keiner Selbsttäuschung mehr hingeben kann, man fühlt sich in
Nesseln gesetzt und sagt sich dauernd: «Warum war ich so
dumm? Warum ließ ich mich so schlecht beeinflussen, daß
mir derartige Gedanken und Gefühle kommen?» Und man
widert sich selbst an... Ohne diese Lehre fühlt man sich stolz
und hält sich für die Krone der Schöpfung, doch je heller die
Einsicht wird, desto mehr muß man sich demütigen; und je
demütiger man wird, desto vernünftiger wird man und denkt:
«O Herr, sieh, wie tief ich noch stehe! Hilf mir, erbarme
Dich meiner!»

Nun müßt Ihr auch noch wissen, daß der Wohnsitz der
Persönlichkeit die Astralebene ist. Von dort her kommen alle
Regungen, Antriebe, Impulse und kleinlichen Berechnungen,
welche Euch beeinflussen. Denn die Begierden sind es, welche
den Verstand zum Intrigieren und Pläneschmieden drängen.
Die Astralebene bestimmt unser Verhalten, und obgleich der
Verstand über ihr steht und fähig ist, ihr Einhalt zu gebieten

und sie zum Gehorsam zu zwingen, stellt er sich in ihren Dienst. Entspricht dies nicht der Wahrheit? Seht nur, die ganze Menschheit stellt ihren Verstand in den Dienst der Begierden, Leidenschaften und Süchte. Sein Wissen, seine geistigen Errungenschaften, seine Bildung verwendet der Mensch zugunsten von etwas Finsterem, Verworrenem, Düsterem, das von unklarer Herkunft, unterschwellig und dunkel ist... Hochgelehrte, Gebildete und sogenannte Helldenkende frönen zwielichtigen Trieben und Kräften. Das ist traurige Wirklichkeit; wenn Ihr es nicht glaubt, so geht und prüft nach!

Wenn der Astralkörper sich dem Verstand fügt, besser noch, wenn der Verstand sich in den Dienst von Geist und Seele stellt, dann ist dies die Vollkommenheit... Darin eben liegt die Bedeutung des Gebets: Es leitet den Schüler in die Richtung, seinen Physis-, Astral- und Mentalkörper, jene niedere Dreiheit, die nur für sich selbst denkt, fühlt und handelt, zu zügeln, damit sie der höheren Dreiheit gehorcht, welche ebenfalls denkt, fühlt und handelt, aber auf ideale, großzügige Weise. Darum bitten, daß die Individualität von unserem ganzen Wesen Besitz ergreift, das ist das beste Gebet. Solange die Persönlichkeit auftrumpft, schlüpft die Individualität zwar wohl ab und zu in uns hinein, um uns einen Rat zu erteilen, Gaben zu bringen, doch nicht für lange. Da sie uns noch nicht völlig eingenommen, noch nicht von unserem ganzen Wesen Besitz ergriffen hat, ist die Persönlichkeit noch an der Macht. Aus diesem Grunde bleibt alles beim alten... Ja, der Individualität gelingt es hie und da uns zu helfen, Lichtblicke und Eingebungen zu vermitteln, die uns begeistern und erfreuen, doch dauert das nicht lange: alsbald zieht sie sich wieder zurück, weil der Mensch seine Persönlichkeit noch nicht entwurzelt hat. Er selbst steht in der Mitte, zwischen beiden, ihm obliegt es zu bitten und zu flehen, daß die Persönlichkeit völlig ausgetauscht werde. Der sich in der Mitte befindet, dieser geheimnisvolle Unbekannte, ist der Mensch...

Wenn Ihr auf mich hört und von nun an Tag und Nacht in diesem Sinne betet, werdet Ihr sehen, der Himmel ist nicht so unempfindlich, taub und grausam, er wird Euch Ratgeber und Führer senden, Euch nicht in dieser «verflixten» Persönlichkeit versinken lassen. Man ist allgemein viel zu sehr damit beschäftigt, seinen eigenen Interessen nachzukommen und ist deshalb Tag und Nacht dabei zu werkeln, Handel und Geschäfte zu treiben.

So wie ich Euch heute die Frage darstellte, wurde sie noch nie ins Auge gefaßt. Die Zeit ist gekommen, da der Schüler sich sagen sollte: «So, mein Freund, laß schleunigst die Individualität deinen Platz einnehmen, worauf wartest du noch? Setzt Du immer noch deinen Glauben, deine Hoffnung auf deine niedere Natur? Es ist unsinnig. Also los, entschließe dich!»

Bonfin, den 19. August 1971

Kapitel VIII

Das Gleichnis vom Baum –
Die Individualität soll die Persönlichkeit
aufschlingen I

Freie Ansprache

Ich möchte Euch heute anhand eines Gleichnisses das
Thema Persönlichkeit und Individualität in noch helleres
Licht rücken. – Durch das Gleichnis vom Baum. Man kann
sagen, daß Wurzeln, Stamm und Äste der Persönlichkeit entsprechen; Blätter, Blüten und Früchte der Individualität.*
Die Persönlichkeit ist der irdische Teil, die Materie, welche
als Gefäß oder Behälter oder Leiter dient. Die Individualität
ist das Seelisch-Geistige, der Lebensgeist, der Ursprung aller
Kundgebung. Beide sind unentbehrlich.

Der Baum wächst heran; man pflegt, düngt ihn, und mit
den Jahren dringen seine Wurzeln immer tiefer in den Erdboden ein; der Stamm wird mächtig, die Äste breiten sich aus.
Der Baum wird groß, breit und stattlich. Ihr habt sicher alle
in Wäldern schon riesengroße, prächtige Bäume gesehen, deren Wurzeln sich weit ausbreiten und deren Äste eine außergewöhnliche Höhe erreichen. Gleich den Sekoias, die ich in
Kalifornien sah... Ich hatte noch nie solche Bäume gesehen.
Eine wahre Pracht; welcher Umfang, wie hoch ragten sie em-

---

* Vom Baum und dessen Beziehung zum Menschen siehe: «Das Gleichnis
vom Unkraut und vom Weizen» (Band II)

por!... Und 4000 Jahre alt! Mein Herz schlug voll freudiger
Erregung beim Betrachten dieser herrlichen Bäume.
   Wie gesagt, der Baum wächst in die Höhe und in die Breite, wird stattlich und schön. Die Wurzeln jedoch, der Stamm,
die Äste bleiben was sie sind, können nicht zu Blättern, Blüten und Früchten werden, sie dienen diesen lediglich als tra-
gende Stützen: Es sind zwei völlig verschiedene Bezirke.
Wurzeln, Stamm und Äste bleiben durch alle Jahreszeiten
hindurch bestehen, die Blätter, Blüten und Früchte hingegen
wachsen, blühen, reifen, fallen dann ab und vergehen. Desgleichen die Persönlichkeit – d.h. unser Körper mit dem
Bauch, der Lunge, dem Kopf sowie allen Organen – bleibt als
Basis bestehen, während die Individualität, die Seelenregun-
gen, Eingebungen, Erleuchtungen sowie auch Freude und Beglückung kommen und gehen...

   Ich gebe Euch ein anderes Gleichnis: das vom Weinstock.
Seht, wie häßlich er im Winter aussieht: schwarz, glanzlos
und knotig; aber im Sommer, wenn er mit Blättern und
Weintrauben bedeckt ist, wie reich geschmückt ist er da! Der
Mensch gleicht dem Weinstock: Man mag ihn aufziehen,
nähren, kräftigen, unterrichten, gelehrt machen, die Persönlichkeit aber bleibt die Persönlichkeit. Doch sowie der Geist
sich kundtut, trägt sie auf einmal Früchte. Glaubt jedoch
nicht, sie wandeln zu können! Sie wächst, wird kräftig, ihr
eigentliches Wesen aber bleibt unverändert.

   Ein weiteres Gleichnis: das vom Leitungsrohr: Läßt man
Wasser hindurchfließen, so wird dieses Wasser nicht zum Leitungsrohr, noch wird das Rohr zu Wasser, sondern es dient
lediglich dazu, Wasser durchfließen zu lassen. Ebenso verhält
es sich mit elektrischen Drähten: Sie werden nicht zu Elektrizität, noch die Elektrizität zu Drähten, jedoch hängt eins vom
andern ab, sie helfen einander, ergänzen sich gegenseitig.
Also, um es zu wiederholen: Die Persönlichkeit behält ihr

egozentrisches Wesen, welches immerfort aufsaugt, nimmt, Besitz ergreift und sich bereichert. Und auch die Individualität bewahrt ihre heliozentrische Natur, die immerwährend schenkt, ausstrahlt, aufhilft. Beginnt Ihr mich zu verstehen?

Man begegnet häufig Menschen mit dickem Bauch oder großem Kopf oder langen Beinen... Aber wenn sie nichts ausstrahlen, wenn von ihnen nicht einige Teilchen von dem ausgeht, was sich Individualität nennt, d.h., ein Fünkchen Intelligenz und Weisheit, ein Hauch von Poesie und Schönheit, ist dies der Beweis, daß sie in der Persönlichkeit verharren. Sie hat zugenommen, ist bis zur Decke gewachsen, aber was zum Vorschein kommt, ist noch lange nicht die Individualität. Man kann die Persönlichkeit so sehr umhegen, daß sie wächst, große Fähigkeiten gewinnt, so mächtig, breit und imposant wird, daß sie selbst die Sonne verdeckt; doch eine Sonne wird sie nie! Ihr wendet ein: «Ja, aber es wurde uns doch gesagt, man könne die niedere Natur durch unermüdliche Übung und Läuterung veredeln.» Nein, dies wird nie eintreffen, sie wird sich nie in ein himmlisches Wesen verwandeln, lediglich abnehmen, um der Individualität Platz einzuräumen. Und es ist wahr, der physische Körper wird eines Tages vergehen, Äther-, Astral- und Mentalkörper ebenfalls, und an ihre Stelle werden Kausal-, Buddhi- und Atmankörper treten: Erst dann wird der Mensch eine Gottheit. Dann wird die Erde nicht mehr aus demselben dichten, trüben, undurchsichtigen Stoff bestehen, sondern ihrerseits strahlend-licht und durchsichtig sein. Es wird sich alles verwandeln und schließlich in den Schoß des Himmlischen Vaters eingehen und sich mit Ihm vereinen; dereinst wird alles vergehen – so lehrt die esoterische Wissenschaft. Dies wird aber erst nach vielen Äonen eintreffen, seid deshalb ohne Sorge! Denkt nicht, daß morgen schon alles vergeht. Seid Ihr schon beunruhigt? Vorher werden noch viele Millionen Jahre verlaufen, daß Ihr selbst davon genug habt und sehnlichst wünscht, diese Verwandlung möge sich baldigst vollziehen!

Die Alchimie liefert ebenfalls ein Beispiel. Ein Bleiatom
enthält zweiundachtzig Elektronen, ein Goldatom deren
neunundsiebzig. Dies macht einen Unterschied von drei aus.
Nun gut. Ihr wißt ja, die Alchimisten versuchten, Blei in
Gold zu verwandeln. Blei wird also nur dann zu Gold, wenn
man seine atomare Struktur verändert, indem man drei Elektronen, drei Protonen und einige Neutronen daraus entfernt.
Es genügt, dem Blei drei Elektronen, drei Protonen und ein
paar Neutronen zu entnehmen, und das in ihm enthaltene
Gold tritt zu Tage, wie durch das Abstreifen einer Maske das
wahre Gesicht eines Menschen zum Vorschein kommt. Befreit man das Blei von seinen Hüllen, ich meine von diesen
wenigen Teilchen im Bleiatom, so wird man gewahr, daß Blei
in Wirklichkeit Gold war. Ihr nehmt sie von ihm, und es wird
zu Gold; denn es war eigentlich Gold. Dasselbe läßt sich
beim Menschen beobachten: Entnehmt der Persönlichkeit
die drei Teilchen, welche die Individualität daran hindern, zu
erstrahlen, so erweist es sich, daß der Mensch Gold ist: mit
anderen Worten, vollkommen! Das ist interessant, nicht
wahr?

Wenn es den Wissenschaftlern gelänge, diesen Vorgang in
großem Maßstab zu verwirklichen, so wären sie in der Lage,
aus Blei ganze Berge Gold zu gewinnen. Die Physiker haben
zwar daran gedacht, allein, es soll sich nicht lohnen, der Vorgang ist zu kostspielig. Vielleicht entdecken sie später ein anderes Verfahren; das ist nicht ausgeschlossen. Was mich interessiert, ist die Deutung der Symbole Blei und Gold. Das Blei
ist die Persönlichkeit, das Gold die Individualität. Anstatt die
Persönlichkeit verbessern und umwandeln zu wollen, sollte
man sich eher um die Individualität bemühen. Das ist noch
ein Punkt, den ich ausführlicher erläutern möchte. Jawohl,
statt ewig gegen die Persönlichkeit anzukämpfen um sie zu erziehen – ein unmögliches Unterfangen – ist es ratsam, sich
ausschließlich mit der Individualität zu befassen, diese her-
beizurufen, herzubitten und ihr alle Möglichkeiten zu bieten,

damit sie in uns einstrahlt und sich niederläßt, uns belebt. Dann wird sie eines Tages derart mächtig, daß von der Persönlichkeit keine Spur übrig bleibt. Darum sagte Paulus: «Nicht ich lebe, sondern Christus ist es, der in mir lebt.» Dieselbe Erfahrung machen die großen Heiligen, Propheten und Eingeweihten; sie sagen: «Hinfort bin nicht mehr ich es, der handelt, d.h. mein niederes Ich, sondern es ist Christus, der in mir wirkt.»

Ich kannte Leute, welche jahrelang Wohltätigkeit übten und Opfer brachten und doch stets von sich selbst enttäuscht waren und klagten: «Warum nur ändere ich mich nicht?» Es war ihnen nicht bewußt geworden, daß nicht die niedere Natur es war, welche die lobenswerten edlen Taten vollbrachte, nicht ihre niedere Triebnatur, ihre Persönlichkeit, sondern ihre Individualität; sie waren nur nicht belehrt. Sie hätten wissen sollen, daß alle beide das Recht haben, sich in uns kundzutun, daß der Mensch die Freiheit hat, entweder der einen oder der anderen den Vorzug zu geben... Denn wir befinden uns in der Mitte zwischen ihnen, sind lediglich die Ebene, auf der sie in Erscheinung treten. Sogar Brüder und Schwestern haben zu mir gesagt: «Seit dreißig Jahren bringe ich es nicht fertig mich zu ändern», worauf ich erwiderte: «Oh doch, Sie haben dies und jenes vollbracht... das beweist doch, daß die Individualität durch Sie gewirkt hat!» Sie hatten gemeint, sie vermöchten ihre Persönlichkeit zu veredeln. Niemals!

Ich betone: «Ihr dürft Euch nicht mit der Persönlichkeit beschäftigen. Seid unermüdlich bestrebt, die hohen Tugenden der Selbstlosigkeit und der Liebe zu äußern, dann werdet Ihr eines schönen Tages bemerken, daß die Persönlichkeit vollkommen verschluckt, verdaut und vertilgt ist. Ich verwende die Worte «vertilgt» und «verdaut», denn es gibt ein Gesetz, das Ihr vielleicht noch nicht erkannt habt, demzufolge im Leben jedes Geschöpf, jedes Ding bemüht ist, ein anderes aufzuschlingen, um sich davon zu ernähren. Die Pflanzen leben auf dem Erdboden und beziehen ihre Nahrung aus dem Gestein; die Tiere fressen die Pflanzen, und die Menschen verzehren die Tiere, zumindest deren Erzeugnisse. Und wer verzehrt die Menschen? Es gibt Wesenheiten, die sich von den Menschen, genauer gesagt, von dem, was sie ausströmen, nähren. So läßt sich die Ernährungsweise der Geschöpfe stufenweise verfolgen bis hinauf zu Gott, der seine Speise von den himmlischen Wesenheiten bezieht. Ja, Er ißt sie, nimmt sie in sich auf, verschlingt sie; nur bedeutet in dieser so überaus reinen, lichten Sphäre das Gegessenwerden nicht Leiden, nicht Angst und Schmerz wie auf den niederen Ebenen.

Der Schmerz tritt erst im Tierreich auf. Erde und Kristalle, Felsen und Pflanzen leiden nicht, wenn sie gegessen werden, da ihr Astralleib unentwickelt ist (der Astralleib ist der Sitz der Gefühle); sie besitzen nur den Ätherkörper. Erst von der Stufe des Tierreichs an leidet eine Kreatur, wenn sie von einer anderen gefressen wird. Steigt man höher hinauf, den himmlischen Bereichen zu, so wandelt sich der Schmerz in Wonne, und es wird zur unsäglichen Beglückung und Seligkeit, von den himmlischen Wesen verspeist zu werden. Darum ist in allen Religionen die Rede davon, daß sich der Mensch als Opfergabe darbieten soll, damit Gott sich an ihm labe. Diese Darstellung zeigt an, daß der Mensch von Gott aufgenommen wird und in ihm weilt.

Gott nährt sich in Wahrheit nicht von den Menschen, sondern ausschließlich von den Seraphin, Cherubin und Thronen, d.h. von dem Licht, das sie ausstrahlen. Es gibt wohl Fleischfresser, die so grausam sind, Tiere zu verspeisen, aber auch Vegetarier, die lediglich Milch oder Eier, deren Erzeugnisse, verwenden. Ebenso töten die hohen Geistwesen die Geschöpfe nicht, verzehren sie nicht, sondern nehmen nur die schönen Gedanken, Gefühle und Taten, die von ihnen ausstrahlen. Davon laben sie sich, und das Leben des Geschöpfes bleibt erhalten. Gibt Euch dies nicht einen Einblick in eine wundervolle Wissenschaft?...

Wer diese Gesetze erkannt hat, wünscht nur noch eines: von dem Herrn aufgesogen, eingenommen und verpeist zu werden und bringt sich ihm als Opfergabe dar. Haben die Christen auch wirklich Sinn und Bedeutung des Opfers verstanden? Alle haben Angst davor, sich zu opfern, weil für sie Opfern gleichbedeutend ist mit Schmerz und Tod. Für die niederen Bereiche trifft dies zu, doch oben ist es gerade umgekehrt: Man bereichert sich, wächst und verschönert sich, lebt erst richtig auf, eben weil man sich geopfert hat. Man darf sich nicht fürchten, sondern soll im Gegenteil die Geistkräfte anflehen, zu kommen, damit sie die Persönlichkeit verzehren: dann wird sie verschlungen und vernichtet. Ich enthülle Euch heute eines der größten Geheimnisse: Die Persönlichkeit wird völlig ausgerottet und ausgelöscht werden, keine Spur wird mehr von ihr übrig bleiben, denn es ist nun einmal so; alle Geschöpfe müssen sich nähren. Dann könnt Ihr sagen: «Nicht ich bin es (die Persönlichkeit), sondern es ist Christus (die Individualität), welcher sich in mir kundtut, mich leitet und führt. Bisher irrte ich führerlos umher, jetzt aber werde ich von einem Höheren geführt, der in mir wohnt und mich leitet: Christus!»

Mit den Erläuterungen über Persönlichkeit und Individualität übertrage ich lediglich Grundwahrheiten aus Bibel und Evangelium. Ich spreche über genau dieselben Wahrheiten, lediglich ist meine Art und Weise sie darzustellen ein wenig anders. Paulus wurde nicht als einziger durch die Gegenwart Christi gewandelt. Als die Jünger zu Pfingsten den Heiligen Geist empfingen, wurden auch sie erneuert und verwandelt. Der Heilige Geist führte und leitete sie, und es war nicht mehr ihre Persönlichkeit mit ihrer Dummheit, Gesetzlosigkeit und Unmoral, ihren teuflischen Berechnungen, die sich äußerte, sondern ihre Individualität. Die Individualität war in sie als Heiliger Geist eingezogen. Der Heilige Geist ist die Individualität, das höhere Ich. Ihr mögt Euch vielleicht darüber wundern und denken: Wenn jeder einen heiligenden Geist empfing, dann ist wohl der Heilige nicht eins, sondern geteilt und zersplittert!... Ganz und gar nicht, man muß wissen, daß jedem Menschen ein Funke innewohnt, von gleicher Beschaffenheit wie der Heilige Geist, ein kosmisches, universelles Teilchen, welches unteilbar eins ist. Als kosmisches Prinzip ist Christus ebenfalls eins, indessen kann es auf Erden zahlreiche Christ-Menschen geben, wenn viele fähig sind, wie Christus zu werden, indem sie allein aus ihrer geistigen Natur, ihrem göttlichen Ich, ihrer Individualität leben.

In der Seele eines jeden wohnen der Heilige Geist, Christus und der Vater als Prinzipien, in Form einer Quintessenz, eines Lichtfunkens. Vater, Sohn und Heiliger Geist sind hohe kosmische Prinzipien. Dennoch ist das höhere Ich, die Individualität eines jeden Menschen, aus derselben Quintessenz, demselben Wesen wie sie, da es aus den drei Prinzipien Vater, Sohn und Heiliger Geist hervorging und deren Eigenschaften besitzt. Wir tragen demnach alle einen Gottesfunken in uns, der denselben Lichtglanz, dieselbe Beschaffenheit aufweist wie diese göttliche Dreieinigkeit. Er ruht irgendwo tief im Seelengrunde, hat sich aber noch nicht völlig entfaltet, sich noch nicht niedergelassen um aus uns zu wirken. Er wohnt in der Sonne*. Es geht nun darum, ihn aufflammen zu lassen. Und ist er stark und mächtig geworden, so ist er in der Lage, die ganze Welt zu erneuern und zu durchlichten. Dieser Funke wird der Heilige Geist und Christus und Gott selbst sein und dennoch verschieden von ihnen, da sie untrennbar eines Wesens sind.

In späteren Ansprachen werde ich vielleicht auf diese Frage zurückkommen. Prägt Euch für heute vor allem das Bild des Baumes ein mit seinen Wurzeln, seinem Stamm, seinen Ästen. Im Frühling lebt der Baum wieder auf mit seinen Blättern, Blüten und Früchten. Das ist die Individualität! Warum

---

* Siehe Kapitel: «Unser höheres Ich wohnt in der Sonne» (Band X)

trägt er nicht immer Blätter, Blüten und Früchte? Sie kommen und gehen (gleich den Eingebungen, welche gehen und kommen und wieder verklingen und uns entzaubert zurücklassen), doch seine Wurzeln, der Stamm, die Äste bleiben unverändert. Aufgrund dieses Naturvorganges erklärte ich Euch, daß es Euch nie gelingen wird, die Persönlichkeit umzuwandeln, sie bleibt was sie ist. Natürlich kann sie in die Höhe und in die Breite wachsen, behält aber stets ihre Wurzeln (Geschlecht und Bauch), ihren Stamm, (Lunge und Brustkorb), und die Äste (das Gehirn). Man sollte sich ausschließlich nur mit dem Geiste befassen, damit sein Licht uns durchflute; dann wahrhaftig vollzieht sich eine wundervolle Wandlung! Dem Baume gleich, der sich mit Blättern, Blüten und Früchten deckt, wird auch der Mensch, durch den die Individualität strahlt, ausdrucksvoll und schön. Hinfort sollt Ihr an Euch arbeiten, in dem Bestreben, daß die Individualität endgültig in Euch einzieht, damit unausgesetzt Früchte reifen und Blüten duften.

Ich zeigte Euch also, daß der Mensch, dem Baume gleich, wächst und sich entfaltet; allein, ohne diese Energie, diese rein geistige Kraft, welche ihn durchströmt, bleibt seine Persönlichkeit nackt und öde wie ein Baum im Winter. Bildlich gesehen sind die Wurzeln des Baumes der physische Körper, der Stamm der Astralleib und die Äste der Mentalleib. Sie bilden zusammen die untere Dreiheit des Menschen, womit er in den unteren Bereichen denkt, fühlt und handelt. Er besitzt noch drei andere Körper, mittels derer er Hohes und Heiliges denkt, empfindet und wirkt: sie sind seine höhere Dreiheit, die Individualität. Persönlichkeit und Individualität bilden hiermit zwei Dreiheiten. Wenn nun des Schülers Individualität seine Persönlichkeit durchdringt, bezwingt und meistert, dann wird er zum Siegel des Salomon, ein vollkommener Mensch. Seit zweitausend Jahren wird zitiert und wiederholt: «Ich bin der Weinstock und ihr seid die Reben», und niemand sah, welch großartiges Symbol darin enthalten

ist: Wir sind eine Dreiheit, zu welcher eine höhere, eine göttliche Dreiheit hinzukommen muß, um diese niedere Dreiheit
gefügig zu machen, sie zu durchstrahlen und Blätter, Blüten
und Früchte hervorzubringen. Was sind nun die Blätter, die
Blüten und die Früchte? Jedes von ihnen hat eine ganz bestimmte Aufgabe.

Da der physische Körper, die Wurzel, die Persönlichkeit,
des Menschen Grundstein ist, darf sie auf keinen Fall entfernt
und vernichtet werden, sonst geht der Mensch zugrunde,
kann sich im irdischen Bereich nicht mehr kundtun. Jede
Äußerung ist nur dank der Persönlichkeit möglich, deshalb
dürfen wir sie nicht auslöschen, sondern sollen sie pflegen
und ernähren, aber ihr nicht alles zugestehen; vor allen Dingen jedoch darauf bedacht sein, die Individualität durch uns
wirken zu lassen.

Ihr seht, meine lieben Brüder und Schwestern, wir müßen
die Individualität herbeirufen, indem wir den Herrn bitten,
Ihn inbrünstig anflehen, bis Er sich uns zuneigt und in uns
einkehrt. Dann wird die Individualität vollkommen über die
Persönlichkeit walten und sie beherrschen. Der physische
Körper bleibt dabei als Grundlage, als eine dem Geiste zur
Äußerung notwendige Hülle bestehen, woraus Herrliches und
Wundervolles erblüht! Ist dies Euch nun klar? Dabei ist
nichts leichter verständlich als mein Geplauder heute! Findet
Ihr diese Fragen zu schwer, weist Ihr es ab, Euch damit aus-
einanderzusetzen, gewiß, Ihr lebt weiter, geht Euren Geschäf-
ten nach, Euren Tätigkeiten; aber in Wirklichkeit bringt Ihr
es nicht weiter, kommt nicht voran. Hingegen mit diesen Er-
kenntnissen, diesen Wahrheiten, werdet Ihr wohl keine Milli-
ardäre, Stadtverwalter, Minister oder Bundeskanzler – dafür
schreitet Ihr auf dem erhabenen Wege des Lichts! Denn dies
sind zwei völlig verschiedene Bereiche. Ihr habt Eure Univer-
sitätsstudien abgeschlossen? Gut, dann habt Ihr ein Diplom,
eine angesehene Stellung, Geld und Ruhm, auf Erden geht es
Euch gut; aber ergeht es Euch im Himmel ebenso? Dieses

Wissen jedenfalls erlaubt es Euch nicht, in ihn einzutreten. In den Himmel gelangt man durch andere Erkenntnisse: das Wissen der Einweihung, esoterische und mystische Erfahrung; sie allein erschließen den Himmel. Indirekt vermitteln sie vielleicht ebenfalls irdisches Gut, jedoch ist dies nicht ihre eigentliche Bestimmung.

Bildung, Wissenschaft und Weltanschauung, welche Euch die Menschen vermitteln, wandelt und erneuert Euer Wesen nicht, ermöglicht Euch höchstens ein bequemes Leben, während das hohe Wissen der Universellen Weißen Bruderschaft Euch von Grund auf wandelt, so daß Ihr zu neuen Menschen werdet. Ist das nun jedem klar? Nun, so wählt denn: entweder den Himmel, oder die Erde... Und ließe man mich wählen, so würde ich sagen: «Beides, o Herr»... Ihr kennt doch die Geschichte? Zu einem Hirten kam eines Tages ein zerlumpter, ausgehungerter Bettler. Auf die Frage: «Na, Väterchen, was hättest du lieber, Brot oder Milch?» erwiderte er, gar nicht dumm: «Beides gemischt, mein Herr!» Ja, manche wählen nur die Erde, andere nur den Himmel. Doch damit ist nichts getan; denn ohne die Erde entflieht der Himmel, und ohne den Himmel verläßt Euch auch die Erde – und Ihr verliert beides! Wenn der Herr mich also fragte: «Was wählst du?» So antwortete ich: «Gib sie mir beide, o Herr!»

Nun, meine lieben Brüder und Schwestern, wünsche ich Euch noch einen schönen Nachmittag – Ihr seid glücklich, nicht wahr? Ich sehe es an Euren Gesichtern. Dabei habe ich Euch nichts gegeben: weder Geld noch Schmuck, keine Schlösser noch Schwimmbecken, weder Autos noch Frauen – dennoch seid Ihr beglückt. Wie ist das wohl möglich? Es ist wahrlich ein Geheimnis!...

Licht und Friede seien mit Euch!

Bonfin, den 28. August 1971

Kapitel IX

Zwei Arbeitsmethoden zur Bewältigung der Persönlichkeit

Freie Ansprache

In den vorangegangenen Ansprachen wies ich mehrmals darauf hin, man dürfe die Persönlichkeit niemals als Ratgeberin oder Herrin betrachten, sie nicht herrschen, befehlen noch auftrumpfen lassen und schliesslich ihr Knecht werden. Die Leute merken gar nicht, daß sie von der Persönlichkeit geführt werden und ihr untertan sind. Tag für Tag sind sie damit beschäftigt, bemüht ihren Willen zu tun und sind sich dessen nicht bewußt.

Als erstes empfahl ich Euch, die Persönlichkeit zu bändigen, – das ist zu Beginn das Ratsamste, bevor man die höheren Stufen der Einsicht erreicht hat. Aber ich setzte hinzu, daß Ihr auf diese Weise nie das letzte Wort habt, dazu ist die Persönlichkeit viel zu gerissen ; sie intrigiert unaufhörlich, um ihre herrschende Stellung zurückzuerobern. Sobald Eure Wachsamkeit, Klarsicht und Aufmerksamkeit etwas nachläßt, schleicht sie sich ein, streckt ihre Fangarme aus und besiegt Euch : Ihr seid ihr aufs neue ausgeliefert. Im Grunde genommen sind beide Methoden gut : Mit der ersteren übt Ihr Euch in der Selbstbeobachtung, im Kämpfen und Ringen, entwickelt Euer Unterscheidungsvermögen und Euren Willen. Doch die zweite Methode ist vorzuziehen, und diesbezüglich möchte ich heute noch einiges erläutern.

Mit der ersten Methode, d.h., im Kämpfen gegen die Persönlichkeit, festigt Ihr Euren Willen, werdet kräftiger und widerstandsfähiger; dennoch ist der Erfolg nie endgültig, weil die Persönlichkeit – selbst unterjocht – untreu, listig, durchtrieben und widerspenstig bleibt. Sie fügt sich nur scheinbar. In Wirklichkeit ist sie Tag und Nacht darauf bedacht, Euch zu stürzen, und häufig gelingt es ihr auch! Hierzu ein Beispiel. Zwei Völker führen Krieg gegeneinander, und schließlich ist zumeist eines davon besiegt, es muß sich unterwerfen: eine Steuer entrichten, Landstücke abtreten, Arbeitskräfte zur Verfügung stellen usw. Allein, dieser Sieg ist unsicher und nicht ein für allemal errungen. Alsbald wehrt sich das besiegte Volk gegen die auferzwungene Lage, lehnt sich auf und bereitet insgeheim seine Befreiung vor. Es läßt selbstverständlich nichts davon verlauten, aber es unterhöhlt, rüstet sich, und eines schönen Tages, während die Sieger glücklich, gesättigt, stolz und ruhmgekrönt auf ihren Lorbeeren ruhen, brechen die Überraschungen herein, und die Lage hat sich gewendet. Dies läßt sich in der Völkergeschichte, in Politik und Handel usw. nachweisen und unter der einen oder anderen Gestalt auf sämtlichen Gebieten des täglichen Lebens. Im Innenleben verhält es sich genauso: Es gelingt dem Menschen nicht, seine Persönlichkeit endgültig zu unterwerfen. Sie bleibt aktiv, sie gräbt und nagt weiter, setzt unentwegt ihre unterirdische Arbeit fort und gibt nie auf. Um sie im Zaum zu halten, muß man unausgesetzt einsatzbereit, scharf bewaffnet und wachsam bleiben, und das ist ungemein anstrengend. Sogar Heilige und Eingeweihte ermüden bisweilen, müssen nachgeben und werden von der Persönlichkeit gepackt. Denn sie ist hartnäckig! Man mag sie ausreißen, immer wächst sie nach. Ihr kennt doch wohl die Quecke. Es ist ein Unkraut, das man nie völlig ausrotten kann. Nun, die Persönlichkeit ist damit vergleichbar. Darum ist die zweite Methode, die ich Euch mitteilen möchte, weit überlegen.

Erinnert Euch, ich sagte schon des öftern, daß wir nur ungenügend bewaffnet sind, um gegen des Böse anzukämpfen*: denn es ist gut ausgerüstet und verfügt über zahlreiche Waffen verschiedenster Art; wir sind ihm nicht gewachsen und nicht fähig, es völlig zu entwurzeln. Deshalb ist es weit besser den Herrn zu bitten, er möge unser Mitkämpfer, unser Verbündeter werden. Jedes Land sucht nach Verbündeten, das ist ganz natürlich; dem Menschen ist diese uralte Weisheit seit jeher inne, sich Freunde zu verschaffen, die ihm helfen, denn alleine ist er zu leicht verletzbar. Das Böse verfügt über so zahlreiche Mittel, Kenntnisse und Möglichkeiten, daß man es nie besiegen kann, wenn man alleine dagegen angeht. Es gibt nur eine Lösung: sich mit dem Herrn, den hohen Lichtwesen, den Erzengeln und Gottheiten zu verbinden und sie den Kampf ausfechten zu laßen... Wir sind dann nur noch die Zuschauer, welche den Kampf beobachten und sehen, wie der Himmel den Sieg davonträgt. Denn allein der Himmel, d.h. unser geistiges Ich besitzt alle Macht und Fähigkeit dazu; hingegen, was sind wir denn schon, daß wir es wagen, uns dem Bösen alleine entgegenzustellen?

In meinen jüngeren Jahren fehlte mir diese Erfahrung noch. Auch mir brachte man bei, daß man das Böse bekämpfen, entwurzeln und ausrotten muß, und ich handelte dementsprechend. Und so war ich zerrissen, zerschlagen, denn es ist erschöpfend, gegen sich selbst zu kämpfen, d.h., gegen eine Kraft, die man eigentlich nicht kennt. Erst später, als ich nachzudenken begann und andere Methoden suchte, mich immer inniger mit dem Göttlichen verband, wurde mir klar, daß man nicht so vorgehen darf. Deswegen sage ich zu Euch heute auch: «Macht Ihr nach den alten Vorschriften weiter,

---

* Siehe Kapitel: «Gut und Böse» und «Im Zweikampf gegen den Drachen» (Band V)

geht Ihr dem Zerfall entgegen. Merzt nichts aus, tötet nichts
ab, es ist unmöglich. Denn, tut Ihr es, fällt dies auf Euch zurück, und Ihr geht zugrunde.» Wie kann ein Mensch sein Gedärm ausreißen und nicht daran sterben? Eine andere Methode muß angewandt werden. Aus diesem Grunde bringen wir
das Licht eines neuen Wissens zu sämtlichen Fragen.

Versucht nicht, Eure Persönlichkeit zu vernichten, sie ist
Eure beste Dienerin, stets bereit, Euch zu dienen. Selbst wenn
sie aufmurrt und zurückschlägt, so wird sie doch gehorchen
und sich unterwerfen, wenn Ihr mit Überzeugung und Überlegenheit ihr entgegentretet. Mangelt es Euch freilich an dieser Kühnheit und diesem Mut, fügt sie sich nicht. Seht z.B.
einen Menschen, der sich vor Pferden fürchtet: Steigt er in
den Sattel, so wirft das Pferd ihn zu Boden, weil es spürt, daß
er ein Weichling ist, und um ihm eine Lektion zu geben
–hoppla – wirft es ihn eben ab! Man sollte wie Alexander der
Große sein, der sogar das Pferd Bukephalos bestieg. Es war
unbezwingbar; trotzdem gelang es Alexander darauf zu rei-
ten, denn das Tier fühlte, wen es auf dem Rücken trug. Das
ist die Persönlichkeit, ein Wildpferd! Deswegen sprechen die
Eingeweihten von «es wagen». Wagen in diesem Sinne heißt,
die Persönlichkeit beherrschen und unterjochen. Gewöhnlich
wagen die Menschen andere Dinge: stehlen, betrügen, morden, – ja, das wagen sie, aber ihre Persönlichkeit bezwingen,
das wagen sie nicht. Und dennoch, einmal muß es getan werden!

Diese Arbeitsmethode ist die beste, aber man kann es
nicht auf einmal schaffen. Wenn auch der Himmel den Platz
der Persönlichkeit eingenommen hat, heißt das noch nicht,
sie sei völlig ausgemerzt: Sie behält noch einige Wurzeln im
physischen Körper als ihrem letzten Zufluchtsort. Mag sie
auch den Wunschkörper verlassen haben, so daß keinerlei
ausgefallene, zwielichte oder teuflische Antriebe mehr bestehen, mögen auch im Mentalkörper keinerlei Intrigen, Listen
und Berechnungen mehr sein, behält sie doch noch auf der ir-

dischen Ebene Stützpunkte. Dort, in der Körperhülle, über-
lebt sie weiter, und dies ist notwendig, denn verschwände sie
auch von der irdischen Ebene, so könnte der Geist Gottes, die
Individualität, nicht offenbar werden. Darum darf sie nicht
vertilgt werden. Sie wird eigentlich nicht vollständig und endgültig ersetzt: Im physischen Bereich ist die Persönlichkeit allerdings ein für allemal entfernt worden; nur in ihrer äußeren
Form, ihrer materiellen Grundlage besteht sie fort.

Wenn ich von Ersetzung spreche, läßt sich dies mit dem
Personenwechsel in einer Behörde, einer Bank, innerhalb einer Universität oder des Bundestags vergleichen. Ich spreche
nicht von den Fällen, wo durch Anbauten die Neueinstellung
von Personal erforderlich wird; das kommt vor, interessiert
uns hier aber nicht. Ich spreche vom Personenwechsel innerhalb des gewohnten Geschäftsablaufs einer Firma oder einer
Behörde. Nun, der gleiche Vorgang findet auch bei jedem einzelnen statt: Der Körper bleibt erhalten; ausgetauscht wird
der ganze Inhalt.

Um mich besser verständlich zu machen, will ich nochmals wiederholen, was ich unlängst über das Zellengedächtnis
sagte: «Ihr wißt wohl, die Zellen erneuern sich fortwährend.
Somit sind nach einer gewissen Zeit – im allgemeinen sagt
man nach 7 Jahren – neue Zellen an die Stelle der alten getreten. Und dennoch begeht der Mensch die gleichen Fehler und
Dummheiten wie vorher, behält dieselben Schwächen und
Laster, leidet an denselben Übeln – obschon seine Zellen sich
erneut haben. Dies wäre unerklärlich, wüßte man nicht, daß
wenn auch der Organismus von außen her neue Baustoffe
aufnimmt, womit er die verschleißten ersetzt, etwas Wesentliches bestehen blieb, das sich nicht erneuerte: nämlich das
Zellengedächtnis! Jede neue Zelle setzt tatsächlich die Tätigkeit ihrer Vorgängerin fort, obgleich sie neue Wirkstoffe mit
sich bringt.

So ist es auch in Büros oder Fabriken : Alte Angestellte,
die in den Ruhestand gehen, geben ihren Arbeitsplatz an junge ab, welche dann die gleiche Arbeit fortsetzen. Das ist es,
was ich als «das Gedächtnis» bezeichne : Dank der gewohnten Arbeitsweise, desselben Ziels und der gleichen Richtlinien
geht die Arbeit weiter. Aufgrund dieses Zellengedächtnisses
begehen wir weiterhin unsere alten Dummheiten ; die Mole-
küle und Atome wurden ersetzt, aber man vergaß deren Gedächtnis auszuwechseln, das seit Generationen übertragen
wurde. Die Zellen sind neu, aber sie handeln noch auf dieselbe Art, wiederholen gewohnheitsmäßig Handlungen und
Gesten.

Betet Ihr nun : «Vater im Himmel, komm und nimm den
Platz meiner Persönlichkeit ein, lenke Du mein Leben»,
wirkt Ihr nicht nur auf das Körperliche, auf die physischen
Zellen ein, sondern besonders auf das Gedächtnis der Zellen,
auf die in sie eingeprägten Bilder. Damit werden die alten Gewohnheiten durch neue Fähigkeiten, Eigenschaften, Tugenden ersetzt.

Ihr fragt Euch nun vielleicht, ob diese zweite Arbeitsmethode nicht im Gegensatz zu dem steht, was ich Euch zuvor
geraten hatte, nämlich die Persönlichkeit zu unterwerfen.
Nein, es besteht kein Widerspruch, denn wenn es Euch gelingt, sie zu unterjochen und Ihr sie dazu bringt, Eure hohen
Pläne und Vorhaben auszuführen, wird sie dies tun, jedoch
nur unvollständig, weil von Euch keine neuen Bilder in ihr
Gedächtnis geprägt wurden. Die Bilder entsprechen Eurem
Wollen, indessen die Persönlichkeit ihre eigenen beibehält ;
hinterlistig wartet sie ab ! Sie führt zwar Euren Willen aus,
beugt sich zum Teil Euren Befehlen, hat aber die Prägungen
nicht angenommen, die von Euch stammen. Betet Ihr jedoch
wie ich es Euch lehrte, so entfernt Ihr aus dem Gedächtnis der
Persönlichkeit die alten eingeprägten Bilder, und hinfort ist
nicht mehr sie es, die wirkt, sondern die Individualität, mit
Hilfe des Körpers natürlich (Bauch, Lungen, Gehirn usw.),

aber mit völlig neuem Inhalt. Geht Ihr nach der ersten Methode vor, führt die Persönlichkeit zwar Eure Befehle, Vorhaben und Pläne aus, behält aber ihre eigenen Neigungen und Gelüste im Kopf, und es ist kein Verlaß auf sie; sobald sie spürt, daß Ihr schläfrig werdet und nachlaßt, zwingt sie Euch erneut ihre früheren Vorlieben auf.

Denkt nun nicht etwa, zwischen den beiden Methoden bestehe ein Widerspruch. Nie gaben die Eingeweihten der Menschheit Erklärungen und Lehren, die sie nicht zu verstehen und durchzuführen imstande war. Nur verkünden sie die Wahrheit zunächst in einer gewissen Form und warten ab, bis die Menschen sich soweit geistig entwickelt haben, um sie ihnen in einer höheren Form darzulegen. So war es von Moses zu Jesus: Moses kam, um die Menschen (das jüdische Volk) vorzubereiten, indem er ihnen äußerst strenge Gesetze und Gebote auferlegte, die weit mehr auf genauester Gerechtigkeit gründeten als auf der Liebe. Als Jesus kam, waren die Menschen geistig viel reifer, und so konnte er ihnen die Gebote bringen von Barmherzigkeit, Vergebung und Liebe...

Übrigens, die Eingeweihten unterweisen genau wie die Eltern: Anstatt ihren Kindern zu erklären, wie sie auf die Welt kamen, sagen sie ihnen: «Der Storch hat dich gebracht» oder andere Märchen gleicher Art. Erst wenn das Kind alt genug ist um zu verstehen, sagt man ihm die Wahrheit. In der letzten Zeit jedoch vollzog sich in der Erziehung eine gewaltige Veränderung: Die Eltern sagen schon den ganz Kleinen die Wahrheit, und es scheint, daß es so weit besser ist. Dieser Ansicht bin auch ich schon seit Jahren: Es ist vorzuziehen, daß die Kinder all dies schon sehr früh erfahren, denn in ihrer Unschuld und Reinheit sehen sie nichts Schlechtes dabei, gewöhnen sich vielmehr daran, in der Natur den Ausdruck einer hohen Weisheit zu entdecken. Hingegen erzählt man ihnen lauter Lügen und sie erfahren die Wahrheit auf einmal durch Schulkameraden, sind sie erschüttert und begehen möglicherweise verwerfliche Taten.

Dies soll Euch veranschaulichen, daß auch die Eingeweihten in einer Epoche der Menschheitsgeschichte ein gewisses
Verhalten gut heißen und in der darauffolgenden ein anderes.
Ähnlich geht auch die Natur vor. Sie gab allen Tieren die
Angst. Denn Angst vertritt bei ihnen die Vernunft; durch sie
werden sie geleitet und gerettet. Die Tiere mißtrauen allem:
dem Futter, den Menschen, anderen Tieren. Zu dem Menschen hingegen, der ein klügeres Tier ist, spricht die Natur
anders, sie sagt: «Löst Euch von der Angst, die Euch hemmt;
sie hält Euch in Eurer Entwicklung auf; wirkt nunmehr mit
der Liebe!» Dem Zeitalter der Angst soll nun das Zeitalter
der Liebe folgen. Darum wollte ich auch die Weisung: «Die
Furcht des Herrn ist aller Weisheit Anfang», welche nicht
mehr in unsere Zeit hineinpasst, durch eine andere: «Die
Liebe zu Gott ist die Krönung aller Weisheit», ersetzen... Jawohl, alle Weisheit beruht darin, Gott nicht mehr zu fürchten, sondern Ihn zu lieben.

Eingangs sprach ich davon, die Persönlichkeit zu unterwerfen und zu meistern, und dies ist eine wundervolle Übung.
Aber ich weiß sehr wohl, daß damit keine endgültigen Resul-
tate erzielt werden, denn die Persönlichkeit ist hartnäckig und
unermüdlich tätig. Stellen wir hingegen den Kampf ein und
bitten die Individualität, in uns einzuziehen, sich in uns niederzulassen, sich kundzutun und restlos alles zu überstrahlen,
dann fügt sich die Persönlichkeit für immer. Sie fühlt, daß sie
nicht mehr überlisten, sich nicht mehr bewegen kann, ihr
ganzes Inneres mit seiner Verderbtheit und seinen Schlichen
sind aus ihr genommen. Ihr bleiben nur noch Arme, Beine
und der Rumpf, um sich fortzubewegen und Befehle auszuführen, aber der ganze Inhalt ist ihr entnommen, versteht
Ihr? Gleich einer Stoffpuppe, die mit Sägemehl oder Stofflap-
pen ausgestopft ist: Man kann ihr die Lappen herausnehmen
und sie beliebig mit etwas anderem auffüllen, aber die Puppe
bleibt in ihrer äußeren Gestalt unverändert.

Ich sagte einmal, daß Ihr nicht wißt, wo Eure Kraft, Eure Macht liegt... Und wie wahr ist das! Wie könnt Ihr es auch alleine herausfinden? Ich fügte noch hinzu: «Eigentlich ist der Mensch genauso mächtig wie Gott.» Erinnert Euch, ich teilte Euch an jenem Tag ein außergewöhnliches Geheimnis mit! Wenn Ihr im Befehlen und Fordern so mächtig sein wollt wie Gott, werdet Ihr es wohl so weit bringen – wir alle schaffen es einmal – nur wird es Millionen von Jahren benötigen; hingegen seid Ihr heute schon so mächtig wie Er im Nein-sagen! Das will heißen, wenn Euch etwas zuwider ist und Ihr Euch weigert, es anzunehmen oder Euch gefallen zu lassen, so ist sogar der Teufel mit all seiner Kraft außerstande, Euch umzustimmen. Mag er auch alle Gewalten der Hölle entfesseln und Euch zerschmettern... Ihr gebt nicht nach, darin seid Ihr so mächtig wie der Herr. Ihr habt die augenblickliche Allmacht, Euch nicht anfechten, nicht verführen zu lassen. Bis man die Allmächtigkeit im positiven Sinne erlangt, bedarf es Millionen Jahre!

Der Teufel besitzt indessen auch eine Macht, und wißt Ihr, worauf sie sich gründet? Auf Eure Einfältigkeit! Ihr nehmt alles an, was er erzählt, es gelingt ihm, Euch zu überreden und zu verleiten; auf diese Weise packt er Euch mit seinen Klauen. Verweigert Ihr ihm jedoch den Einlaß, hat er keine Möglichkeit, einzudringen, sich einzunisten und alles zu verwüsten...

Viele bilden sich ein, sie seien bereits stark und mächtig genug, in die großen Mysterien eingelassen zu werden, sie wollen, daß man ihnen die Geheimnisse der jenseitigen Welt sofort enthüllt, sie darin einführt. Gäbe man ihrem Wunsch nach, würden sie schon von dem ersten, was auf sie zukommt, wahnsinnig: denn die allerersten Wesenheiten, die vor ihnen auftauchen, sind die grauenvollsten, so widerlich, ekelerregend und bedrohend, daß sie davon völlig zerrüttet werden. Man darf sich nicht einbilden, man sei auf der Stelle bereit, es muß noch viel und lange gearbeitet werden... ich sage dies auch für mich, denn ich möchte nicht immer wiederholen: «Ihr sollt dieses oder jenes tun», Ich muß doch auch die guten Manieren respektieren und «wir» sagen, – dann nämlich sind die Leute zufrieden und sagen sich: «Er schließt sich mit ein, na dann ist's gut», sonst sind sie beleidigt. Es ist netter, «Wir» zu sagen als «Ihr». In manchen Fällen sage ich «Ihr», nicht «Ich» und in anderen sage ich «Wir», «Wir alle»... Dies ist wahre Pädagogik; warum? Das sage ich Euch nicht. Jedenfalls, glaubt ja nicht, Ihr wäret so gut vorbereitet. Ich ja auch nicht! Ich sitze hier mit Euch auf derselben Schulbank und schreibe mit vorgestreckter Zungenspitze: a, b, a-b, b-a... Jawohl, genau wie Ihr!

Paulus sagte: «Nicht ich lebe, sondern Christus ist es, der in mir lebt...» nun ja, aber damit sich Christus offenbaren konnte, mußte Er sich doch wohl dessen bedienen, der Paulus hieß, d.h., sich durch einen Teil von dessen Persönlichkeit kundtun, die nicht beseitigt war. Selbst wenn die Persönlichkeit ersetzt wurde, ist sie dies nicht vollständig; nur ihr Inhalt wurde ausgewechselt, wie beim Ausstopfen von Tieren. Deren Innereien werden entfernt, aber sie bewahren ihre Gestalt als Falke, Adler oder Löwe. Eure äußere Erscheinung wird sich durch den Einzug der Individualität in Euch kaum ändern; Ihr bleibt der, den alle kennen, nur das Gedächtnis in Euch wird erneuert, alle Eure Äußerungen sind edler als vorher. So ist es in Wahrheit: Ihr seid derselbe Mensch wie bisher; seid unverändert geblieben, aber in Euch vollzog sich eine so ungeheure Wandlung, daß jedermann fühlt, von Euch geht etwas völlig Neues aus, eine strahlende Kraft. Das ist das Wunderbare dabei: Der gleiche Mensch, aber von Grund auf verwandelt!

Erinnert Euch an den Bericht im Evangelium von der Verklärung Jesu, dessen Antlitz lichthell, von gleißendem Licht durchstrahlt wurde. Diese Erscheinung war auf den Geist zurückzuführen, auf den Inhalt sozusagen, den hohen Geist, der bei ihm eingezogen war, aber seine Gestalt, (seine Züge, sein Wuchs) blieb dieselbe. Die Gestalt vergeht nicht. Auch später, als sein Körper bereits tot war und er in seinem Lichtleib sich zu seinen Jüngern gesellte, nahm er wieder seine frühere Gestalt an, um erkannt zu werden. Selbst beim Hinübergehen ins Jenseits bewahrt man dieselbe Körperform, dasselbe Aussehen wie während des Lebens.

Im Jenseits werden die Umrisse, die Körperformen der Wesen, die sie hier auf Erden hatten, sehr lange beibehalten, ja häufig sogar ihre Kleidung... Sie werden mitunter Tausende von Jahren im Archiv der Natur aufbewahrt. Nehmen wir an, Ihr wollt einen Menschen herbeschwören, der mehrere Tausend Jahre zuvor gelebt hat, so wird er genau in der Gestalt erscheinen und zu Euch sprechen, die er einst hatte. In Wirklichkeit ist nicht er selbst zugegen, nur seine Körperhülle, die seit Jahrtausenden im Archiv erhalten blieb, seine belebte Form. Sie ist es, die zu Euch spricht, und die Ihr berühren könnt. Das Gestaltete vergeht nicht. Der Geist wandelt, entwickelt und entfaltet sich, aber die Gestalt, in die er auf Erden gehüllt war, wird sorgfältig im Weltarchiv, in der Akasha Chronik aufbewahrt.

Der Geist weilt während eines Erdendaseins in einer Gestalt und in der nächsten Wiederverkörperung in einer anderen: War man erst ein Männlein, so ist man jetzt ein Weiblein! Und auch diese Form wird wiederum aufbewahrt. Jegliche Gestalt bleibt Millionen Jahre erhalten – vielleicht solange das Universum besteht – immer wieder wird es neue geben. Das erstaunt Euch, nicht wahr?... aber so ist es. Selbst wenn ich Dinge erzähle, die Euch wunderlich erscheinen, seid unbesorgt, beunruhigt Euch nicht, Es sind keineswegs irgendwelche Erfindungen, sondern feststehende Tatsachen; Ihr könnt sie nur nicht verstehen, weil Euch Eure Erziehung eine völlig falsche Einstellung zur Welt vermittelte, so daß es Euch jetzt schwer fällt, diese zu berichtigen. Mit der Zeit wird sich

Euer Verständnis für diese Dinge immer mehr vertiefen und Ihr seht, wie sie wirklich sind.

Vielleicht bin ich eine Ausnahme, indem ich mich auf die irdische Ebene hinabbegebe; aber ich liebe es sehr, mit Euch über Alltägliches zu sprechen, über Dinge, die euch alle Tage umgeben, anstatt Abstraktes, Unmögliches und Unnötiges zu behandeln. Denn gerade im täglichen Leben sollte man endlich genau wissen, wie man zu denken, zu lieben, zu schauen, zu essen und sich zu benehmen hat; ausgerechnet auf diesem Gebiet herrscht viel Unklarheit. Es wird ständig danach gesucht, der Menge Neuheiten und Aufsehenerregendes zu bieten, aber wie man das Leben sinnvoll gestaltet, ist eine Frage, mit der man sich noch kaum befaßt hat. Versucht mich zu verstehen und verlangt im Moment nicht von mir, über rein intellektuelle und technische Kenntnisse zu sprechen oder Euch spannende Geschichten zu erzählen – denn in dieser Beziehung bin ich stur: Bis auf weiteres will ich, daß Ihr Eure Lebensweise ändert, – auf das hin sollt Ihr arbeiten! Ich weiß wohl, Ihr möchtet lieber lernen, empfangen, aufnehmen, Kenntnisse einsammeln und anhäufen, ohne dabei Euer Leben zu ändern... Genau wie in der fünften Rasse, der zeitgenössischen Welt, die alles weiß, liest und kennt und dennoch auf animalisch-triebhafte Weise weiterlebt. Auch Ihr zählt dazu, Ihr verlangt, daß man Euch die heiligsten Geheimnisse der Einweihung enthüllt; geht es aber darum, einen Fehler auszumerzen, eine falsche Denkweise zu berichtigen oder eine Gewohnheit zu ändern, habt Ihr weit weniger Antrieb, Begeisterung und Interesse.

Ja, Ihr habt jemanden vor Euch, der nur kam, um Euch zu langweilen, an Euren Nerven zu rütteln und unmögliche Dinge von Euch zu fordern! Niemals wurde je von Euch verlangt, daß Ihr Eure Lebensweise ändert. Man erzählt Euch allerlei Dinge, läßt Euch jedoch ansonsten leben wie es Euch gefällt.

Ich habe mir die schwierigste Aufgabe gewählt: Euer Leben zu ändern! Nehmt es mir nicht allzu übel (nur ein ganz klein wenig, nicht mehr...). Man gab mir diese Aufgabe, und ich muß sie erfüllen. Natürlich, wenn ich wollte, könnte ich es auch so machen wie die anderen: Euch jeden Tag etwas Neues vortragen – ich würde es von einem Blatt ablesen, aber es wäre keine lebendige Ansprache mehr, sondern klänge geschraubt und künstlich. Jawohl, ich kann Euch aus einem Chemiebuch Seiten über das Jod, das Brom oder das Fluor vorlesen oder aus einem Physik– oder Astronomiebuch die Entfernung der Erde zum Mond zitieren, Euch sagen, in wieviel Tagen der Mond die Erde umkreist, ob wir Kinder des Mondes sind oder umgekehrt usw... Es gäbe viel zu sagen; nur, würde das wirklich Euer Dasein verändern? Das ist fraglich. Hingegen, wißt Ihr wie leben, d.h. auf welche Weise essen, zuhören, blicken, lieben, arbeiten... folgt das andere ganz von selbst nach, das Wissen und die Erkenntnis.

Andernfalls wird folgendes geschehen: Ihr lest eine Menge Bücher, nehmt das Gelesene auf, jedoch nur für eine gewisse Zeit; einige Jahre später ist alles ausgelöscht. Weil Ihr in einer Weise gelebt habt, welche diese Kenntnisse verwischt. Mithin ist es unnütz, seine Zeit zu verlieren, indem man ein Wissen anhäuft, das einem kurz danach wieder abhanden geht. Lebt Ihr indessen sinnvoll...Ich meine: Leben wir sinnvoll (Ich muß mich doch bessern – welch üble Gewohnheit von mir, immer «Ihr», «Ihr» zu sagen!), dann erwacht in uns ein Gedächtnis, das uns alles zuführt, was wir seit Millionen Jahren, während unserer Erdenleben erfahren haben. Dann fängt man an, sich zu erinnern... Man hat nichts gelesen und weiß es trotzdem: Das wahre Gedächtnis geht auf! Notiert es und vergeßt es nie: Führen wir ein sinnvolles Leben, dann kommt das seit Jahrtausenden in unserer Wesenstiefe eingeprägte Wissen an die Oberfläche, und wir wissen weit mehr als alle Wissenschaftler, Philosophen und Büchermenschen, und nur deshalb: weil wir die wahre Erkenntnis besitzen.

Ich, wie Ihr seht, verlasse mich einzig auf meine Lebensweise. Wenn es mir gelingt, o Gott – ja, gelingt, richtig zu leben, ohne Fehl, in Harmonie und im Einssein mit allen wirkenden Geistern der lebenden Natur, dann wird mir das kosmische Wissen zuteil, es entfaltet sich in mir, ich entsinne
mich wieder; dessen bin ich vollkommen sicher. Erreiche ich
dies nicht, so vergesse ich sogar das in der jetzigen Inkarna-
tion angesammelte Wissen, das weiß ich wohl und mache mir
keine Illusion darüber. Nicht allein, man behält den Inhalt
der Bücher, die man las, nicht bis zum Lebensende, sondern
nach dem Hinscheiden bleibt einem überhaupt keine Spur
mehr davon zurück. Nehmt nur als Beispiel die Schüler nach
ihrem Abgang von der Oberschule; was bleibt ihnen von der
Geschichte, der Mathematik, Chemie und Physik im Gedächtnis zurück? Kaum ein paar Auszüge; wenig später ist
alles verblaßt. Mir erging es ebenso; von meinem Schulwis-
sen ist nichts geblieben... Ich eröffne Euch da ein großes Geheimnis: aber es bleibt unter uns... Übrigens, ich vermute, es
erging Euch genauso: Ihr habt sicher auch alles vergessen.
Welch eine Erleichterung! Es ist einem viel wohler, nicht
wahr?

Bonfin, den 30. August 1971

Kapitel X

Wie sich der Mensch von seiner Persönlichkeit ausbeuten läßt

Freie Ansprache

«Häufig schon, bei gemeinsamem Singen, wenn wir der vollendeten Harmonie sehr nahe sind, habt Ihr die Gegenwart himmlischer Wesenheiten verspürt... Die Harmonie zieht sie herbei; sie wandeln unter uns und verteilen uns Blumen und Gaben... Ihr fühlt wohl etwas, seid Euch aber nicht bewußt, daß es Wesen sind, die Euch umschweben. So bietet denn weiterhin alle Eure Kraft und Euren ganzen Willen auf, bis daß der Himmel Euch entgegenkommt, und ich kann Euch versichern, er wird kommen. Er umgibt uns, Ihr werdet ungewöhnlicher Kundgebungen teilhaftig und ein so überwältigendes Glück empfinden, daß Ihr es gar nicht aufzunehmen vermögt; gewaltige Ströme werden Euch durchfluten, so daß Ihr in reinster, heiliger Verzückung erschauert.»

Ja, meine lieben Brüder und Schwestern, Ihr müßt diese Losung ernst nehmen; denn sie enthält eine so tiefe, schöne Wahrheit! Engel können sich zu uns begeben, aber dies hängt von Euch ab – nicht so sehr von mir. Denn, was immer ich auch tue, es kommt nur mir zugute. Damit es auch für Euch so sei, solltet Ihr bemüht sein, Euer Bewußtsein zu erweitern und zu erhellen. Steckt man jedoch zu tief in seinen alltäg-

lichen, materiellen Sorgen, so erscheint einem dies tausende
von Kilometern entfernt, unglaublich und undurchführbar.
Dabei ist nichts leichter als das, vorausgesetzt, man hat sich
völlig in den Dienst des Himmels gestellt, fühlt sich Tag und
Nacht mit der Lichtwelt verbunden. Der Himmel ist nicht so
grausam, unerreichbar fern und taub. Die Hindernisse und
Schranken kommen aus uns selbst; wir bauten sie auf, indem
wir undurchdringliche Wände um uns schichteten, welche
wir so sehr verstärkten und festigten, daß selbst des Himmels
Kraft und Licht sie nicht zu durchstrahlen vermag.

Wir leben umhüllt von der ätherischen, der göttlichen
Welt, fühlen uns jedoch nur deshalb weitab und von ihr getrennt, weil diese von uns gebildeten Schichten jeglichen Aus-
tausch mit ihr verhindern. In Wirklichkeit sind wir von Him-
melskräften, von Glück und Freude rings umgeben. Würdet
Ihr nunmehr versuchen, Euch soweit zu läutern, daß Eure
Feinkörper empfindsam und aufnahmefähig werden, könntet
Ihr auf der Stelle wahrnehmen, daß, was ich hier sage, absolute Wahrheit ist. Die Gotteswelt ist nicht weit entfernt, sondern zum Greifen nahe, dennoch kann sie uns so fremd sein,
als gäbe es sie nicht. Manchen Menschen kann man noch so
Wundervolles offenbaren und erklären; sie fühlen die Gegenwart Gottes nicht, glauben nicht, daß es einen Himmel gibt,
der von hohen Geistwesen bewohnt ist. Sie fühlen die Ordnung, Harmonie und Liebe der Lichtwelt nicht. Sie sagen:
«Ich fühle nichts davon, glaube nicht daran.» Was haben sie
denn wohl in früheren Leben getan, daß sie nun nichts mehr
empfinden und wahrnehmen?... Es gibt immerhin Menschen,
die wenigstens mit ihrem Verstand erfassen, daß es eine Ordnung, eine weise Vernunft, eine Gerechtigkeit, unsichtbare
Wesen gibt. Manche können es nicht verstehen, aber sie fühlen und erleben es. Andere, schon höher entwickelte, begreifen es und fühlen es auch. Außerdem gibt es noch geistig sehr
hochstehende Menschen, die es sowohl verstehen als auch
fühlen und dazuhin noch verwirklichen, um es anderen zu-

gänglich zu machen. Wie Ihr seht, gibt es mehrere Einstufungen.

Um mit der unsichtbaren Welt Verbindung aufzunehmen, gibt es Möglichkeiten, auf die ich Euch in früheren Ansprachen hingewiesen habe; lest sie noch einmal durch, es ist alles in ihnen enthalten, klar und leicht verständlich. Mit einigem guten Willen versteht es ein jeder, es ist alles anschaulich dargelegt. Was die Menschen hauptsächlich daran hindert, die Unendlichkeit himmlischer Schönheit und Freude zu fühlen, ist die Persönlichkeit. Sie muß eingedämmt werden, denn sie ist im Menschen zu sehr entwickelt. Sie ist dermaßen aufgeblasen und ausgedehnt, daß sie ihn sogar daran hindert, das Licht der Sonne zu erblicken, dem Vogel Rock gleich, aus den Märchen von Tausend und einer Nacht. Dieser Vogel war so riesengroß, daß seine ausgespannten Flügel selbst die Sonne verdunkelten. Natürlich ist das ein wenig übertrieben, wie fast alle Sagen und Märchen. Aber für die Persönlichkeit trifft es zu; sie ist imstande, sich derart breitzumachen, zu wuchern und aufzublähen, daß sie uns die Sonne verdeckt. Infolgedessen leidet man, quält sich ab, verbittert sich, vergrämt und vergiftet sich das Leben, weil die Persönlichkeit nie zufriedengestellt ist. Sie hält sich für den Mittelpunkt des Universums und erträgt es nicht, daß sich nicht alles um sie dreht und ihren Launen nachgibt. Stets übertreibt sie ihre Bedeutung und ihre Rechte, jeder soll ihr zu Diensten stehn, ihr verschaffen, was sie verlangt. Da dies nicht erfolgt, wird sie ungerecht, denn sie denkt nicht an die Schwierigkeiten ihrer Mitmenschen, an deren Leiden und Schmerzen. Ein Mensch, der mehr und mehr aus der Persönlichkeit lebt, wird ebenso ungerecht, verblendet wie sie und macht sich überall unbeliebt.

Eine andere Schwäche der Persönlichkeit: Sie vermag nichts vorauszusehen. Sie bildet sich ein, sie werde siegen, gewinnen, triumphieren, indem sie alles an sich reißt. Ganz im Gegenteil, es entstehen weit mehr Verluste, Schäden und

Leid, und sieht man es endlich ein, ist es zu spät. Die Persönlichkeit irrt sich immer in ihren Berechnungen und Plänen, es
ist ihr nicht gegeben, die Zukunft vorauszusehen; dazu ist sie
viel zu blind. Gewinnt die Persönlichkeit zu großen Einfluß
auf den Menschen, rennt er sich früher oder später den Kopf
ein. Das ist mir zur Genüge bekannt. Ihr werdet sagen: «So
sind denn auch Sie der Persönlichkeit gefolgt?» Nun, warum
nicht? Glaubt Ihr etwa, ich sei schon immer der gewesen der
ich heute bin? Gewiß, ich war noch sehr jung, als ich das
Licht empfing, höchtens 16 Jahre alt. Von da an begann ich
über die Persönlichkeit und die Individualität nachzudenken.
Das will aber nicht heißen, daß ich das Problem sofort löste
und gleich ein Heiliger und Prophet wurde. So einfach war
das nicht, aber wenigstens hatte ich das Licht. Warum haben
die Menschen, selbst mit neunundneunzig Jahren noch immer nicht dieses Licht? Selbst im Alter von neunundneunzig
Jahren wissen sie noch nicht, was die Persönlichkeit ist und
lassen sich blind von ihr führen!

So rate ich Euch denn, über Persönlichkeit und Individualität nachzudenken; es ist die Kernfrage unserer Lehre. Alle
anderen Denker vor mir brachten ihr Licht und ihr Wissen
hinsichtlich aller Lebenfragen; ich brachte Licht und Klarheit zu nur einer Frage: Persönlichkeit und Individualität;
die tierhaft-niedere und die göttlich-erhabene Natur – mit anderen Worten: die Triebnatur und die Gottnatur. Damit befaßte ich mich und mußte feststellen, daß nur sehr wenige
sich mit diesem Thema beschäftigt haben. Alle, die mir
vorangingen, klärten viele andere Fragen, ich bestreite es
nicht, ich war nie unehrlich und ungerecht ihnen gegenüber,
ganz im Gegenteil. Wenn ich immer von Eingeweihten und
großen Meistern spreche, dann nur, weil ich sie stets sehr
hoch geschätzt habe, sie können mir in dieser Hinsicht nichts
vorwerfen.

Ich sagte dies nur, um Euch zu zeigen, daß jeder Denker
Klarheit in einem ganz bestimmten Bereich bringt, so auch

ich. Diese eine Frage gefällt mir sehr, weil ich sie für wesentlich halte. Sie ist der einzige Schlüssel zur Lösung aller Lebensfragen. Könnte man die Menschen soweit belehren und ihnen Beweise bringen von dem, was sich in ihnen abspielt, wäre dies eine unglaublich wertvolle Hilfe für sie. Leider geht dieses Wissen der Menschheit ab, sie kennt zuviele unnötige Dinge. Was aber die beiden Naturen anbelangt, ist sie völlig im Unklaren: Fast ausnahmslos alle leben aus ihrer Persönlichkeit. Die Individualität offenbart sich zwar bei ihnen von Zeit zu Zeit, doch meist ohne daß sie wissen wie und warum, als bräche sie gegen ihren Willen durch, als gelänge es dem Himmel trotzdem hie und da in Erscheinung zu treten! Aber das ist selten. Hingegen, geschähe dies klarbewußt, aus freiem Willen und viel häufiger, so durchliefe der Mensch rascher einen ungewöhnlich schönen und herrlichen Weg. Das ist das Ziel, auf das hin Ihr arbeiten solltet.

Den meisten Menschen ist es nicht möglich, die Vorteile zu sehen, die aus einer Zusammenarbeit mit der Individualität entstehen, weil sie ängstlich und unwissend sind und meinen, es käme sie teuer zu stehen und sie müßten auf vieles verzichten, wenn sie den Willen der Individualität tun. Dabei geschieht genau das Gegenteil. Gerade Angst und Unwissenheit machen es der Persönlichkeit möglich, derart an Ausmaß zu gewinnen und ihr Ansehen zu steigern, weil sie dem Menschen nicht erlauben die Vorteile zu sehen, die auf der anderen Seite seiner warten. Glaubt mir und versucht es, Ihr werdet schon sehen. Denkt nun etwas weniger an Euch und arbeitet mehr auf dieses hohe Ideal hin, zum Wohle der Menschheit und des ganzen Universums. Zunächst wird es Euch wohl nicht sehr zusagen, aber je mehr Ihr auf dieses Ziel hinwirkt, um so freier fühlt Ihr Euch, von gewaltiger Kraft getragen und von unbeschreiblichem Glück erfüllt. Anfangs fürchtet man sich, man hängt noch allzusehr an seiner Persönlichkeit, schenkt ihr sein ganzes Vertrauen. Man glaubt sich verloren, wenn man sie verläßt. Ganz im Gegenteil! Es kommt sehr teuer zu stehen, sich unter den Einfluß der Persönlichkeit zu stellen. Ihr dürft es nicht falsch auffassen, ich habe ja nichts gegen die Persönlichkeit, ich habe auch eine, genau wie Ihr, nur soll sie gezähmt und dienstbar gemacht werden; denn sie ist die beste Hilfe, sie ist unermüdlich.

Wenn ich nun sage, man solle die Individualität entfalten, will das nicht heißen, man solle jeden x-beliebigen lieben, wahllos mit allen Gemeinschaft pflegen, sich an den erstbesten hängen. Nein, derlei habe ich nie gesagt, äußerlich gesehen ist sogar ein gewisser Abstand, eine Entfernung zu wahren. Aber auch hierin muß die Individualität entscheiden. Ich erklärte bereits viele Male, wann und in welchem Fall die oder jene Haltung angebracht ist. Ich habe auch nie die Leute dazu bringen wollen, es bei völlig entgegengesetzter Wesensart miteinander auszuhalten. In gewissen Fällen ist es besser, voneinander zu gehen, sich zu trennen und zu scheiden, jedoch sich weiterhin wohlwollende Gedanken und Gefühle anstatt Hass entgegenzubringen. Sind einem diese Grundregeln nicht geläufig, wird man immer wieder versucht sein, jede Situation nach eigenem Gutdünken zu bereinigen: «So gefällt es mir... und so nicht.» Man nimmt sein Gutdünken zum Maßstab, was einem Vergnügen bereitet und was nicht, aber dies kann nicht als leitender Maßstab gelten. Über Vergnügen stehen Vernunft, Überlegung und Einsicht, welche bestimmen und ausgleichen sollten, nicht nur Behagen, Vorliebe oder Abneigung... Alle Zerwürfnisse dieser Erde entstehen aus Mangel an Einsicht, Klugheit und Vernunft; immer sind es Gefühle, Leidenschaften, Antriebe, Neigungen oder Abneigungen, welche herrschen, niemals die Vernunft.

Wendet Euch nun von Eurer Persönlichkeit etwas ab, laßt sie mal allein, richtet Euch an die Individualität und fragt sie: «Liebe Individualität, sag mir doch, wie du die Dinge siehst.» Da sie über allem steht, kann sie es Euch genau sagen. Aber Ihr fragt sie nicht, handelt weiterhin nach den Methoden der Persönlichkeit und kommt deshalb zu keiner Lösung. Ihr glaubt, alles, was Ihr solchermaßen tut, komme Euch selbst zugute, und darum besteht Ihr so sehr darauf. Wenn Ihr wüßtet, daß Ihr Euch dabei nicht für Eure eigenen, sondern für die Interessen anderer einsetzt, die Euch drängen, dann würdet Ihr nicht so rasch entschlossen handeln. Hier gilt es fein zu unterscheiden: Wann wirkt man für sich selbst und wann für andere, die uns fremd sind? Verspürt Ihr ein Verlangen, eine Begierde, ein Gelüste, so glaubt Ihr, es sei Euer Selbst, das fordert und drängt, und Ihr opfert alles dafür, es zu erlangen. Die Eingeweihten wissen zu erkennen, daß es rückständige Zellen, niedere Wesenheiten oder Geister vergangener Angehöriger sind, die sich ihrer Zukunft entgegenstellen und geben nicht nach, im Gegenteil, sie zwingen sie einzuhalten, sich zu fügen und zu schweigen.

Solange einem nicht bewußt ist, was wirklich vorgeht, läuft man allen möglichen Vergnügen nach und bringt sich dabei zu Schaden. Danach wird man gewahr, daß man nicht sich selbst, sondern vielen anderen Kräften und Gewalten blindlings gedient hatte. So ist es auch bei den Tieren. Manche leben frei, in den Wäldern; andere, bedauernswerte, wie z.B. Pferde, Ochsen, Kamele und Hunde, werden von einem Herrn zur Arbeit getrieben und ausgebeutet. Ebenso sind auch wir nicht frei, sind von fremden Kräften angestellt und arbeiten für sie zu unserem Schaden. Es ist schwierig, den Menschen begreiflich zu machen, daß nicht sie ihr Körper, Magen, Bauch, Geschlecht sind. Gewiß, man muß diese zwar ernähren, wie sein Reitpferd, aber nicht zuviel und auf keinen Fall sich ihnen gleichstellen! Sie sind unser Pferd, man muß es füttern, aber sich ständig vergegenwärtigen, daß das Pferd nicht wir selbst ist. Denkt eingehend darüber nach! – Wenn Ihr die Klarsicht gewonnen habt, wißt Ihr in jeglicher Lebenslage, ob Persönlichkeit oder Individualität Euch zum Handeln drängt. Gegenwärtig fehlt Euch noch dieses Unterscheidungsvermögen; doch eines Tages, wenn Euch die Einsicht kommt, werdet Ihr inne, daß ihr alles verloren habt: Eure

Zeit, Kraft und Energie, daß Ihr Euer gesamtes Kapital auf
ein Konto gelegt habt, das nicht das Eurige war, und der Abgrund alles verschlang.

Übrigens braucht man gar keinen Vergleich mit den Tieren zu ziehen. Neunzig Prozent aller Leute sind Sklaven:
eines Ehemannes, einer Frau, eines Chefs, einer Leidenschaft,
und sie schuften, um ihnen Genüge zu leisten; doch je mehr
sie sich abmühen, desto hungriger und durstiger werden diese.
Die Kräfte schwanden dahin, aber nicht sie selbst zogen einen
Vorteil daraus.

Nehmen wir zum Beispiel die Frage der Sexualität. Wenn
Ihr Eurem Geschlechtstrieb freien Lauf laßt, werdet Ihr gewahr, daß alle diese Organe unabhängig von Eurem Willen
tätig sind, daß Ihr sie weder zurückhalten noch in irgendeiner
Weise bremsen könnt. Ihr könnt dies nur feststellen und
nichts weiter sonst tun. Also sind es andere Kräfte, die sich
Eurer bemächtigten, Euch völlig einnehmen, indessen Ihr
willenlos zuseht... In der geistigen Liebe seht Ihr, daß Ihr
selbst: Eure Seele, Euer Geist, Eure Individualität sich nähren, nicht andere, Euch fremde Kräfte. Ein Blick, ein Duft,
eine Gegenwart genügten, und Ihr seid beglückt, erfreut, selig,
weil Ihr fühlt, Euer Selbst, Eure höhere Natur ist es, welche
trinkt, ißt, atmet und nicht etwa fremde Mächte durch Euch.
Wenn Ihr Euch in die Abgründe begebt, habt Ihr keinen Nutzen davon; denn ungeheure Gewalten haben sich Eurer be-
mächtigt und wirken unabhängig von Eurem Willen. Leider
beobachten sich die Leute nicht und merken rein gar nichts.
Sie begnügen sich mit spärlichen Freuden, die dem physischen Körper zuteil wurden, und weil dieser gesättigt und zufrieden ist, glauben sie, sie selbst seien zufriedengestellt. Daß
aber die Leere in ihrer Seele und ihrem Geist fortbesteht,
merken sie nicht. Sie haben sich mit ihrem Körper, ihrer
Persönlichkeit identifiziert und empfinden nichts mehr. Stellten sie sich nicht der Persönlichkeit gleich, hätten sie eingese-
hen, daß, wenn auch ihr Körper gesättigt schläft und

schnarcht, sie selbst immer noch hungern; denn Seele und Geist, d.h. ihre Individualität, erhielten keine Speise.

Aber um mich zu verstehen, zu sehen, wie wahr es ist, was ich sage, muß man bereits eine gewisse geistige Reife erlangt haben. Steht man zu tief, kann man die Wahrheit nicht erkennen. Spricht man von dieser Auffassung der Liebe zu sinnlichen, triebhaften Menschen, so entgegnen sie: «Aber wenn wie unsere sexuellen Bedürfnisse nicht zufriedenstellen, sind wir wie tot, nur dadurch haben wir Freude am Leben!» Ja, natürlich, es kommt Leben in die Wurzeln, eine drängende Kraft ist rege, aber oben sterben die Blüten ab. Demnach kommt es auf den Menschen und dessen Entwicklungsstufe an.

Ich wünsche Euch nun einen segenreichen Nachmittag. Ihr seht, der Frühling naht! Bald sehen wir jeden Morgen wieder die Sonne aufgehen. Freilich sind es noch einige Wochen bis dahin, aber was ist schon ein Monat, selbst zwei... «für ein geduldig und liebend Herz»?

Sèvres, den 1. Februar 1972

Kapitel XI

Aus der Sicht der Individualität

Freie Ansprache

Lesung der Tageslosung:
«Um sich zu wandeln und zu erneuern, um aufzuerstehen, muß der Mensch erst alle seine Schwächen ablegen. Darin üben wir uns hier seit Jahren durch Beten und Meditieren. Jene, welche diese geistigen Übungen vernachlässigen, ahnen nicht, daß sie den Umwandlungs – und Auferstehungsvorgang verzögern. Das Meditieren fördert die innere Wandlung. Durch jede Meditation soll das Licht in Euch gesteigert werden; denn aus ihm bildet sich Euer Lichtleib, in dem Ihr eines Tages auferstehen werdet.»

Die ganze Tageslosung auszulegen, meine lieben Brüder und Schwestern, würde zu weit führen, und deshalb werde ich nur den ersten Satz herausgreifen: «Um aufzuerstehen, muß der Mensch erst alle seine Schwächen ablegen.» Das ist freilich eine riesige, kaum zu bewältigende Leistung. Unserer Schwächen sind so viele, daß es Jahrhunderte, wenn nicht Jahrtausende erfordet, bis wir sie überwunden und uns von ihnen freigemacht haben. Hierfür gibt es ein sehr wirksames Mittel. Es nennt sich Selbsterkenntnis: sich selbst erkennen, das ist es. Durch Selbstbeobachtung werdet Ihr gewahr, daß Euch zwei Wesensarten innewohnen: eine niedere und eine

höhere Natur, die wir Persönlichkeit und Individualität genannt haben. Ich sagte Euch schon viel über die Persönlichkeit, zeigte Euch, wie sie sich in jeder Situation des täglichen
Lebens erkennen läßt. Ich gab Euch die verschiedensten Er-
kennungszeichen, so daß Ihr Euch nicht mehr täuschen
könnt.

Alle Schwächen wurzeln in der Persönlichkeit. Darum
sollen die Schwächen Euch nicht beschäftigen, denn auch nur
eine auszumerzen, bedarf es eines ganzen Erdenlebens, wenn
nicht mehr! Man muß sich mit der Wurzel, mit der Persönlichkeit befassen, weil sie alle Schwächen erhält und nährt.
Die Persönlichkeit zeichnet sich aus durch ihre Ich-
bezogenheit. Überläßt sich der Mensch seiner Persönlichkeit,
so ist er nur um sich selbst besorgt, kennt niemanden außer
sich selbst und hält sich für den Mittelpunkt des Weltalls: alles soll sich um ihn drehen, ihn zufriedenstellen, ihn voll Liebe anblicken, ihn nach seinen Wünschen fragen. Seht nur
hin, wie es bei Verliebten zugeht. Vergaß der junge Mann seiner Geliebten einen zärtlichen Blick zu schenken, so ist sie
beleidigt: «Wie? Mir so etwas anzutun! Mich keines Blickes
zu würdigen, kein liebes Wort zu sagen, mich nicht einmal zu
besuchen!» Daß er keine Zeit hatte, müde war, spielt keine
Rolle, das überlegt sie nicht; sie denkt nur: «Er hat mich
letzten Sonntag nicht besucht!» und wirft ihm vor: «Warum
bist du am Sonntag nicht gekommen?»
Solange die Persönlichkeit einen derart wichtigen Platz
einnimmt, kann der Mensch nicht glücklich sein. Es wird immer etwas geben, das ihn irritiert, immer wird ihn irgend jemand nicht berücksichtigen, sich nicht um ihn kümmern,
sich nicht vor ihm beugen, ihn nicht als eine Leuchte, ein Genie, einen Gott bewundern... Alles Unheil, aller Mißmut, alle
Sorgen kommen daher, daß der Mensch seine niedere Natur
so sehr hegt und pflegt, bis sie ihm schließlich wie ein Berg
den Eingang ins Himmelreich versperrt.

Jesus sagte, daß ein Kamel eher durch ein Nadelöhr, als ein Reicher in das Reich Gottes komme. Es wurde aber noch nie erklärt, warum Jesus ausgerechnet das Kamel für dieses Gleichnis wählte. Nun, ich wollte es herausfinden und suchte zum Spaß danach. Ihr seht, womit ich mich vergnüge! Denn ich habe auch mein Vergnügen. Die Leute sagen immer: «Viel Spaß!» So habe ich mich denn vergnügt und diesen guten Wunsch der anderen verwirklicht. Zum Spaß sagte ich mir also: «Laßt sehen, welches sind nun die Merkmale des Kamels?» und ich fand heraus, daß sein Astralkörper verschwindend klein ist, weil das Kamel genügsam und wunschlos ist; tagelang durchquert es die Wüste ohne zu fressen oder zu trinken. Der Astralkörper des Reichen dagegen ist aufgetrieben, weil er die ganze Welt verschlingen will. Deswegen kann er nicht in das Reich Gottes eintreten, die Pforte ist für seinen aufgeblähten Astralkörper nicht hoch und breit genug. Das meinte Jesus, andernfalls wäre sein Ausspruch sinnlos; wie käme denn ein Kamel mit seinem großen Körper durch ein Nadelöhr und einem Reichen wäre es nicht möglich durch die Himmelspforte zu schreiten?

Des Menschen Persönlichkeit ist nur deshalb so sehr aufgequollen, weil Bildung, Erziehung und die Ratschläge, die ihm erteilt werden, ihn stets dazu anhalten, seine Persönlichkeit zu bestärken, zu entwickeln, und nun ist sie zu einer riesigen Geschwulst gewachsen: man darf die Leute kaum mehr berühren, ihnen kaum mehr was sagen. Damit die Individualität sich entfaltet, muß man sich ein wenig vergessen, sich in die Lage seiner Mitmenschen versetzen und denken: «Er kam wohl nicht, um mir dies oder jenes zu bringen, weil er müde oder krank ist... Vielleicht wurde er aufgehalten, hatte einen Unfall...», und anstatt sich nervlich aufzureiben, bleibt man ruhig und vernünftig. An die anderen denken, ist der Individualität erstes Gebot; dies eben möchte ich in meinen Brüdern und Schwestern zur Entfaltung bringen. Hierzu ein Beispiel, das, wenngleich etwas übertrieben, Euch zeigt, wie die Leute denken.

Nehmen wir ein Ehepaar; sehen wir, wie es sich zwischen ihnen verhält. Am Morgen; der Mann geht zur Arbeit: «Wiedersehn Liebe... wiedersehen Lieber...» Sie umarmen sich, gefühllos, jeder denkt an etwas anderes. Sobald die Türe zu ist, beginnt die Frau zu murren: «Den da, wie konnte ich den nur heiraten! So was von träge, unfähig und ungeschickt... aber der Nachbar, seht nur mal sein Auto und wie er seine Frau verwöhnt: mit Pelzen und Schmuck... Welch ein Jammer!» Sie klagt und schimpft: «Nein, es ist nicht mehr zum Aushalten, wenn er heim kommt, wird er's schon sehen, werd' ich's ihm sagen!» Sie bereitet sich vor; den ganzen Tag über wettert sie und macht sich dabei krank... Der Mann seinerseits schimpft: «Ha, dieses L... (ich erspare Euch das Wort!), wie konnte ich nur so dumm sein, sie zu heiraten? So gewöhnlich und oberflächlich wie sie ist! Sie denkt nur ans Spazierengehen mit ihrem Hund und sitzt mit Freundinnen in Konditoreien herum, stopft sich mit Torten voll. Sie faulenzt, während ich hier in Staub und Lärm mich abschufte, um ein paar Pfennige nach Hause zu bringen. Das kann so nicht weitergehen, wenn ich heimkomme wird sie was erleben!» So murren sie beide den ganzen Tag, jeder für sich, und wenn sie am Abend zusammenkommen, zerstreiten sie sich, und... Am nächsten Morgen beginnt alles von neuem.

Jetzt zeige ich Euch, wie es hier zwischen unseren Brüdern und Schwestern sein sollte. Am Morgen, beim Verabschieden, umarmen sich Mann und Frau sehr viel zärtlicher und liebevoller. Ist er weggegangen, sagt sie sich: «Ach! Der liebe Mann, wenn ich nur denke, wie viele Opfer er für mich bringt! Wie konnte er mich überhaupt heiraten? Ein so edelmütiger, rechtschaffener, ehrlicher Mann! Wie liebevoll er ist! Wie zärtlich er mich umarmt hat! Den ganzen Tag arbeitet er im Lärm, im Staub, plagt sich ab, um mir etwas Geld heimzubringen. Und ich bin frei, kann mich beliebig ausruhen, spazierengehen, während er keine Minute zum Verschnaufen hat. Ich werde ihm heute Abend etwas Gutes zubereiten.» In dieser Weise denkt sie an ihn den ganzen Tag und ist glücklich. Er seinerseits sagt sich: «Wie konnte sie mich nur heiraten? Sie ist ein armes Opfer, muß den ganzen Tag putzen, sich um die Kinder kümmern, sie anziehen, sie waschen, hat nie Zeit spazieren zu gehen. Ich diskutiere mit meinen Freunden, während sie, die Arme, den ganzen Tag alleine zu Hause verbringt. Sie ist wirklich eine liebe, tüchtige Frau, ich darf sie nicht vernachlässigen.» Und er kauft Blumen und Geschenke für sie, um sie zu überraschen. Abends, beim Wiederfinden, sind sie glücklich, umarmen sich... welche Seligkeit, welch eine Liebe!

In Wirklichkeit waren die Ehepaare beider Geschichten weder besser noch schlechter, nur ihr Blickpunkt war verschieden, sie sahen die Dinge von einer unterschiedlichen Warte aus. Dabei ist es ganz einfach! Sich selbst ändern kann man nicht so schnell, ändert man jedoch seine Einstellung, dann ändert sich alles andere von alleine. Auch das sind Persönlichkeit und Individualität: Eine innere Einstellung!

Man darf nicht zu sehr auf die Forderungen der Persönlichkeit eingehen. Selbst wenn man mißmutig und zornig ist, sollte man ihr zureden und sagen: «Hör mal, wenn ich mich jetzt auf dein Drängen einlasse, kommt nichts Gutes dabei heraus, geht alles drunter und drüber... Also ist es an dir, vernünftiger zu werden.» Infolge dieser besänftigenden Worte nimmt die aufgeblasene Persönlichkeit etwas ab, schrumpft ein wenig. Es muß zugegeben werden, die Persönlichkeit ist notwendig, unentbehrlich, nur darf sie das Maß nicht überschreiten; sie darf Ratschläge nicht erteilen, sondern soll beraten werden. Befiehlt sie, dann gerät alles aus dem Geleise. Da aber niemand in dieser Hinsicht klar sieht, befolgen alle die Ratschläge ihrer Persönlichkeit. Häufig konnte ich beobachten, daß selbst sehr gebildete, hoch studierte, intelligente Leute nicht wissen, daß es zumeist ihre Persönlichkeit ist, die sie berät, sie meinen es käme von ihnen! Nein, sie selbst sind

nicht die Persönlichkeit. Sie haftet uns an wie eine zweite
Haut und ist doch nicht wir, denn wir sind die Individualität.
Ja, alles was vernünftig und weise, lichtvoll, unsterblich und
stark ist, sind wir. Nur weilen wir noch nicht bewußt in der
Individualität. Auf der Ebene der Individualität schlafen wir
noch, sind hingegen auf der Stufe der Persönlichkeit aufge-
weckt und rege; hierin liegt der Fehler! Wir müssen uns darin üben, mit unserer Gottnatur eins zu werden, uns ihr gleich-
zustellen.

Die indischen Eingeweihten faßten die Übung der Einswerdung in die Formel: «Ich bin Er», was soviel bedeutet
wie: Er allein lebt, nicht ich, ich bin nur ein Abbild, eine
Spiegelung, ein Schatten. Wir als Einzelwesen bestehen nicht,
sondern sind in Gott einbeschlossen. Er allein wirkt und lebt.
Wahrhaft esoterisches Wissen ist die Einsicht, daß wir uns
von diesen Trugbildern, diesem Schatten der Persönlichkeit
entfernen sollen. Gott allein ist und lebt, wir sind lediglich
sein Abbild. Wenn wir sagen: «Ich bin Er», erinnern wir uns
daran, daß wir nicht außerhalb Gottes bestehen, verbinden
uns mit Ihm, nähern uns Ihm und werden eines Tages Ihm
gleich. Die Geschichte legt seit Jahrtausenden immer wieder
Zeugnis ab von Menschen, denen es gelang mit Gott eins zu
werden: Sie wurden der Macht, des Lichts und der Seligkeit
Gottes teilhaftig. Solange der Mensch sein wahres Ich nicht
kennt, stellt er sich seinem irdischen Körper, seinen Gefühlen
und Gedanken gleich, ohne zu ahnen, daß diese nicht die
wahrhafte Wirklichkeit sind. Das ist der Grund, weshalb er
in Schwäche und Krankheit verharrt.

Sucht Euch ja nie hinter der Persönlichkeit zu bergen, dort
seid Ihr stets anfechtbar. Die Menschen haben alle ihre eigenen Sorgen und Probleme und solange ihr darauf wartet, daß
sie Euch helfen, Euch verstehen, könnt Ihr nicht glücklich
sein. Eine Zeitlang mag Euch vielleicht jemand zur Seite
stehn, aber bald darauf hat er Euch wieder verlassen. Deshalb sage ich der Jugend: «Wenn Ihr immer darauf wartet ge-

liebt zu werden, könnt Ihr nie glücklich werden, weil Ihr auf allzu unsichere Dinge baut. Einen Moment lang liebt man Euch, aber wie es weitergeht ist ungewiß. Man darf nicht mit der Liebe der anderen rechnen. Sie kann Euch geschenkt, sogar unaufhörlich entgegengebracht werden – wird sie Euch zuteil, ist sie willkommen, nur dürft Ihr nicht darauf zählen.» Darum rate ich Euch: «Wollt Ihr glücklich sein, dann verlangt nicht geliebt zu werden, sondern liebt Tag und Nacht, und Ihr schwebt in Wonne und Seligkeit. Vielleicht begegnet Euch eines Tages eine wunderbare große Liebe... Ja, warum nicht? Das kann eintreffen – aber wartet nicht darauf!» Ich habe das Problem so gelöst: Ich baue auf meine Liebe, will immer lieben; wenn die anderen nicht lieben, ist es ihre Sache, sie werden unglücklich sein, ich aber bin glücklich. Das ist die Lösung! Falls Ihr eine bessere findet, kommt und sagt es mir.

Welche Haltung der Persönlichkeit gegenüber einzunehmen ist, läßt sich in wenigen Sätzen zusammenfassen. Erstens darf man sich ihr nicht gleichstellen, sondern soll mit Hilfe der Formel «Ich bin Er» sich der geistigen Natur angleichen. Zweitens sollen nicht mehr die Schwächen, sondern die Persönlichkeit bekämpft werden, denn sie ist deren Wurzel und Nährboden. Die Schwächen, Fehler und Laster bringt sie nacheinander zur Welt. Ihr ahnt nicht, wie schnell sie sich vermehrt! Ich habe noch nie ein so fruchtbares Weib gesehen. Pausenlos gebiert sie, und was für Ungeheuer! Drittens sollt Ihr, anstatt dauernd den Ratschlägen der Persönlichkeit zu folgen, Eure Regungen beobachten und überwachen, Euch zusammenreißen um nicht zu stürzen. Ich habe Euch schon einmal erklärt, die Persönlichkeit ist der Hölle sehr nahe, darum kann die Hölle auch so leicht durch sie hindurch; in die Individualität hingegen dringt sie nicht. Aus der Individualität strahlt der Himmel, denn sie grenzt nahe an ihn.

Durch die Persönlichkeit werden alle Verbrechen begangen; denn sie grenzt an die Hölle. Also aufgepaßt! Ohne dieses Wissen werdet Ihr das Glück nie finden, höchstens für wenige Minuten oder Stunden. Wenn ein Mann mit einer Frau geschlafen hat, sagt er zu ihr: «Wie glücklich hast du mich gemacht!» Auch nach einem guten Essen ruft er aus: «Ich fühle mich glücklich!» Doch wie lange hält dieses Glück an? Was Glück ist, ahnen die Leute gar nicht, sie halten einige Minuten der Wonne für das Glück... Nein, echtes Glück dauert und währt; aber damit es von Dauer ist, darf man nicht auf die Persönlichkeit hören, denn sie ist launisch und unbeständig wie eine Wetterfahne. Anstatt sie als Herrin befehlen zu lassen, macht sie zu Eurer Dienerin! So erreicht Ihr alles von ihr, denn sie ist unermüdlich. Und erstaunlich gut bewaffnet! Versehen mit Klauen, Krallen, Stacheln, Hufen, Hörnern... Nie habe ich ein Tier gesehen, das mit so vielerlei Waffen ausgerüstet ist wie die Persönlichkeit! Kratzen kann sie! Bei Frauen vor allem: kratzen, beißen, an den Haaren reißen. Bei den Männern hingegen boxt sie und schlägt Beulen. Ja, die Persönlichkeit der Frauen wendet etwas andere Waffen an als die der Männer.

Ich habe mich sehr eingehend mit der Persönlichkeit befaßt, um sie zu durchschauen: ihre Art zu gehen, zu essen, wie sie lacht und spricht, was für Ratschläge sie erteilt – es ist ungeheuer interessant! Sie ist eine Welt für sich, die Persönlichkeit. Auch Ihr sollt sie beobachten: auf ihre Gebärden, ihre Sprechweise, ihren Blick, ja selbst ihre Farben hin. Die Persönlichkeit leuchtet nie in hellen Farben, strahlt niemals, es sei denn in Stunden sexueller Erregung. Da erglüht sie einen Augenblick, aber dieses Licht hält nicht lange an, es erlöscht, und sie ist wieder fahl... Und ist sie beleidigt, wirft sie bedrohliche, böse Blicke – schwarz wie die Nacht! Man erkennt sofort daraus den Blick der Persönlichkeit. Freilich kann sie auch streicheln und zärtlich sein, aber nur um einen Vorteil für sich daraus zu ziehen. Liebkosen und umarmen kann die Individualität ebenfalls, jedoch sie schenkt dabei Himmelsduft und Harmonie. Beide können sie Zärtlichkeit bezeigen – nur mit einem Unterschied, den Ihr bisher nicht bemerkt hattet. Wenn jemand Euch umarmt, wißt Ihr, ob es seine Persönlichkeit oder seine Individualität ist?...

Auch hierfür kann ich Euch Hinweise geben. Ist es eines Menschen Persönlichkeit, welche Euch umarmt, erschöpft sie Euch, saugt Euch aus wie ein Blutegel. Sie bereichert sich, während Ihr Eure Kraft einbüßt und verkümmert; sie hat Euch ausgelaugt. Ist es aber die Individualität, fühlt Ihr Euch tagelang beseligt und reich beschenkt. Das ist ein untrüglicher Hinweis. Wenn die Persönlichkeit umarmt, tut sie es mit der Absicht, an sich zu raffen, den Partner seiner ganzen Kraft zu berauben, schert sich nicht im geringsten um ihn. Sie will sich nur vergnügen und sättigen. Anders die Individualität: Sie schenkt so freigiebig aus dem Überfluß ihres Herzens, ihrer Seele, daß man tagelang im Hochgefühl der Schönheit und der Fülle lebt. Das sollten die jungen Leute unterscheiden lernen: ob es die Persönlichkeit oder die Individualität ist, die sich bei dem äußert, was sie Liebe nennen.

Beobachtet also, meine lieben Brüder und Schwestern, was in Euch vorgeht, versucht den ganzen Tag über bewußt zu sein, welcher Art die Gedanken und Gefühle sind, die Euch bewegen. Merkt Ihr, daß die Persönlichkeit hervorkommen möchte, dann wappnet Euch um sie zu beschwichtigen, damit sie ruhig bleibt. Sagt ihr: «Schweig, sonst lasse ich dich verhungern!» Man muß ihr drohen, ihr Angst machen, ansonsten bringt sie einen mit ihren Redekünsten zu Fall. Hört lieber auf die Stimme der Individualität! «Aber wie ist denn die Denkweise der Individualität?» fragt Ihr. Oh, die Individualität hat eine Menge weiser Ansichten. Sie sieht beispielsweise bei allem, was geschieht, nur die positive Seite: Bei Widerwärtigkeiten, Unfällen, Krankheiten denkt sie stets, daß aus all dem Übel doch etwas Gutes hervorgehen werde; und damit wendet sich alles zum besten. Sie sagt sich: «Warum nicht das bißchen Trübsal ertragen, um höhere Beglückung zu erfahren?» Das heißt weise denken!

Ich will Euch hierzu ein Beispiel anführen. Ihr werdet
vielleicht wieder finden, es sei etwas übertrieben, doch das
macht nichts. Ihr werdet dadurch besser verstehen, was ich
meine... Da ist ein junger Mann, er ist arbeitslos. Wo immer
er sich vorstellt, verweigert man ihm den Arbeitsplatz, obwohl er tüchtig, zuverlässig, von edler Gesinnung ist... Aber
wie das so ist, die Leute sind eben blind. Eines Abends schlen-
dert er niedergeschlagen durch die Straßen... Ein plötzlich
heranrasendes Auto schleudert ihn um, natürlich ohne anzu-
halten, und er bleibt bewußtlos liegen. Welch ein Unglück!
Aber darf man so voreilig urteilen, ob ein Unglück wirklich
ein Unglück ist?... Durch dieselbe Straße fährt kurz darauf
ein Millionär mit seinem Wagen, sieht den Verunglückten,
und da er ein gutes Herz hat, steigt er aus, hebt den Verletzten
in seinen Wagen und bringt ihn in sein Schloß. Der Millionär
hat eine Tochter, die den jungen Mann pflegt; und im Ver-
laufe einiger Zeit verliebt sich einer in den anderen. Der Vater
hat nichts dagegen, sie heiraten, und der junge Mann wird
zum Erben des ganzen Vermögens und mehrfacher Millionär.
Da seht Ihr, wie ein Unglück zum Glück geführt hat.

Ihr denkt wohl, das sei eine unwahrscheinliche Geschichte! Ganz und gar nicht, ähnliche Fälle kommen sehr häufig
vor. Nicht immer geht es so zu wie ich Euch erzählt habe; in
anderer Form jedoch ist ähnliches schon vielen passiert. Ihres
Unglücks wegen ist ihnen etwas Wunderbares widerfahren.
Hätten sie nicht gewisse Schwierigkeiten durchgestanden,
wäre ihnen nie Hohes und Überragendes gelungen. So muß
man überlegen, wenn einem Widerwärtiges zustößt; das ist
die Denkweise der Individualität.

Nun also an die Arbeit! Überwacht Euch, beobachtet jede
innere Regung! Damit ist aber nicht gesagt, daß Ihr Euch in
ein paar Minuten umwandeln könnt. Merkt jedoch die Persönlichkeit, daß Ihr stark und standhaft werdet, daß Ihr es
seid, der befiehlt und herrscht, wird sie wieder an den Platz
zurückkehren, an den sie hingehört. Der Augenblick ist ge-

kommen, da die Frage der Persönlichkeit und der Individualität richtig verstanden werden muß, denn in ihr liegt die wahre Kenntnis vom Menschen. Sie ist der alleinige Schlüssel zur Lösung jeglicher Lebensprobleme. Die sich seiner bedienen, denen gereicht er zum Segen: In allen Lebenslagen handeln sie richtig, sind unbesiegbar! Und die anderen mit ihrer kleinen, kümmerlichen Persönlichkeit unterliegen stets, trotz all ihrer Hochschuldiplome. Besser ist, auf keiner Universität studiert zu haben, dafür in der Schule der Universellen Weißen Bruderschaft sich Wissen anzueignen, zu wachsen und sämtliche Schwierigkeiten, eine nach der anderen zu meistern. Ja, eine nach der anderen – wie wunderbar!

Sèvres, den 3. April 1972

Kapitel XII

Über den Sinn des Opfers
in den Religionen

Freie Ansprache

Kommentar zur Ansprache vom 28. August 1971: «Das Gleichnis vom Baum – Die Individualität soll die Persönlichkeit aufschlingen.»

«Erst von der Stufe des Tierreichs an leidet eine Kreatur, wenn sie von einer anderen gefressen wird. Steigt man höher hinauf, den himmlischen Bereichen zu, so wandelt sich der Schmerz in Wonne, und es wird zur unsäglichen Beglückung und Seligkeit, von den himmlischen Wesen verspeist zu werden. Darum ist in allen Religionen die Rede davon, daß sich der Mensch als Opfergabe darbieten soll, damit Gott sich an ihm labe.»

Vielleicht hat es Euch empört zu hören, daß Gott einen Gefallen daran findet, die Menschen zu verspeisen, zu verschlucken, zu verdauen. Ihr dachtet, so habe man Euch den Herrn noch nie geschildert. Ich weiß, die Christen meinen, daß Gott weder ißt noch trinkt noch atmet, keinerlei Bedürfnisse hat. Ich aber habe das Gegenteil entdeckt: habe gesehen, wie Er schmauste und sich köstlich labte, da dachte ich mir: «Was für Geschichten erzählen uns doch die Christen! Gott schuf den Menschen nach Seinem Bilde, und wenn wir

essen, so muß doch wohl auch Er Nahrung aufnehmen! Wem
gleichen wir denn sonst, indem wie essen? Ich versichere
Euch, Gott nährt sich von den köstlichsten Speisen – dargeboten von den Geschöpfen, die Ihm am nächsten stehen und
reines Licht, reine Liebe ausstrahlen, von jenen, die im Chri-
stentum, sowie in allen esoterischen Überlieferungen als Seraphin, Cherubin und Throne bezeichnet werden. Ich habe sie
Euch ihrem Wesen, ihren Schwingungen, Eigenschaften und
Farben nach beschrieben...

Es ist ein in der Natur waltendes Gesetz, daß alle Lebewesen einander verzehren. Seid Ihr nicht stark genug, so verschlingt Euch das Böse, seid Ihr wohl gerüstet, dann verzehrt
Ihr es, mit anderen Worten: Es nimmt ab, verliert an Kraft,
während Ihr es seid, dem seine Kraft und Lebensenergie zugute kommt. Die Psychologie der Zukunft wird auf dieser
Wahrheit gründen. Erinnert Euch daran, was im Talmud
steht: Am Ende der Zeiten werden die Heiligen und Auserwählten Gottes das Fleisch Leviathans, jenes Meerungeheu-
ers, das den Teufel verkörpert, verschmausen. Leviathan wird
zerstückelt, gesalzen und vom Herrn zubereitet werden (vielleicht hat Er ihn bereits zur Konservierung in Kühlschränke
gelegt!), und eines Tages, stellt Euch vor, wartet Eurer ein sa-
genhaftes Festmahl! Dies ist natürlich symbolisch zu verstehen. Wem das unbegreiflich ist, findet es abscheulich, daß
Gott ihn zwingen will, das Fleisch eines Untiers zu essen.
Wer mit der Symbolsprache verstraut ist, weiß, daß es sich in
Wirklichkeit um feinstoffliche Teilchen, um Energien und
Kräfte handelt, die der Mensch aufnimmt; denn selbst das
Böse kann zur Nahrung werden, vorausgesetzt, man verdünnt
es, bereitet es zu und nimmt es in kleinsten Mengen ein.

Das Böse ist nichts weiter als eine sehr stark konzentrierte
Energie, die der menschliche Organismus nicht verträgt: Es
vergiftet oder zermalmt ihn. In homöopathischen Mengen
aufgenommen, erweist es sich jedoch als eine überaus wirksa-
me Arznei. Verstünde man z.B. das Gift der Kobraschlange

richtig zu dosieren und zuzubereiten, ließen sich damit zahlreiche Krankheiten heilen. Ja, die Gifte sind verwendbar, es werden einige bereits zu Heilzwecken benutzt. Von der kosmischen Weisheit wurde nichts durch Zufall geschaffen. Selbst die wohlbekannten, tödlich wirkenden Giftpflanzen, die schon vielen Unwissenden das Leben gekostet haben und deren sich früher Hexen und Zauberer zu teuflischen Zwecken bedienten – ja selbst die harten Drogen, von vielen Jugendlichen heutzutage mißbraucht – werden eines Tages zu guten Zwecken und zur Erhaltung der Gesundheit verwendet. Man muß wissen, daß alles, was die Natur hervorbringt, zum Guten genutzt werden kann. Solange der Mensch schwach und unwissend ist, unterliegt er; denn auch das Böse muß sich nähren! Also frißt es die Menschen, zehrt an ihnen auf mannigfaltige Weise: als Krankheit, Trübsal und Kummer... Wird der Mensch stark, so verschlingt er das Übel. Einen Beweis dafür liefern die Eingeweihten. Jedwedes Ereignis, das viele andere zu Fall bringen würde, werten sie positiv aus. In Widerwärtigkeit und Unglück stählt sich ihr Wille, finden sie zusätzliche Kraft, um zu Übermenschen heranzureifen. Wodurch unterscheidet sich ein Eingeweihter von einem Durchschnittsmenschen? Durch seine richtige Einstellung dem Bösen gegenüber. Wird der Mensch über seine Möglichkeiten nicht aufgeklärt, so behält das Böse ewig seine verderbliche, schädigende Macht. Sobald sich der Mensch dessen aber inne geworden ist, wird er nicht mehr davor fliehen, vielmehr ihm nachjagen, um es zu verspeisen, und sich daran zu laben.

Warum wurden in allen Religionen seit jeher Opfer dargebracht? Warum mußten vormals Tiere, ja sogar Menschen geopfert und verbrannt werden? Weshalb wurde den Göttern und selbst Jehovah so häufig geopfert? In der Bibel steht, der Opferrauch steige zum Himmel empor und werde von Gott als Wohlgeruch aufgenommen. Welches Geheimnis mögen wohl die Opfergaben enthalten? – Dieser Brauch änderte sich durch das Kommen Jesu. Die Menschen sollten von da an

kein Vieh mehr, sondern ihre inwendigen Tiere opfern: ihre
Schwächen, Leidenschaften, Begierden und Sinnlichkeiten.
Das ist wahrhaftiges Opfern! In einer früheren Ansprache erklärte ich, daß die rohe Kraft der Triebe sich dabei verfeinert
und in reinere, strahlendere Energie verwandelt.

Bei unseren Feuerzeremonien hier in Bonfin habe ich ausführlich über das Geheimnis des Feuers gesprochen; ich wies
darauf hin, daß die dunklen Holzklötze, diese schwarzen,
knotigen Äste hell aufleuchten und ein schönes, angenehmes
Licht verbreiten. Wer dies nicht einsieht, sich nicht dem Allerhöchsten als Speiseopfer darbringt, bleibt fernerhin ein
Tier, ein Insekt, ein Scheusal. Hingegen jene, die sich darnach sehnen, von dem Feuer, dem läuternden Feuer der göttlichen Liebe verzehrt zu werden, erleiden nicht den Tod, sondern werden verwandelt und verklärt. Damit erweist sich die
Wahrhaftigkeit der Worte Jesu: «Sterbt Ihr nicht, so werdet
Ihr nicht leben.» Der Mensch soll sterben – doch wie? Soll er
sich erstechen oder erschießen? Keineswegs. Jesus meinte natürlich nicht den physischen Tod; er sprach davon, daß der
Mensch der Persönlichkeit mit ihren Begierden, Lastern und
Leidenschaften, dem Bereich der niederen Triebe absterben
soll, um in den lichten Ebenen der Individualität aufzuleben.
Es wird einem dabei bewußt, daß sich die Individualität tat-
sächlich ernährt und erquickt.

Gewöhnlich ernährt sich die Persönlichkeit von uns; sie
lauert darauf, uns in ihre Gewalt zu bekommen, zu fesseln,
auszurauben und zu verschlingen. Zwanzig-, dreißig-, fünfzig-
mal am Tag erwischt sie uns und weidet sich an uns; worauf
wir geschwächt sind, indessen sie frisch gestärkt uns weiterhin
die Stirn bietet. Rufen wir in dem Moment die Individualität
zu Hilfe, so bleibt – da auch sie hungrig ist und zudem sehr
wohl weiß, wie sie vorzugehen hat – bald darauf keine Spur
mehr von der Persönlichkeit übrig.

In der ganzen Schöpfung verzehrt eins das andere. Selbst
bei den Metallen seht Ihr, wie der Rost es fertigbringt das

Eisen zu fressen. Warum sollte dann das Gute das Böse nicht auch verschlingen? Alles frißt sich gegenseitig, also ist, was ich Euch darlege, gar nicht so erstaunlich. Übrigens, die Leute wissen es wohl, denn sie sagen: «Entweder er oder ich; wenn ich ihn nicht töte, wird er mich umbringen. Wenn ich ihn nicht fresse, verschluckt er mich.» An uns liegt es nun, dafür zu sorgen, daß wir nicht von der niederen Natur ausgesaugt, sondern von der geistigen Natur verpeist werden. Warum? Weil wir dann nicht leiden, sondern Freude empfinden.

Die Jünger gewisser Sekten in Tibet beweisen den hohen Geistwesen, daß sie die Angst besiegt haben, dadurch, daß sie nachts auf die Hochebenen steigen und durch das Sprechen besonderer Formeln die Höllengeister auffordern, sie zu zerreißen. Welche Prüfung, wenn diese Geister dann kommen! Denen, die furchtlos standhalten, gelingt es, alles Negative in sich zu beseitigen. Viele jedoch finden dabei den Tod... Ich natürlich rate Euch nicht zu solchen Praktiken. Ich denke, es ist besser, den Herrn zu bitten, Er möge uns Seine Engel schicken, welche alles Vernünftige, Schöne und Kluge lieben, damit sie die Persönlichkeit ergreifen, uns von ihr erlösen und zu freien Wesen machen. Wagt Ihr die Engel nicht herzubitten, weil Ihr Euch davor fürchtet, von ihnen verspeist zu werden, dann sterbt Ihr wirklich. Durch diesen Tod muß der Mensch hindurch um zu leben, und das ist «sterben um zu leben»*.

Zahlreiche Lehren befaßten sich in früherer Zeit ausschließlich mit dem Tod. So war z.B. die ägyptische Religion nichts anderes als eine Todesphilosophie; sie befaßte sich lediglich mit der Frage von Tod und Jenseits. Osiris, der höchste unter den ägyptischen Göttern, war der Gott des Todes. Nur jenen, die zu sterben wußten, war es vergönnt, aufzuerstehen. Ihr habt sicher den Bericht von Sokrates' Tod gelesen. Sein ganzes Leben lang hatte Sokrates sterben gelernt, deswe-

---

* Siehe Ansprache: «Sterbt ihr nicht, so werdet ihr nicht leben» (Band II)

gen nahm er sein Todesurteil auch mit der größten Gelassenheit hin; sein Sterben blieb bis heute vorbildlich. Im Westen, besonders in der heutigen Zeit, haben die Menschen im allgemeinen Angst vor dem Tod... In Indien, wenn ein Mann starb, wurde er verbrannt, und es war Sitte, daß sich seine Frau in die Flammen stürzte. Ich will heute die Frage nicht erörtern, ob dies gut oder schlecht, dumm und grausam war... Tatsache ist, daß es diesen Brauch, sowie noch viele andere, aus ganz bestimmten Gründen gegeben hat: Sie beruhten auf gewissen Gesetzen und sollten die Menschen lehren, ihre Angst zu überwinden. Am tiefsten im Menschen verankert ist die Todesangst, die Angst an Hunger, Entbehrung und Not zu sterben...

Ich bedaure, ein Thema angeschnitten zu haben, das Stunden benötigt, um gründlich behandelt zu werden. Von dem, was Ihr heute gehört habt, merkt Euch vor allem dies: Gut und Böse verschlingen sich gegenseitig. Gebt Ihr dem Guten den Vorrang, versteht es sehr wohl das Böse zu vertilgen, laßt Ihr aber dem Bösen nur einen Augenblick freien Lauf, so ist das Gute im Nu spurlos verschlungen. Laßt Ihr die Individualität walten, so werdet Ihr schon sehen, wie die Persönlichkeit gefressen, zernagt, geschwächt wird. Überlaßt Ihr der Persönlichkeit die Zügel, so seid Ihr es, der verkümmert, blass und mager wird.

Im täglichen Leben zehrt einer vom anderen... Der Mann nährt sich von seiner Frau, die Frau von ihrem Mann. Nicht selten schwindet die Gesundheit der Frau, weil der Mann an ihr zehrt, sie aussaugt wie ein Vampir. Oder aber der Mann magert ab, wird krank, weil ihn seine Frau unbewußt aufbraucht, ihn seiner Lebenskraft beraubt. Es walten kosmische Gesetze, alles ist so eingerichtet, daß jedes Lebewesen bei einem anderen seine Nahrung findet; dabei darf selbstverständlich das Maß nicht überschritten werden. Wünscht Ihr nun aufgrund dieses Wissens aufrichtig, daß Eure Persönlichkeit ausgemerzt wird – was Euch ungeheure Möglichkeiten erschließt – dann fordert die Individualität auf: «Stürze dich auf diese verflixte Persönlichkeit, die mich peinigt, mir am hellen Tag die Hölle heiß macht, nimm sie in deinen Griff!» Laßt sie nur walten, sie wird das Nötige tun. Was ich Euch hier sage, ist tatsächlich wahr, nur habe ich es, wie immer, auf meine Art dargebracht.

Wenn es eine Frage gibt, die mich von Grund auf beschäftigt, dann wohl die der Persönlichkeit und der Individualität. Ist einem diese Frage klar, verfängt man sich nicht mehr in unentwirrbaren Situationen. – Nun, so vergeßt meinetwegen alles bisher Gesagte, aber haltet an dieser Erkenntnis fest! Ihr werdet dann sehen, mit welcher Sicherheit Ihr durch das Leben geht, weil Ihr im Lichte steht und klar seht. Ich habe mich in meinem Leben dermaßen geübt, daß ich jetzt an jedem Augenblick des Tages und der Nacht genau weiß, ob es die Individualität oder die Persönlichkeit ist, die sich in mir bemerkbar macht: Was ich auch tue, sofort löst sich in mir eine Art Mechanismus aus, der mich lenkt, als wäre ein winziger Komputer in mir eingebaut... Und ich will, daß auch Ihr klar seht, denn Eure ganze Zukunft hängt davon ab. Ihr müßt Euch üben, wie ich es getan habe; es darf nichts durch Euch hindurch, das Ihr nicht vorher genau geprüft habt. Ob Ihr dann allerdings den rechten Weg einschlagt, ist eine andere Frage... Es mag sein, daß Ihr der Persönlichkeit nachgebt; doch die Hauptsache ist, Ihr habt sie erkannt und wißt genau, wer es ist, dem Ihr folgt. Jedenfalls ist es besser, man weiß, wo man steht... und trifft anschließend die Entscheidung. Aber zuerst muß man sich Klarheit verschaffen! Wenn Ihr jemanden liebt z.B., seid Ihr dann auch ganz sicher, ob Euer göttliches Ich in Eurer Liebe zum Ausdruck kommt oder schlicht und einfach die Persönlichkeit, die stets nur an sich raffen, verschlingen, sich auf Kosten des anderen befriedigen will, den Partner aussaugt, ohne an dessen Zukunft zu denken?...

Ich bestehe vielleicht ein bißchen zu viel darauf, aber wenn Euch niemand unablässig auf das Wesentliche hinweist,

strengt Ihr Euch nicht mehr an. Halte ich an, geht Ihr von alleine ja doch nicht weiter : Ihr wünscht nämlich nichts sehn-
licher, als daß man Euch in Ruhe läßt – ich aber lasse Euch
nimmer in Ruhe! Wie soll man den Menschen nur klarma-
chen, daß sie noch einen Schritt weitergehen sollen? Nur die
strebsam, tatenfreudig und wagemutig sind, über sich hinaus-
wachsen möchten, laßen sich überzeugen ; die Faulenzer werden sich mit einem leidvollen Leben begnügen und resigniert
sagen : «Was soll's, so ist halt das Leben! Es ist kein Paradies,
aber man muß es eben hinter sich bringen.» Dabei lassen sie
es und tun nichts, um sich hochzubringen. Na, aber ich bestehe darauf und werde immer darauf bestehen... Und wenn ich
Euch damit auf die Nerven gehe, – das macht nichts! Um es
genauer zu sagen : – um so besser für Euch!

Bonfin, den 5. August 1972

Kapitel XIII

Die Individualität allein vermag das durch die Persönlichkeit gestörte Gleichgewicht wieder herzustellen

Freie Ansprache

Heute Morgen möchte ich erneut auf die Persönlichkeit und die Individualität zu sprechen kommen, denn ich habe erkannt, daß das Wissen um diese Frage die Grundlage eines sinnvollen und vernünftigen Lebens bedeutet. Solange wir mit diesen beiden Naturen in uns nicht vertraut sind, die uns ständig herausfordern, um uns jede auf ihre Seite zu ziehen, werden wir mit unseren Problemen nie fertig: werden immer wieder betrogen, irregeführt und enttäuscht. Ich habe festgestellt, diese Frage der beiden Naturen im Menschen ist noch von keinem Denker oder Psychologen behandelt worden und habe beschlossen, sie ans helle Tageslicht zu bringen, damit jeder mit den besten Wertmaßstäben ausgerüstet, sich im Leben zurechtfindet.

Ich habe des öftern beobachtet, daß alle Menschen, selbst namhafte Gelehrte und hochgebildete Leute, keine Mühe scheuten, um gewissen Hängen und Gelüsten zu frönen, ohne zu ahnen, daß sie dabei lediglich ihre Persönlichkeit befriedigten und nicht sich selbst; so stärkten sich fremde Wesenheiten auf ihre Kosten, während sie selbst unmerklich immer schwächer wurden. Ich kann es Euch beweisen, daß alle Welt die wertvollsten Geisteskräfte wie Vernunft, Intelligenz, Wis-

sen, Einfühlungsvermögen dazu einsetzt, den niederen Leidenschaften nachzugehen, anstatt sie für das hohe Ideal, für
die Entfaltung ihrer geistigen Natur zu verwenden.

Solange der Mensch nur darauf bedacht ist, seine gewohnten Bedürfnisse zu befriedigen (welche wir alle haben und zur
Genüge kennen), wird er die von ihm ersehnten hohen Werte: Seelenfrieden, Lebensfülle, Harmonie, Glück und das
Reich Gottes auf Erden... nie erlangen. Denn Gottes Reich
läßt sich nur unter der Bedingung verwirklichen, daß die gesamte Menschheit die Kräfte ihres höheren Ichs auf dieses
einzige Ziel hin sammelt und ausrichtet. Gerade das ist es;
die Menschen sind nicht genügend in diesem Sinne unterrichtet und machen genau das Gegenteil: Sie bieten alle ihre
Kräfte, selbst die der Seele und des Geistes, zur Befriedigung
ihrer niedersten Triebe auf. Das Unglaublichste dabei ist: je
eifriger sie ihnen frönen, sie zufriedenstellen, um so mehr
wird ihnen die Leere und Unzufriedenheit in ihrem Innern
spürbar; ihre Triebnatur ist übersättigt und schnarcht, indessen ihre Geistnatur verschmachtet und leidet. Ich erhalte
zahlreiche Briefe von Brüdern und Schwestern, worin sie mir
mitteilen: «Meister, bevor mir diese Wahrheiten bekannt
wurden, die Sie uns erklären, stürzte ich mich in alle möglichen Vergnügungen, weil ich mich traurig und unglücklich
fühlte; doch je mehr ich nach Befriedigung suchte, desto unzufriedener wurde ich und warf mir mein Tun vor.» Und ich
erwiderte ihnen, das sei immer der Fall, wenn das höhere Ich
hungert und darbt, weil es nichts erhält. Die niedere Natur,
der irdische Körper, ist gesättigt und zufriedengestellt, wenn
er mit Nahrung, Kleidung, Vergnügen versorgt ist, das weiß
ein jeder. Aber das höhere Ich, Seele und Geist, bitten und
flehen: «Und wir? gibst du uns nichts?» Von daher kommt
alle Unzufriedenheit.

In keiner anderen Epoche verfügte der Mensch über so
viele Möglichkeiten seine Persönlichkeit zu befriedigen, und
war trotzdem nie so unzufrieden wie heute. Im Vergleich zu

früher, wo es kaum etwas gab, kann man sich heute alles nur Erdenkliche beschaffen, und gerade heute fühlen sich die Menschen elender, hohler und haltloser denn je. Der technische Fortschritt mit all seinen Erfindungen dient zur Befriedigung ihres niederen Ichs, welches bis zum Überdruß übersättigt ist... Warum ist der Mensch nicht vernünftig genug, einzusehen, daß es in ihm noch höhere Bedürfnisse gibt, die es zu befriedigen gilt? Es ist doch unvorstellbar, daß im zwanzigsten Jahrhundert, dem sogenannten Jahrhundert des Lichts, die Leute noch immer nicht das Wesentliche erkannt haben! Je mehr ihnen geboten wird, um so mehr fehlt es ihnen an irgend etwas. So erging es jenem Mann, der seine Frau mit Kleidern, Schmuck, Schwimmbad, Wagen und Schlössern verwöhnte, dabei jedoch das Wichtigste, nämlich die Liebe, zu geben vergaß. Da sie deswegen nicht glücklich war, ging sie eines Tages mit dem Chauffeur auf und davon! Zweifellos war es dem Chauffeur gelungen, ihr dieses gewisse Etwas zu geben, nach dem sie sich sehnte, und für das sie alles aufgab, um ihm zu folgen. Solange Ihr nicht in der Lage seid, eines Menschen Seele und Geist mit der feinstofflichsten Lichtnahrung zu speisen, was immer Ihr auch für ihn tut, Ihr könnt sicher sein, er wird Euch eines Tages verlassen.

Manchmal beklagen sich Frauen bei mir: «Ich habe alles für meinen Mann getan, habe ihn verwöhnt, ihm seine Lieblingsspeisen gekocht, ihn mit Liebe und Wärme umgeben... und nun hat er mich verlassen.» «Gerade das ist ja das Schlimme! Wo ist er denn hin?» frage ich. «Zu einer, die abweisend und eiskalt ist...» – Na, sehen Sie, Sie waren ihm eben zu warm – er brauchte Abkühlung.» Und so ist es auch: Viele Frauen tun alles für die Persönlichkeit ihres Mannes, seinen Bauch, seinen Sex, sind aber außerstande, ein höheres Sehnen in ihm zu wecken oder zu fördern; wie soll man da dem Armen verübeln, daß er anderweitig sucht? Zugegeben, manche Ehemänner sind ausgesprochen ungeschliffene Typen, aber das ist eine Sache für sich.

Nun, was ich Euch da sage, wißt Ihr ja bereits. Ihr hört es
nicht zum ersten Mal. Was ich heute zum Thema Persönlichkeit und Individualität hinzufügen möchte, betrifft die Gym-
nastik-Übungen, welche wir morgens ausführen. Es sind einfache, von jedermann leicht durchführbare Bewegungen,
nicht zu vergleichen mit jenen Turnübungen, die riesige Anstrengungen erfordern, weil die Leute meinen, Kraft und Wi-
derstandsfähigkeit hingen von gestählten Muskeln ab. Ich
habe Euch wiederholt darauf hingewiesen, daß selbst mit den
eindrucksvollsten Muskelpaketen eines Herkules oder Tar-
zans Ihr kein Kilo aufzuheben vermögt, wenn Euer Nervensystem nicht richtig funktioniert; ganz einfach deshalb, weil gewisse Energieströme nicht zu den Muskeln gelangen, um sie
anzuregen. Hingegen konnte man erleben, daß in gewissen
Anstalten Verrückte während eines Anfalls plötzlich eine so
ungeheure Kraft entwickelten, daß selbst vier Wärter nicht
ausreichten, sie zu bewältigen. Dies läßt sich durch die Zu-
fuhr eines Hirnstroms erklären, welcher die Muskeln derart
verkrampft, daß mehrere Männer außerstande sind, den Be-
troffenen zu bändigen. Demnach ist das Nervensystem
äußerst wichtig; mit den Übungen, die wir machen, entwik-
kelt Ihr denn auch nicht so sehr die Muskeln, aber Ihr kräftigt
Euer Nervensystem. Ihr wendet ein: «Was erreicht man denn
schon in 10 Minuten?... Bei der Gymnastik am Radio hingegen – Beine in die Luft, Kopf nach unten – kommt man ins
Schwitzen, wird richtig müde... das wirkt!» Ja, aber Ihr entwickelt dabei keines der wichtigen Zentren, weil diesen
Übungen nicht esoterisches Wissen zugrunde liegt.

Ich will nun kurz zusammenfassen, was jede dieser Übungen uns bringt, und werde dann auf die fünfte näher eingehen,
welche die Beziehung zwischen Individualität und Persönlichkeit veranschaulicht. Die erste Übung lehrt, wie man die
Kräfte des Himmels aufnimmt und durch den Körper fließen
läßt, damit sämtliche Zellen gereinigt und geläutert werden.
Mit der zweiten Übung lassen wir die magnetischen Erdströ-

me in uns aufsteigen, und die Begegnung dieser beiden vom Himmel herab- und von der Erde aufströmenden Energien bewirken im Solarplexus eine wohltuende Harmonie. Mit der dritten Übung lernen wir geschmeidig im kosmischen Lichtmeer zu schwimmen. Die vierte Übung lehrt uns das Abmähen, das Durchschneiden der schlechten Bindungen, die uns gefangen halten. Mit der fünften Bewegung üben wir uns darin, das Gleichgewicht zu bewahren. Mit der sechsten Übung läutern wir uns, indem wir die angehäuften Schmutzschichten weit von uns schleudern.

Auf die fünfte Übung möchte ich heute näher eingehen, die Gleichgewichtsübung; denn, wenn ich sie Euch nicht erkläre, werdet Ihr weiterhin nicht um ihren Sinn und ihre Bedeutung wissen. Beim Durchführen der Bewegung abwechselnd mit dem linken, dann dem rechten Bein, indem die Hände auf den Schultern bleiben, habt Ihr sicher bemerkt, daß der Oberkörper ebenfalls Drehbewegungen macht, um das Gleichgewicht zu wahren. Seht nun meine Überlegung. Genauso geschieht es im Leben: Wenn im niederen Ich eine Regung, in Form von Gedanken, Gefühlen oder Gebärden ausgelöst wird, muß man wissen, daß im Menschen alles zusammenhängt und alles aus dem Gleichgewicht gerät, wenn das höhere Ich nicht gegenwärtig ist, um zu wachen, zu kontrollieren und die nötigen Vorkehrungen zu treffen, den Sturz zu verhindern. Seht die Seiltänzer auf ihrem Seil: Sie müssen immerzu ihr Gleichgewicht wiederherstellen, sei es durch Arm- und Körperbewegungen, sei es mit Hilfe eines Schirms oder eines Balancierstabs. Sonst würden sie abstürzen und sich das Genick brechen. Jeder von Euch hat schon Seiltänzer und Akrobaten gesehen. – Habt Ihr aber nachgedacht und aus dem Gesehenen Schlüsse gezogen?

Gewiß, das Gleichgewicht hängt nicht ausschließlich vom Bewußtsein, sondern vielmehr von der Tätigkeit eines Zentrums ab, das jeder von uns in seinen Ohren hat. Es handelt sich um die halbkreisförmigen Bogengänge im Innerohr, die eine Flüssigkeit enthalten, in welcher kleine Kalksteinchen schwimmen. An den Wänden dieser Bogengänge befinden sich behaarte Zellen, die auf einen Nerv abgestimmt sind, der jeden Reiz sofort an das Hirn leitet. Funktioniert dieser Apparat nicht einwandfrei, kommt es zu Stürzen, die sogar tödlich sein können. Den Seiltänzern gelingt es durch ständiges Üben, diesen Apparat so sehr zu verfeinern, daß er auch dann augenblicklich reagiert, wenn ihnen keine Zeit mehr bleibt, zu denken und zu überlegen, was zu tun ist. Die rasche Bewegung, die sie dann machen, führen sie instinktiv aus.

Es ist wie am Steuer eines Autos: es gibt so unzählige unvorhergesehene Situationen; nähme man sich da die Zeit, zu denken, passierten lauter Unfälle und Zusammenstöße. Es ist häufig ihren Reflexen zu verdanken, daß die Autofahrer Gefahren vermeiden; auch hier funktioniert dabei der vorhin genannte Mechanismus. Die Weisen und Eingeweihten setzten die Ohren in Beziehung zur Weisheit, weil das Gleichgewicht von dem Gehörapparat abhängt. Verstimmungen, Sorgen, Kummer und Disharmonie sind die Ursachen von Unfällen. Deswegen ist es so wichtig, beim Autofahren ruhig, mit klarem Kopf, vernünftig, vorsichtig zu sein... Nur wenn der Sinn von Sorgen frei ist, kann man instinktiv, unvermittelt und schnell Unvorhergesehenem begegnen. Selbst erfahrene und geschickte Autofahrer fühlen, daß ihre Reflexe vermindert sind, wenn sie von Sorgen, Angst und Kummer geplagt sind, und daß sie dann die Umstände nicht meistern.

Beim Durchführen der fünften Übung spürt Ihr, wie gesagt, daß der Oberkörper, während die Beine sich bewegen, nicht starr bleibt und Ihr damit das Gleichgewicht beibehaltet. Welche Lehren werden uns dadurch erteilt! Im täglichen Leben ist der Mensch nicht daran gewöhnt, die Dinge in ihrer Wirklichkeit zu sehen, er schaut sie an, erfaßt aber nicht ihren tieferen Sinn, ordnet sie in eine Schublade und lebt weiterhin wie gewohnt. Nehmen wir z.B. einen Ehemann, der in sein Leben, in seine Beziehungen zu seiner Frau und seinen Kindern Veränderungen einführen möchte. Er sollte, bevor er eine Entscheidung trifft, seine höhere Natur zu Rate ziehen, sonst riskiert er unvorhergesehene Mißgeschicke und zahllose Unglücksfälle. Aber nein, er entscheidet sich, ohne um Rat gefragt zu haben, ohne vorauszuplanen und zu überlegen, was getan werden sollte, um Unheil zu vermeiden. Jedesmal, wenn man etwas zu ändern beschlossen hat, ohne die Folgen zu erwägen, wird man von schweren Rückschlägen getroffen. Die Schwierigkeit liegt im Voraussehen.

Eine kleine Neuheit auf irgendeinem Gebiet verursacht bisweilen ungeheure Umwälzungen in allen anderen: in Wirtschaft, Politik, Wissenschaft, Technik, Religion usw... Denkt z.B. an die Erfindung des Autos. Alle Gebiete des täglichen Lebens wurden davon betroffen: nicht nur der Ablauf des Alltags, sondern auch das Verwaltungswesen, Geschäftsleben, die Gesetzgebung, der Arbeitsmarkt und sogar die Ferien; ganz zu schweigen von der Volksgesundheit und der Luftverschmutzung in den Städten. Auch auf medizinischem Gebiet sind, denke ich, zahlreiche Herzschäden sowie Gemütskrankheiten auf das Auto zurückzuführen, obgleich dies nicht bemerkt wird. Und welche Änderungen brachte es in die Haushalte und Familien! Häufig hängt selbst das Glück einer Ehe von einem Wagen ab: entweder man hatte keinen... oder man hatte zwei! Wieviele Freundschaften und Bekanntschaften werden geschlossen oder gebrochen wegen dieser oder jener Automarke! Wisst Ihr, wo ich dies alles sah? Während unserer Gymnastikübungen: Viele Fragen wurden mir durch sie klar.

Was ist denn nun die Persönlichkeit? Eine Regung der niederen Natur. Wenn also die Individualität nicht für das Gleichgewicht sorgt, stürzt der Mensch, erleidet Mißgeschicke und Widerwärtigkeiten: Sie allein bringt Hilfe, ordnet und stellt alles wieder her. Die Leute geraten immer mehr aus dem Gleichgewicht, weil sie ihrer niederen Natur mit deren

Vergnügungssucht, Launen und Leidenschaften den absoluten Vorrang einräumten, und bereiten sich damit eine kata-
strophale Zukunft vor. Was ich Euch hier sage, ist absolute
Wahrheit. Niemand kann es leugnen, denn es ist selbst der
allgemein anerkannten Psychologie weit voraus. Vernachläs-
sigt Ihr diese Wahrheiten, laßt Ihr die Individualität beiseite,
werdet Ihr in kurzer Zeit die Folgen davon erleben, denn die
Persönlichkeit wird Euch in unglaubliche Schwierigkeiten
verstricken. Sie wird Euch immer übel mitspielen. Wie jenem
Mann, der in einem Speiselokal die teuersten Speisen bestellt,
ohne auf die Preise zu achten. Am Ende bringt ihm der Kell-
ner die Rechnung... eine unwahrscheinliche Summe! Und da
ihm das nötige Geld fehlt, bringt man ihn zum Polizeiposten!
Seither ist er geblieben... getreulich auf dem Posten.

Wenn Ihr gewillt seid, meine lieben Brüder und Schwestern, diese tiefe Weisheit zu beherzigen, werdet Ihr viele Un-
annehmlichkeiten vermeiden, werdet Euch bewußt, wo Ihr
steht, worin Ihr Euch getäuscht hattet, wie Ihr künftig klar sehen und Eure Existenz neu gestalten könnt. Dies ist Millionen
wert!

Die Persönlichkeit lehrt drei oder vier verheerende Dinge.
Ich werde Euch unter anderem noch eines nennen: Sie rät,
Euch fest an Eure Sorgen, Kümmernisse und Verzweiflungen
zu klammern und sie nicht loszulassen, selbst wenn Ihr hierher ins Paradies kommt. Weshalb? Um zu verhindern, daß
Ihr lernt, denn sie fürchtet, das Weite suchen zu müssen,
wenn in Euch das Licht aufgeht; es ist ihr nichts daran gele-
gen, daß der Mensch aus seiner Unwissenheit erwacht. Einige
unter Euch kommen mit ihren alten Anschauungen hierher,
zu ihnen sage ich: «Legt Eure Last vor der Türe ab, tretet ein,
erfahrt diese Wahrheiten... nachher, wenn Ihr geht, ladet sie
meinetwegen wieder auf.»

Aber nein, man hält an seiner Bürde fest, will sich auf keinen Fall von ihr trennen! Deswegen werden manche Brüder
und Schwestern, ich sehe es genau, uns nie verstehen; sie

wollen die überholten, hemmenden Ansichten nicht ablegen und merken nicht einmal, daß es die Persönlichkeit ist, unter deren Einfluß sie stehen.

Aber sie verfügt noch über andere Listen und Schliche, die Ihr nicht kennt... Sie wartet Euch z.B. mit folgenden Worten auf: «Du armer Kerl, du bist vergänglich; aus Erde bist du und sollst wieder zu Erde werden, für wen hältst du dich eigentlich? Sei doch klug und vernünftig, schließe dich der Mehrheit an und dem, was sie für gut findet, es gibt keinen anderen Weg!» Sie überzeugt den Menschen, daß er sterblich ist, und wie glaubt Ihr, reagiert er?... Wie ein hypnotisiertes Huhn, um das man mit Kreide einen Kreis zieht, um ihm glauben zu machen, daß es nicht mehr heraus kann; und es geht auch nicht raus! Der Mensch gleicht wahrhaftig diesem Huhn, ist von seiner Persönlichkeit hypnotisiert, die ihm einredet: «Du bist begrenzt, umschränkt, bist sterblich und darfst nicht weiter gehen. Du mußt deinen Ehrgeiz herunterschrauben, in deinen Grenzen bleiben...» Und der Arme ist wie gelähmt, wagt keinen Schritt weiter. Bis endlich die Individualität kommt und ihm versichert: «Das ist doch nur ein einfacher Kreidestrich, du bist frei und kannst raus, geh nur!» Er versucht es... und siehe da, es stimmt. Ihr müßt auf die Individualität hören, denn sie setzt Euch keine Grenzen, im Gegenteil, sie muntert Euch stets auf: «Nur zu, du schaffst es, du hast die Kraft und kannst bis ins Unendliche vordringen!»

Für heute möchte ich Euch nur sagen: Hütet euch vor diesen beiden Fallen der Persönlichkeit, und wenn Euch künftig Sorgen, Unruhen, Kummer und Zweifel befallen, laßt Euch nicht davon beeindrucken. Selbst hier in dieser Schule des Geistes können solche negativen Zustände aufkommen, nur sollt Ihr Eure Aufmerksamkeit nicht mehr darauf konzentrieren. Wie wollte denn sonst das Göttliche in Euch einziehen? Häufig kommen Leute hierher und begreifen nichts, wo doch alles so leicht verständlich ist. Ich weiß warum: sie

versperren sich selbst den Weg. Man muß den Menschen darüber aufklären, daß es für ihn keine Grenzen gibt. Jetzt
schon, dank dieser neuen Erkenntnis, sagen sich einige unter
Euch: «Ach, so ist das? Na, dann wird meine Persönlichkeit
aber etwas erleben!» Natürlich dürft Ihr sie nicht gleich umbringen, denn sie ist es, die den Schlüssel zur Vorratskammer
für die Dauer unseres Erdendaseins verwahrt.

Wie vieles könnte ich Euch noch über die Persönlichkeit
mitteilen; über ihre Schliche, ihre Listen, ihre Fallen, in die
man aus mangelnder Klarsicht täglich hineinstürzt. Diese
Aufgabe eben wurde mir aufgetragen, die Dinge in ihrer
Wirklichkeit Euch begreiflich zu machen, damit Ihr große
Fortschritte machen könnt. Hängt Ihr jedoch an Euren alten
Vorurteilen fest, so schlagt Ihr Euch immer mit den gleichen
Sorgen herum, und niemand kann Euch aus Eurem Jammer
heraushelfen. Wenn ich aus dem Lichte dieser Lehre heraus
Euch nicht zu helfen vermag, wer wird Euch helfen? «Der
liebe Gott», werdet Ihr sagen. Sicher, nur müßt Ihr wissen,
daß der liebe Gott sich nicht allzusehr um diese Einzelheiten
kümmern kann. Er hat Wichtigeres zu tun, als sich mit jedem
einzelnen von uns abzugeben. Also überläßt Er uns seinen
treuen Dienern, auf die wir hören sollen. Weigern wir uns,
was soll Er dann tun? Seht nur die Kriege, Krankheiten, Unfälle... Warum setzt der Herr diesem allem nicht ein Ende?
Ich will damit nicht sagen, daß Er uns überhaupt nicht hilft,
allein, was kann Er tun, wenn die Menschen sich Ihm verschließen? Seht zum Beispiel die Sonne: Sie ist stark und
mächtig, sie läßt die Planeten kreisen, erhält ihren Lauf und
belebt sie – ihre Macht ist unvorstellbar; trotzdem kann sie
nicht in Euer Zimmer dringen, solange die Vorhänge zugezo-
gen sind. Häufig läßt man die Vorhänge zu und sagt zu ihr:
«Sei willkommen, liebe Sonne, tritt herein!» Sie erwidert:
«Ich kann nicht.» – «Warum denn?» – «Des Vorhangs wegen!» Seht, was ein Vorhang ausmacht! Nun, wer mich ver-

standen hat, öffnet seine Vorhänge; die Sonne wird eintreten und ihn mit ihrem Licht überfluten. Die Sonne ist ein Sinnbild Gottes. Gewiß, Gott ist allmächtig, Er belebt das ganze Universum, aber den Vorhang in uns kann Er nicht wegschieben, das müssen wir selbst tun, damit Er eintreten kann.

Es gibt sehr christlich gesinnte, streng gläubige Menschen, die sich fortwährend in Gottes Hände ergeben; aber warum läßt Er sie dann in ihrem Elend? Weil zuviele Vorhänge Ihm den Eintritt verwehren und sie nichts tun, sie zu entfernen: sie überlassen alles Ihm. Würden sie den Herrn kennen, dann wüßten sie, daß Er die Dinge anders bewertet; sie glauben Ihn erweichen zu können, wie man eine hochgestellte Persönlichkeit zu einem feinen Essen einlädt, um eine Gunst, eine Genehmigung zu erwirken. Man speist sie mit Leckerbissen und erwartet, daß sie einem alles gewährt. Viele meinen, sie könnten mit Gott auf die gleiche Weise vorgehen. Zum Essen können sie Ihn ja nicht einladen, also versprechen sie Ihm eine Kerze. Als ließe sich Gott mit einer Kerze erkaufen! Man kann Ihn für sich gewinnen, indem man Sein Wesen erfaßt, Seinen Geschmack herausfindet (warum sollte der Herr nicht auch gewisse Dinge vorziehen?) und Ihm eine Freude bereitet. Da erhört Er Euch sofort.

Eine Seiner Vorlieben ist mir wohlbekannt: Er schätzt über alles die Dankbarkeit. Von einem dankbaren Menschen läßt er sich sofort erweichen. Es ist wie bei einem Vater: Ein Vater verlangt nichts von seinem Kind, gibt ihm alles, ohne etwas dafür zu erwarten – trotzdem macht es ihn glücklich, wenn sein Sohn seine Güte und Großzügigkeit anerkennt, andernfalls fühlt er sich, ohne ausgesprochen erzürnt zu sein, doch ein wenig bertrübt. Mit Gott verhält es sich ebenso: Er benötigt nichts, Er hat alles in Fülle, aber Er sieht es mit Wohlgefallen, wenn Seine Kinder Ihn als guten Vater anerkennen. Sonst verschließt Er sich uns ein wenig, beginnt uns zu vernachlässigen und sagt sich: «Ach, diese Kinder gleichen mir nicht, sie sind nicht sehr weise!»...

Ich kenne noch eine andere Vorliebe des Herrn: Er mag an einem Menschen uneigennütziges Handeln. Gibt ein Mensch Ihm alles, fügt sich vollständig Seinem Willen und sagt: «O Herr, sieh an, alles was ich besitze übergebe ich Dir, verfüge darüber nach Deinem Wohlgefallen», so neigt Er sich ihm zu. Droht Ihr Ihm aber damit, nicht mehr zur Kirche zu gehn, bittet Ihr Ihn darum, Eure Frau sterben zu lassen, um eine andere heiraten zu können... Ihr staunt? Ihr ahnt gar nicht, wieviele Gebete dieser Art zum Himmel gesandt werden: «O Herr, laß meinen Mann sterben, damit ich meinen Liebhaber heiraten kann!» Nun, diese erhört der Himmel überhaupt nicht. Es sind deren zuviele, die um Geld, Autos, irdische Güter bitten. Dann wird oben gesagt (und ich habe es selbst gehört!): «O weh, nichts als egoistische Bitten! Wir sind überlastet, überfordert, erschöpft von so vielen Briefen, worin Geld, Vergnügen, Frauen, Kinder, Diplome... gefordert werden. Sie werden warten müssen, wir können so viel Post gar nicht sortieren!» Sowie sie aber eine Anfrage vorfinden, mit der Bitte, dem Herrn dienen zu dürfen – und solche Briefe sind äußerst selten – dann kommen sie voll freudiger Bewunderung diesem Wunsch sofort nach.

Seht, wie gut ich unterrichtet bin! Wollt Ihr mir nicht glauben, so geht hin und prüft es nach, Ihr werdet schon hören, sie sagen Euch: «Egoistische Bitten erfüllen wir nie, wir sind von all dem Papierkram völlig überschwemmt.» Tatsächlich, was sind eigentlich Gedanken? Auf ihre Art sind es auch Briefe... Nur darf man die Briefmarke nicht vergessen, sonst wird man nicht erhört! – Die Briefmarke freilich ist ein Symbol.

Bonfin, den 8. August 1972

Kapitel XIV

«Gebt dem Kaiser, was des Kaisers ist!»

Freie Ansprache

Kommentar zur Ansprache vom 1. Februar 1972 : «Wie sich der Mensch von seiner Persönlichkeit ausbeuten läßt.»

«Ihr handelt weiterhin nach den Methoden der Persönlichkeit und kommt deshalb zu keiner Lösung. Ihr glaubt, alles, was Ihr solchermaßen tut, komme Euch selbst zugute, und darum besteht Ihr so sehr darauf. Wenn Ihr wüßtet, daß Ihr Euch dabei nicht für Eure eigenen, sondern für die Interessen anderer einsetzt, die Euch drängen, dann würdet Ihr nicht so rasch entschlossen vorgehen.»

Wann sind wir wir selbst und wann sind wir es nicht? Diese Frage muß ich eingehender behandeln und erläutern. Hier liegt der schwerwiegende Punkt. Die meisten begehen den Irrtum, zu glauben, der physische Körper seien sie selbst und sorgen nur für ihn. Ihren Geist und ihre Seele jedoch, die sie nicht sehen, lassen sie verhungern, verkümmern, absterben. Was hat der Mensch seinem Körper nicht alles schon gegeben! Alles nur Erdenkliche : Delikatessen, Kühlschränke, Badezimmer, Schwimmbäder, Autos, Reisen, Schmuck, Samt und Seide, Diademe; und er wundert sich, daß er trotzdem nicht glücklich ist. Denn Glück ist unabhängig vom physischen Körper. Das eben haben sie nicht verstanden! Der Körper ist schnell zufriedengestellt: Speise und Trank, ein Kleid und eine Schlafstelle, um sich auszuruhen, mehr verlangt er nicht, damit ist er zufrieden. Hingegen für Seele und Geist genügt das nicht! Hierin liegt der bedauerliche Irrtum. Man muß bedenken, daß der Mensch aus mehreren Grundelementen zusammengesetzt ist; und was das eine nährt, ist nicht auch des anderen Speise.

Ich habe Euch gesagt, man darf die Persönlichkeit nicht sterben lassen, sondern soll ihr hie und da einige Bissen zuschieben, sie nähren. Es fragt sich nur, wieviel man ihr geben soll? Um Euch darauf zu antworten, stütze ich mich auf das Evangelium, auf die Geschichte, in der die Pharisäer Jesus eine Frage stellten hinsichtlich der Steuer, welche dem Kaiser zu entrichten war; denn sie hofften, seine Antwort könne als Anklage gegen ihn verwendet werden. Also fragten sie ihn: «Soll man dem Kaiser die Steuer entrichten?» Aber Jesus las ihre Gedanken und sah ihre List und antwortete: «Reicht mir eine Zinsmünze.» Sie wurde ihm gebracht. «Wessen Bildnis ist darauf?» – «Das des Kaisers», entgegneten sie. – «Nun denn, so gebt dem Kaiser, was des Kaisers, und Gott was Gottes ist!» Diese Antwort ist wohlbekannt und seit zweitausend Jahren zitiert, wurde aber noch nie genau erklärt. Nun, ich versuchte, mich in Jesu Denken einzufühlen als er diese Worte sprach und fand heraus, daß der Kaiser nichts weiter als eine Form der Persönlichkeit ist. Wir haben nämlich alle einen regierenden Kaiser in uns, der unablässig fordert. Ihm muß man zwar etwas geben, jedoch nicht alles. Ihr fragt: «Wieviel soll man ihm denn gewähren?» Ich will es Euch anhand eines Beispiels zeigen. Nehmen wir an, Ihr bringt ein Stück Holz, einen Ast zum Brennen, was seht Ihr? Flammen, lodernde Flammen (erinnert Euch an die Feuer, die wir jeden Sommer machen!), auch Gase, in geringeren Mengen; anschließend Wasserdampf, noch weniger; und zum Schluß bleibt nur etwas Asche übrig... ganz wenig. Wo sind diese Elemente alle hin? Das Feuer, die Gase, die Dämpfe sind in die Höhe gestiegen, die Asche blieb auf der Erde zurück. Daraus erseht Ihr, wieviel Ihr der Persönlichkeit geben sollt: nur ein Viertel, jenes erdverbundene – die anderen drei der Individualität. Jawohl, ein Viertel ist genug für die Persönlichkeit, man muß sich ihrer ja etwas annehmen, sie nähren, damit sie nicht abstirbt; alles andere sollt Ihr der Individualität zusenden.

An einer anderen Stelle in dieser Ansprache sagte ich: «Da die Individualität einen erhöhten Stand einnimmt, kann sie Euch Auskünfte erteilen.» Ich gebe Euch hierzu ein Beispiel: Ein Wissenschaftler mit mehreren Hochschuldiplomen arbeitet alleine in seinem Labor, das im Erdgeschoß liegt. Sein zwölfjähriger Sohn spielt draußen im Freien und ist auf einen Baum gestiegen. Obwohl er keine Diplome besitzt, kann er sehr weit sehen und ruft: «Papa, ich sehe meinen Onkel und meine Tante kommen!» Und der Vater, der sie nicht sieht, fragt: «Wie weit sind sie noch entfernt? Bringen sie etwas mit?» Das Kind gibt die gewünschte Auskunft; es ist nicht gelehrt und besitzt nicht die intellektuellen Fähigkeiten seines Vaters, trotzdem sieht es besser und weiter als er. Warum wohl? Ganz einfach, weil der Wissenschaftler zu tief unten geblieben ist, während es hoch hinaufstieg!

Das gleiche gilt für uns. Entfernen wir uns von der Persönlichkeit, die angeblich alles weiß, jedoch in Wirklichkeit nichts sieht, schwingen wir uns hinauf zur Ebene der Individualität, dann sehen wir richtig und klar, selbst ohne jemals eine Hochschule besucht zu haben. Und ich... Seht, wie eitel ich bin!... Ich gleiche jenem Kind: sehe, was die Wissenschaftler nicht wahrnehmen; ich wurde sehr hoch auf einen Baum gesetzt, während sie zu tief geblieben sind. Desgleichen, wenn Ihr an der Persönlichkeit hängen bleibt und Eure geistigen Fähigkeiten ausschließlich ihr widmet, werdet Ihr nichts Besonderes erzielen. Dies trifft ebenso auf dem Gebiet des Wissens wie auch auf dem der Liebe zu : Alle wollen zum eigenen Genuß die Liebe nur durch die Persönlichkeit erfahren. Warum jetzt nicht auch einmal aus der Individualität heraus lieben?

Ich fragte Euch : «Warum verwechselt Ihr Euch immerzu mit Eurem Körper? Wißt Ihr, was aus dieser Gleichsetzung erfolgt? Schwäche, Krankheit und Tod, und da der Körper hinfällig und vergänglich ist, werdet Ihr ihm gleich. Vereint Ihr Euch jedoch mit etwas Ewigem, das nicht stirbt, nicht verwest, so werdet Ihr selber auch unsterblich.» Aus diesem Grunde wird die Menschheit vergehen : weil sie sich alle mit ihrem irdischen Körper gleichstellen und die Folgen einer solchen Anschauung nicht voraussehen. Nie identifiziert sich ein Eingeweihter mit seinem Körper, er sagt : «Dies ist mein Pferd, mein Tragesel, ich gebe ihm von Zeit zu Zeit zu fressen, doch der Reiter bin ich.» Der Unwissende hingegen sagt : «Das Pferd bin ich» und beseitigt damit den Reiter.

Bonfin, den 10. August 1972

Kapitel XV

Die Persönlichkeit ist der Sockel der Individualität

Freie Ansprache

Kommentar zur Ansprache vom 17. August 1971: «Der Persönlichkeit absterben, um in der Individualität aufzuleben.»

«Ich frage mich, ob es mir gelungen ist, Euch zu überzeugen; denn die Persönlichkeit ist zählebig. Sie hat eine unglaubliche Ausdauer; man mag sie braten, kochen, sieden, immer noch ist sie da; selbst vom Boden des Kochkessels ruft sie noch: «Kuckuck, ich bin's!» Sie ist wahrhaftig aus ganz besonderem Stoff!»

Ja, so ist es; sie bleibt immer was sie ist, unveränderlich. Sie haftet zu sehr an den niederen Bereichen, und daher sind alle ihre Äußerungen nichts weiter als Abbilder davon. Um eine Änderung zu schaffen, muß sie ihren Platz der Individualität abtreten; von da an ist es nicht mehr sie, die sich äußert.

Damit Euch dies klarer wird, möchte ich heute noch etwas hinzufügen. Ich habe Euch schon gesagt, der letzte Schutzwall der Persönlichkeit ist der physische Körper. Sie drückt sich aus durch egoistisches Denken und Fühlen, hat ihren Sitz in unserem Verstand, unserem Herzen und ebenso in unserem

Körper. Dieser bleibt unverändert. Der Mensch mag Erleuchtungen und Ekstasen erleben, doch seine Nase, sein Mund, sein Gedärm, sein Geschlecht bleiben dieselben.

Ich will Euch hierzu einige Beispiele geben. Nehmen wir ein gewöhnliches Leitungsrohr aus Blei : Ob schmutziges oder sauberes Wasser, Erdöl oder Wein oder irgendeine andere Flüssigkeit hindurchfließt, das Rohr verändert sich dadurch nicht. Ein anderes Beispiel ist die Telefonzelle : Sie ist immer die gleiche, nur die Leute, die in ihr telefonieren sind verschieden... Der Mensch in seinem stofflichen Körper gleicht einer Telefonkabine, verklemmt, bucklig oder gehbehindert... Jedoch, wieviel Gerechtigkeit, Güte, Intelligenz bekundet er, wenn die Individualität ihn durchstrahlt! Nur seine Persönlichkeit kann sich nicht wandeln, bleibt fest umgrenzt.

Als ich neulich sagte, ich sei gekommen, Euch den Glauben und die Hoffnung zu nehmen, wart Ihr zunächst erschrocken, weil Ihr ja nicht wußtet, daß es dabei lediglich darum ging, Euch den Glauben und die Hoffnung zu nehmen an all das, was unbeständig, schwankend, vergänglich und schädigend ist. Also tue ich Euch Gutes, indem ich Euch Eures Glaubens, Eurer Hoffnung und Liebe an diese «rachitische» Natur beraube! Jawohl, rachitisch : denn, will man sie auf die Beine stellen, fällt sie immer wieder hin. Aber den Glauben und die Hoffnung an die geistige Natur zerstöre ich nicht, denn diese ist treu, beständig und wahrhaftig. Gerade hier irren sich die Menschen oft. Seht die Frauen : In der Hoffnung, ihren Mann sicherer an sich zu fesseln, nähren sie unablässig seinen Magen, seinen Sex ; befriedigen alle seine Launen. Mit anderen Worten, umhegen seine Persönlichkeit. Alsdann sind sie erstaunt, wenn er ihnen nicht treu bleibt, nicht dankbar ist, sondern mit anderen Frauen geht. Nun, solche Ehefrauen sind wirklich zu dumm, sie sollten nicht ausschließlich die Persönlichkeit ihres Mannes verwöhnen, welche ihrem Wesen nach untreu und undankbar ist, alles vergißt, was man ihr Gutes getan hat. Sie brauchen sich also nicht zu wundern, wenn ihr Gatte sich undankbar und grob bezeigt; sie waren ja nie darauf bedacht, seine höhere Natur zu wecken und zu fördern, welche nie vergißt, nie untreu wird.

Seht, über welche Unmengen von Fragen man noch immer in Unwissenheit steckt und leider auch darin zu verharren wünscht; wo doch ein jeder die Gelegenheit hat, in diesen wesentlichen Fragen hier unterrichtet zu werden – aber nein, das ist ihnen egal: es bringt kein Geld ein!... Sie können dieses Wissen weder essen noch trinken, noch sich damit amüsieren. Und im allgemeinen ist dies ja auch alles, was die Menschen suchen. Lernen sagt ihnen nichts, hat für sie keinen Wert. Ich hingegen kenne den Wert aller Dinge; zu wissen, was Wert hat und was keinen hat, das ist es, was mich interessiert. Ihr müßt von nun an wissen, daß es Eure Individualität, Euer Geist ist, der mich interessiert, daß ich auf dieses Ziel hin arbeite, um Euch frei zu machen. Selbst wenn Ihr unzufrieden seid, ich wirke weiter und sage mir: «Eines schönen Tages werden sie zur Einsicht gelangen, werden bereuen, sich aufgelehnt zu haben.» Meine Arbeit muß verstanden werden.

Die Erklärungen, die ich vorhin gab, stellen die Persönlichkeit in ein noch helleres Licht. Was ist die Persönlichkeit? Ein Sockel, ein Behälter, eine notwendige Behausung, oder ein Lautsprecher, wenn Ihr wollt, ein Behelf. Der Lautsprecher bleibt immer der gleiche, aber was sendet er aus! Welch herrliche Musik, welch wundervolle Reden! Der Lautsprecher ist die Persönlichkeit, durch die sich die Individualität kundtut. Wenn die Individualität auch Großartiges leistet, bleibt die Persönlichkeit doch immer dieselbe; diese Wunder hat nicht sie vollbracht, sondern die höhere Natur, welche durch sie hindurch in Erscheinung trat. Selbst wenn Ihr diesen Lautsprecher mit Orden schmückt, oder ihn übermalt und sagt: «Oh, wie sehr hat er sich geändert», so antworte ich Euch, daß in Wirklichkeit er sich nicht verändert hat, denn er selbst kann weder sprechen noch schreien noch singen. Manchen Frauen gelingt es, ihr Aussehen durch eine Schönheitsoperation zu ändern; ihre Persönlichkeit indessen bleibt unverändert: ebenso unwissend, launenhaft, weinerlich wie zuvor! Das ist die Persönlichkeit, sie hat sich nicht verändert. Gelingt es einem aber, dem Geistigen, der Gottnatur, der Individualität Ausdruck zu verleihen, so ist es, als wenn die Persönlichkeit nicht mehr dieselbe wäre. Sie wird durch die höhere Natur ersetzt! Sobald sich die Individualität jedoch zurückzieht, kommt die Persönlichkeit wieder zum Vorschein, häßlich, weichlich, egoistisch, miserabel. Fangt Ihr nun an, mich zu verstehen?

Wenn ich nun vom Blei und vom Gold spreche, werdet Ihr sehen, daß ich mir nur scheinbar widerspreche, in Wirklichkeit aber kein Widerspruch besteht. Das Gold ist im Blei enthalten. Drei Elektronen, drei Protonen und einige Neutronen lediglich verwandeln dieses Gold in Blei: Ihr Vorhandensein genügt, daß Gold Blei ist. Entfernt man diese drei Elektronen und Protonen, so wird das Blei zu Gold.

Mit unserem Bewußtsein stehen wir mitten zwischen Persönlichkeit und Individualität drin und sind für deren Kundgebungen in uns verantwortlich. Rufen wir die Individualität herbei, ist sie es, die sich durch uns kundtut, andernfalls äußert sich die Persönlichkeit. Ihr fragt nun: «Aber wir, was sind wir denn?» Eine Leinwand, wir sind nichts weiter als eine Leinwand, auf die alle möglichen Gestalten, bald dämonische, bald himmlische projiziert werden; eine bald lichte, bald düstere Leinwand. Diese Vergleiche mögen Euch meine Darlegungen verständlicher machen.

Kommentar zu dem nachfolgenden Abschnitt:
«Ihr wendet ein: ‹ Je tiefer man in diese Lehre eindringt um so mehr ist man verwirrt, denn man hat den Eindruck,

über haupt nichts mehr zu verstehen.› Ich weiß, eine gewisse
Zeit ist es so, doch es ist nur ein Übergang. Die hier neu ankommen, zum Beispiel, fühlten sich vorher sehr wohl, lebten
glücklich und zufrieden, alles ging ihnen nach Wunsch; aber
seit sie, angeregt und begeistert von dieser Lehre, sich entschlossen haben, ihr Leben zu ändern, ein gottgeweihtes Dasein zu führen, geht nichts mehr seinen gewohnten Gang und
man sieht, wie es in ihnen gärt.»

Ja, es ist tatsächlich wahr: Sowie man den Lichtweg be-
tritt, muß man mit Störungen rechnen! Und da man sie nicht
zu deuten versteht, blickt man zurück und stellt fest: «Vorher
ging es mir viel besser! Seht nur all das Unglück, das mir zustößt!» Aber dies kommt daher, weil man dabei ist, alles um-
zuordnen, Schutt zu beseitigen. Selbstverständlich kommen
Mäuse, Ratten, Kröten hervor, weil man das alte Haus nie-
derreißt, und die müssen verjagt werden: alle diese Käuze
und Fledermäuse müssen weg... Das soll nicht heißen, putzen
sei schlecht. Nur Unwissende finden, es sei früher besser gewesen; wartet man jedoch geduldig ab, so hat sich nach einiger Zeit alles gelegt, beruhigt und geklärt. Ist es nicht so?...

Nun ist es an Euch, Eure bisherigen Vorstellungen mit
den meinen in Einklang zu bringen, nicht umgekehrt, wie Ihr
das immer tut. Ihr vergleicht meine Gedanken mit Euren
starren, unwandelbaren und sagt: «Nein, was er da erzählt,
ist wirklich undenkbar.» Ihr haltet hartnäckig an Euren Meinungen, Ansichten und Prinzipien fest, sie sind unumstößlich
verankert in alle Ewigkeit und alles, was nicht dazupaßt,
weist Ihr zurück. Das Gegenteil muß getan werden! Wollt Ihr
Euch weiterentwickeln, geistig vorankommen, so müßt Ihr
Euch zum ersten Mal dazu entscheiden, viel Überholtes, Ver-
altetes abzustreifen und Euch meine Denkweise anzueignen.
Viele, die sich unserer Lehre anschließen, sehen sich um, suchen sich heraus, was ihnen gefällt und sagen: «O, das ist

wunderbar!» Nur weil es ungefähr ihren Neigungen ent-
sprach; doch alles übrige, was sie nicht anspricht, weisen sie
ab. Das Gegenteil soll man tun! Und so habe ich gehandelt.
Schon von Jugend auf wollte ich mir eine andere Lebensanschauung als die meinige aneignen, mich ihr anpassen und
nach ihr bilden: die Philosophie der Eingeweihten!
Die meisten sind steif und stur, wollen ihre Ansichten
nicht loslassen: Sie halten sich für den Mittelpunkt der Welt,
und was ihnen zusagt, nehmen sie, bejahen es, loben es, weisen aber alles zurück, was ihren Phantasiegebilden nicht entspricht. Nein, gerade die Dinge solltet Ihr annehmen, die
Euch nicht gefallen, denn sie sind besser, sie sind wertvoller.
Man ist nicht gewohnt, in dieser Weise zu handeln, deswegen
kommt man nicht vorwärts. Ich sehe viele, die nur den Impulsen der Persönlichkeit nachgeben, sich irgendwo festgefahren haben und sich nur das heraussuchen, was ihnen Vergnügen bereitet.
Ich nenne heute, was Euch daran hindert Fortschritte zu
machen. Wenn Ihr an Euren persönlichen, alten Ansichten
festhaltet, bleibt Ihr noch Jahrhunderte lang auf demselben
Fleck, ohne auch nur einen Schritt weiterzukommen. Ich bin
ein hervorragender Zerstörer veralteter Vorstellungen! Um
Euch weiterzuhelfen. Wie oft habe ich es festgestellt: Man
weicht um keinen Punkt von seinen Überzeugungen und Vorlieben, und dennoch: Um sich zu entfalten, zu wachsen, vollkommen zu werden, muß man sich dieser niederen Neigungen entledigen, die man schützt, bewahrt und für die man sogar kämpft, als wäre man gerettet, wenn man sie behält. Alle
Welt handelt so, sie erklären einander den Krieg, um ihre
ausgedienten Ansichten zu verteidigen. Nun, ich erkenne die
Größe eines Menschen an seinem Entschluß, all das beiseite
zu fegen und die neue Lebensauffassung anzunehmen, die aus
dem Lichte stammt und absolut ist. Man trifft nicht viele, die
diesen Entschluß fassen. Die meisten gehen überall hin und
stellen Vergleiche an: «Das hier ist gut, es stammt aus jener

Lehre!» Aber neunundneunzig von hundert Dingen passen ihnen nicht, und sie suchen weiterhin überall und bleiben nirgendwo – nehmen sich immer nur, was ihnen zusagt.

Würde ich sagen: «Hier dürft Ihr saufen, rauchen, prassen, Euren Lastern frönen und Lärm schlagen und werdet trotzdem aufgenommen», fänden es alle ausgezeichnet und wunderschön. Sage ich aber: «Nein, so geht es nicht! Ihr müßt Euren Vorurteilen, Euren Gewohnheiten entsagen und Euch anstrengen», nehmen das nur wenige an; denn alle verteidigen sie ihre Meinungen und Angewohnheiten. Kennt Ihr jemanden, der mit einemmal alle seine Dummheiten und Schwächen aufgibt um sich eine göttlich erhabene Weltanschauung eigen zu machen, eine aus hohen Sphären stammende Lebenslehre, welche die Philosophie von Christus selbst ist? Das tun nicht viele.

Bonfin, den 26. April 1973

Kapitel XVI

Die Individualität soll die Persönlichkeit aufschlingen

Freie Anspache

Ausführungen zu der Ansprache vom 28. August 1971:
«Das Gleichnis vom Baum. – Die Individualität soll die Persönlichkeit verschlingen.»

«Es gibt ein Gesetz, welches Ihr vielleicht noch nicht erkannt habt, demzufolge im Leben jedes Geschöpf, jedes Ding bemüht ist, ein anderes aufzuschlingen, um sich von ihm zu ernähren. Die Pflanzen leben auf dem Erdboden und beziehen Ihre Nahrung aus dem Gestein; die Tiere fressen die Pflanzen; die Menschen wiederum verzehren die Tiere, zumindest deren Erzeugnisse. Und wer verzehrt die Menschen? Es gibt Wesenheiten, die sich von den Menschen, genauer gesagt, von dem, was sie ausströmen, nähren. So läßt sich die Ernährungsweise der Geschöpfe stufenweise verfolgen bis hinauf zu Gott, der seine Speise von den himmlischen Wesenheiten bezieht.»

Hinsichtlich der Tatsache, daß alle Geschöpfe einander verzehren, nur darauf aus sind, zu fressen was in ihre Reichweite kommt... wie wahr ist das! Seht die Tiere, wie sie einander verschlingen... Und wie ist es beim Menschen? Da gibt es allerlei Sorten winzigster Tierchen, die, reißenden Raubtieren gleich, ihn zernagen, wenngleich sie nur durch das Mikroskop wahrnehmbar sind. Gelingt es dem Menschen nicht, sie unschädlich zu machen, so vernichten sie ihn... Ihr seht also, alles frißt sich gegenseitig!

Und wie ist es zwischen Persönlichkeit und Individualität? Mißt man der Persönlichkeit zu große Bedeutung bei, so schlingt sie die Individualität auf, und das ist das Ende. Gibt man hingegen der Individualität den Vorrang, so beginnt sie die Persönlichkeit aufzuzehren, welche abnimmt und geschwächt wird, und die Individualität ist es, die erstrahlt. Überall herrschen Kampf und Krieg... Und was tut das Böse mit dem Guten? Ist das Gute nicht kräftig genug, das Böse zu verschlingen und zu verdauen, so wird es von dem Bösen gefressen.

Diese Frage wurde noch nicht richtig verstanden und geklärt. Die Leute pflegen zu sagen: «Wenn ich ihn nicht betrüge, so legt er mich herein... Gelingt es mir nicht, ihn zu vernichten, dann richtet er mich zugrunde!» Dies stimmt für die niederen Zonen, wo das sogenannte Dschungelgesetz herrscht. Daß die in Dschungel, Wäldern, Sümpfen, Meeren lebenden Tiere sich gegenseitig fressen, ist das ein Grund für den Menschen das Gleiche zu tun? Es scheint normal, daß jeder jeden zerfleischt, denn allgemein wird behauptet, das reissendste Raubtier für den Menschen sei der Mensch. Für die unteren Bereiche freilich trifft das zu; begibt man sich jedoch in höhere Sphären, stellt man das Gegenteil fest. Hier auf der Erde ist nur Egoismus, Bosheit, Verwüstung, Haß, Raubgier, Herrschsucht und Kampf; in den hohen Sphären des Geistes hingegen erlebt man, daß Liebe, Aufopferung, Entsagung walten. Die Erde ist die Arena blutiger Kämpfe und Gefechte; erhebt man den Blick zum Himmel auf, und betrachtet man dessen Sinnbild, die Sonne, sieht man im Gegensatz dazu nur Liebe und Aufopferung. Die, die nicht weiter nachgeforscht haben, wie sich die Dinge oben abspielen, versichern zu Recht, das Weltall werde vom Dschungelgesetz regiert – allein, sie kennen nicht die ganze Wahrheit, lediglich fünfzig Prozent davon.

Seht zum Beispiel das Kind in seiner Familie. Anfangs kann es nur essen, schlucken, schreien, es denkt an niemand: Es untersteht dem Gesetz der Erde, welche immer nur nimmt. Wird aus dem Kind ein Erwachsener, ein Vater oder eine Mutter, dann tritt es in eine andere Ordnung über, untersteht einem anderen Gesetz, beginnt zu geben, zu speisen und zu pflegen, macht glücklich, ist imstande sich aufzuopfern, zu entsagen, sich anzustrengen. Es handelt nach dem Gesetz der Liebe. Man darf nicht voreilig schlußfolgern. Der Mensch hat im allgemeinen den Kopf voller Aussprüche, die der Wahrheit nicht entsprechen und deren Verbreitung Verheerendes anrichtet. Wer sie befolgt, weiß nichts vom Bestehen einer höheren Natur, die von wunderbarer Güte, Großzügigkeit und Rechtschaffenheit ist, von reinem Seelenadel. Nur eben, dieses höhere Sein wird nicht entfaltet, nicht gefördert, weil der Mensch unter dem Joch seiner Persönlichkeit steht, und darum heißt es: «Friß ihn, sonst frißt er dich!» Also steht man noch zu tief, ist noch unter dem Einfluß des Gesetzes von Dschungel und Sumpf, wo eins das andere zerreißt und vertilgt.

Gäbe sich der Mensch nunmehr die Mühe, an sich zu arbeiten und der Geistnatur in ihm den ersten Platz einzuräumen, würde aus ihm eine Gottheit. All das Böse in ihm: Feindseligkeit, Selbstsucht, Neid, würden von der Individualität aufgesogen und verschlungen. Wenn ihr glaubt, die Individualität habe keinen Hunger, esse nicht, so irrt Ihr! Sie ernährt sich ebenfalls. Doch, was sie aus dieser Nahrung erzeugt, ist – Licht!

So laßt uns denn ein Beispiel von der Ernährung wählen. Wie ist zu erklären, daß die Nahrung, die doch göttlicher Herkunft, eine Botschaft des Schöpfers ist, bei den Verbre-

chern und Übeltätern Bosheit und Zerstörungswut steigert,
anstatt sie zu bessern? Weil sie Nahrung zu sich genommen
haben. Die Individualität hingegen wandelt alles, was sie ißt,
in Licht, Liebe und Güte um. Wichtig ist somit die Verfassung dessen, der die Nahrung zu sich nimmt. Die Speise wird
zu dem, was der Mensch ist. Schlechte Menschen werden
durch die Nahrung, die sie einnehmen nicht besser, eher noch
schlechter. In den Guten wird durch das Essen das Gute noch
gesteigert. Jedes Lebewesen wandelt die Nährstoffe in sein
eigenes Wesen um. Deswegen bitten die Eingeweihten: «O
mein Herr und mein Gott, ich weihe mich Dir, will für Dich
wirken; nimm mich auf als Sühneopfer, als Opfergabe, nimm
mich ganz zu eigen Dir!...» Sie wissen nämlich, daß sie nicht
vergehen, nicht vernichtet werden, sondern von Gott umgewandelt werden, eingehen in das Wesen Gottes und werden
wie Er.

Seid also ohne Sorge! Bei meinen Darlegungen dachtet Ihr
wohl zunächst: «Warum stellt er uns Gott als einen Men-
schenfresser, einen Kannibalen hin, der sogar die Seraphin
verspeist? So hat noch niemand von Gott gesprochen; das ist
ja entsetzlich!» Ihr hättet nicht so voreilig urteilen, sondern
meine Erklärungen abwarten sollen! Nein, Gott vernichtet
niemals seine Geschöpfe, nicht wie Saturn, der seine Kinder
ermordet und verzehrt.

Wie entstand wohl diese Sage von Saturn, der seine eigenen Kinder verschlingt? Manche sagen, sie sei ein Hinweis
auf die Zeit, die alles zerstört. Nein, dahinter verbirgt sich
eine andere, viel größere Wahrheit, die besagt, der Schöpfer
habe das volle Recht, seine Kinder, d.h., seine Erschaffung
aufzuschlingen. Ein Schriftsteller hat sehr wohl das Recht,
seine Bücher zu verbrennen, ein Bildhauer, seine Statuen zu
zertrümmern; das kann niemand ihnen vorwerfen... Darin
liegt ein tiefer Sinn, den die Menschen noch nicht erfaßt haben: Gott vernichtet seine Geschöpfe, um sie neu zu bilden.
Ähnlich wie die Franzosen während des Krieges (ja, da waren

sie ein Sinnbild der Gottheit!) Gabeln, Löffel und Metall-
stücke einsammelten, um sie einzuschmelzen und Kanonen
daraus zu machen, welche in Kriegszeiten bekanntlich nütz-
licher sind als Gabel und Löffel... immerhin! Eine Gabel
kann niemanden so schnell töten wie eine Kanone...

Zerstören darf man nur, wenn man auch imstande ist,
Besseres und Schöneres daraus zu machen, sonst hat man
nicht das Recht dazu. In einer früheren Ansprache sagte ich
sogar: «Man darf jemanden töten, aber nur unter der Voraussetzung, ihm einen besseren, vollkommeneren Körper zu
schenken. Wenn Ihr das nicht könnt, habt Ihr nicht das
Recht, ihm das Leben zu nehmen... Ihr dürft das Haus Eures
Nachbarn niederreißen, vorausgesetzt, daß Ihr ihm ein
Schloß dafür erbaut, ansonsten rührt es nicht an!»

Es gilt, unerhört wichtige Gesetze zu kennen. Warum sollte der Herr z.B. nicht einen Quertreiber, der ihm die Stirn
bietet, in sich aufnehmen, um ihn anschließend als Genie
wieder auszuspeien, na, warum nicht? Seht einen Eingeweihten, glaubt Ihr nicht, daß er beim Einatmen eine Unmenge
Mikro-Organismen aufnimmt? Die Luft ist voll davon. Er atmet ein, atmet aus... und heilt dabei die ganze Welt, spendet
ihr Licht, Güte und Gesundheit. Somit hat er alles umgewandelt, hat es aufgenommen und wieder ausgestoßen, in anderer
Form zurückgegeben. Wie einfach ist dies für mich, wie klar
und selbstverständlich! Aber sowie ich den Mund aufmache,
um es den Leuten zu erklären, die derart gewöhnt sind, die
Dinge anders zu sehen, erscheint was ich sage, ungeheuerlich,
unvorstellbar. Sie sind durch das, was sie lesen und was sie sehen und hören dermaßen verformt, daß sie die Wirklichkeit
nicht wahrnehmen. Wer sich von dieser Verformung nicht
freimacht, findet die Wahrheit nie. Ich habe mich von dieser
Anordnung aller Dinge längst distanziert und sehe alles anders. Nichts hindert mich mehr daran, die Wirklichkeit zu sehen. Jene aber, die an dem hängen, was sie gelesen, was ihnen
von ihren Eltern und Lehrern eingetrichtert wurde, finden nie

etwas Neues, Tiefgründiges, Lichtstrahlendes, Göttliches,
denn ihr Denken ist zu sehr verdüstert.

Im Blut ebenfalls findet fortwährend ein Kampf der Blut-
körperchen statt, die den Organismus gegen eindringende Bazillen und Viren verteidigen... Sind die Eindringlinge in der
Überzahl, so erkrankt der Mensch; haben die Verteidiger die
Oberhand, ist er bei guter Gesundheit. Dieser Krieg besteht
im Körper unaufhörlich, aber der Mensch ist sich dieser Ver-
nichtungskämpfe nicht bewußt.

Gegenwärtig nährt der Mensch diese Zerstörungskräfte
unausgesetzt; er lebt in einer so verheerenden chaotischen
Unordnung, ohne jegliche Moral, daß die Kräfte der Zersetzung ihn zerrütten, aufreiben und entstellen. Verbindet er
sich hingegen mit dem Himmel, berichtigt er seine Anschauung, erwählt er den Lichtweg, faßt er den Entschluß, nach
den Gesetzen Gottes zu denken und zu handeln, so kräftigt er
die Abwehr in seinem Organismus und macht eindringendes
Gift unschädlich. Auf diese Weise kann der Mensch bald die
ersteren, bald letztere stärken oder schwächen. Das ist absolute Wahrheit. Man muß sich überwachen, einsichtiger und
vernünftiger werden, denn durch unseren Lebenswandel bestimmen wir die Faktoren zum Guten sowie zum Schlechten.
Wir selbst stärken oder schwächen sie. Merkt Euch dies! Ihr
werdet mir einst dafür danken.

Früher schon habe ich Euch bekannte Beispiele genannt.
Nehmen wir den Fall eines Lungenkranken. Zunächst wird er
vernünftiger, nimmt eine bessere Lebensweise an, wird acht-
sam, hält Maß und wirkt damit heilend auf seinen Organismus ein, hilft ihm die Stoffe zu entwickeln, welche die Bazillen abkapseln. Sein Zustand bessert sich, er kommt zu Kräften und wird gesund. In Wirklichkeit ist er nicht völlig ge-
heilt, denn die Bazillen können, obwohl unwirksam gemacht,
eines Tages wieder ausbrechen. Läßt er sich wieder gehen, so
vermag sein Körper die Schranken nicht mehr aufrechtzuer-
halten, und die Bazillen verwüsten die Lungen aufs neue.

Was ich Euch hier sage, ist erwiesen, nur wurden nicht alle Schlüsse daraus gezogen. Die Mediziner haben festgestellt, wie wichtig die Lebensweise eines Menschen während der Behandlung der Tuberkulose ist; warum haben sie dann nicht daraus gefolgert, daß auf allen Gebieten und für sein ganzes Sein und Werden der Mensch der wichtigste Faktor ist? Die Ärzte kümmern sich lediglich um den physischen Aspekt: Sie hören ab, analysieren Blut und Urin, machen Röntgenaufnahmen und Durchleuchtungen; verschreiben Diät, Medikamente oder Ruhe, entfernen Organe – berücksichtigen aber zu wenig, welch wichtige Rolle Gedanken und Gefühle zur Gesunderhaltung des Organismus einnehmen... Soweit sind sie noch nicht gekommen, werden es aber bis dahin bringen müssen! Übrigens macht die Psychosomatische Medizin in dieser Richtung bereits Fortschritte. Die Gesundheit des Menschen hängt nicht ausschließlich von materiellen Umständen oder Stoffen ab. Seine Gedanken und Gefühle sind ebenfalls ein wesentlicher Bestandteil. Dieses Wissen zu besitzen ist von größter Bedeutung*.

Bonfin, den 27. April 1973

* Siehe die Vorträge: «Die Medizin muß auf esoterischem Wissen gründen» und «Die Zukunft der Medizin» (Band VI)

Kapitel XVII

Sucht nach himmlischen Verbündeten
zum Kampf
gegen die Persönlichkeit!

Ausführungen zur Ansprache vom 30. August 1971:
«Zwei Arbeitsmethoden zur Bewältigung der Persönlichkeit.»

«Ich habe Euch des öftern gesagt, daß wir nur ungenügend
bewaffnet sind, um alleine gegen das Böse anzukämpfen;
denn es ist gut ausgerüstet und verfügt über zahlreiche Waffen
verschiedenster Art. Wir sind ihm nicht gewachsen und nicht
fähig, es völlig zu entwurzeln. Deshalb ist es weit besser den
Herrn zu bitten, Er möge unser Mitkämpfer, unser Verbündeter werden. Jedes Land sucht nach Verbündeten, das ist ganz
natürlich; dem Menschen ist diese uralte Weisheit seit jeher
inne, sich Freunde zu verschaffen, die ihm helfen, denn alleine ist er zu leicht verwundbar.»

Hinsichtlich des eben Gesagten möchte ich noch einiges
über diesen Instinkt im Menschen hinzufügen, sich Verbündete zu machen. Wie wahr das ist! Schaut nur, wie es sich in
den Familien zuträgt. Wenn die Mutter sich ihrem Mann widersetzt, versucht sie zunächst ihre Kinder auf ihre Seite zu
bringen, um sich dank dieser Verbündeten stark zu fühlen
und ihr Ziel sicherer zu erreichen; oder aber es ist der Vater,

welcher seinen Sohn zu gewinnen versucht, um an ihm einen Verbündeten zu haben gegen Mutter, Tante oder Onkel... Dies geschieht tagtäglich. Jeder weiß instinktiv, daß man zum Siegen auf Mithelfer angewiesen ist. Im Verwaltungswesen und in der Politik weiß man dies nur zu gut. Wenn ein Land einem anderen den Krieg erklärt, sucht es nach Alliierten, um seine Macht zu verstärken und die Aussichten auf seinen Sieg zu sichern. Auch in Friedenszeiten spielt sich dasselbe ab.

Warum sollte dann nicht auch der Mensch einen Verbündeten haben, um über die Persönlichkeit zu siegen? Er muß ein Wesen finden, das stärker ist als er, mächtiger und reicher, und dies kann nur der Himmel sein, der immer gegenwärtig und ganz nah ist. Er muß also den hohen Geistwesen zurufen: «Hört mich an, kommt mir zu Hilfe, denn ich bin schwach und komme alleine nicht durch!» Von oben ist man stets besser in der Lage, einzugreifen und zu siegen. Seht die Flugzeuge an: Sie bewegen sich schnell und frei, haben eine weite Übersicht, verfügen über vielfältige Möglichkeiten, sind imstande, mit einem Mal eine ganze Stadt auszulöschen, ein ganzes Land zu vernichten. Die, die oben sind, können weiter sehen, sich leichter fortbewegen und siegen als diejenigen, welche unten weilen und in kürzester Zeit geschlagen sind. Zur Kriegsführung haben die Menschen dies längst erkannt. Aber wie kommt es, daß sie diese Erkenntnis nicht mit ihrem Innenleben in Beziehung bringen?

Die Persönlichkeit ist unten, ist mit den Erdtiefen, den Abgründen, den unterirdischen Geistern verbunden. Die Individualität steht über uns, ist dem Himmel verwandt. Wir selbst befinden uns in der Mitte zwischen beiden. Deswegen sollten wir uns mit dem verbinden was über uns ist, mit den erhabenen Lichtwesen; sie verfügen über weit mehr Mittel als wir, über zahlreichere Waffen und Möglichkeiten, uns zu Hilfe zu kommen. Seht wie einfach, wie logisch und klar das ist! Weigert Ihr Euch, Unterstützung und Hilfeleistung von diesen hohen Wesenheiten zu erbitten, werdet Ihr dauernd herumgestoßen, verletzt, verwundet und mißhandelt, denn die Persönlichkeit hält Euch fest, sie ist sehr stark! Darum wiederhole ich auch unaufhörlich: «Bittet den Himmel um Hilfe, verbindet Euch mit ihm!» Es wird sogar der Augenblick kommen, da Ihr dem Schauspiel zuseht: beobachtet, wie die Himmelskräfte mit der Persönlichkeit in Euch ringen, welche Euch tatsächlich auflösen, zerteilen und zerstören will... Ihr werdet mitansehen, wie schließlich Licht und Frieden einziehen, während die Persönlichkeit, geschlagen und besiegt, verstummt. Dabei habt Ihr fast nichts getan, andere kamen und standen Euch bei.

Setzt Ihr nicht diese erfolgreiche Methode ein, kämpft Ihr alleine, so erschöpft Ihr Euch umsonst in dem Krieg gegen die Persönlichkeit; denn sie ist unermüdlich, unaufhörlich erfindet sie neue Schliche, heckt Tücken und Listen aus. Selbst wenn es einem gelingt sie zu meistern, reckt sie im nächsten Augenblick schon wieder den Kopf, wie man dies in der Geschichte ununterbrochen erlebt: Ein Land hat das andere besiegt, doch damit ist es nicht zu Ende, denn dem Feinde bleiben Möglichkeiten, sich im Geheimen zu versammeln und zu verschwören und bei geeigneter Gelegenheit anzugreifen. Dasselbe spielt sich in unserem Innern ab. Ist es Euch gelungen Eure Persönlichkeit zu meistern, so glaubt nicht, Ihr hättet es endgültig geschafft. Ihr müßt wachsam sein, sie ständig beobachten und nicht einschlafen (das ist sehr anstrengend); denn sie lauert auf den günstigen Augenblick, die Situation zu ihrem Vorteil umzukehren.

Auch auf sexuellem Gebiet verhält es sich so. Ihr habt geschworen: «Jetzt ist Schluß, von nun an küsse ich keine Frau mehr!» Und Ihr seid überzeugt, es geschafft zu haben. Doch gleich spielt die Persönlichkeit Euch einen Streich, und Ihr kommt wieder zu Fall. Um Euren Sieg zu feiern, habt Ihr irgendwo ein Glas getrunken und fallt wieder herein. Ich wiederhole es, die Persönlichkeit ist ungemein durchtrieben und listig. Sie lauert uns auf, wenn wir am wenigsten darauf gefaßt sind. Anstatt sich mit ihr herumzuschlagen und andauernd ihr Schreckbild sich vor Augen zu halten – was die Lage keineswegs bessert – ist es weiser, seine Gedanken auf erhaben schöne Bilder zu richten und diese auf sich wirken zu lassen, wodurch man wunderbare Kräfte auf sich zieht, welche dann der Persönlichkeit entgegenwirken. Es ist ratsamer sich auf Dinge zu konzentrieren, die positiv, schön, kraftvoll, gesund sind, anstatt sich immerzu mit der Persönlichkeit zu befassen.

Manchen sagte ich bisweilen: «Seht, wie sehr es Euch an Weisheit mangelt. Viel zu häufig denkt Ihr an jenen Menschen um ihn schlecht zu machen, an ihm auszusetzen und seine Fehler hervorzuheben. Ihr beschäftigt Euch unaufhörlich mit ihm, habt ihn wie ein Bild ständig vor Augen. Wißt Ihr aber auch, wie belastend sich dies auf Euch auswirkt? Welche verheerenden Folgen das unablässige Betrachten dieses Bildes auf Euch hat? Denn die Fehler, niederen Neigungen und Schwächen dieses Menschen gehen auf Euch über, und Ihr werdet ihm gleich. Es ist gefährlich, Euch stets in Gedanken mit diesem Menschen zu befassen. Da Ihr ihn doch abstoßend und unangenehm findet, warum kreisen Eure Gedanken ständig um ihn? Wo Ihr auch hingeht, Ihr schleppt ihn überall mit, macht ihn jedermann bekannt, auf daß auch alle anderen ihn verabscheuen; auf diese Weise seid Ihr ständig mit ihm vereint und fügt Euch dadurch großen Schaden zu. Laßt ab von ihm! Sucht Euch ein Vorbild mit entgegengesetzten Eigenschaften, von ungewöhnlicher Schönheit und Pracht und konzentriert Euch in Gedanken darauf. Dieses wundervolle Bildnis wird auf Euch einwirken, und Ihr werdet davon unmerklich schöner und strahlender.» Man glaubt, sich eines Feindes entledigen, ihn bezwingen zu können, indem man schlecht über ihn spricht. Ganz im Gegenteil: um ihn zu besiegen, muß man sich entfernen, erheben, sich ein Leitbild schaffen, das den schädigenden Einfluß des anderen beseitigt. Auf diese Weise wird man strahlend, vernunftvoll

und stark; dies genügt, ihn zu entwaffnen. Man kann einen
Feind nicht besiegen, solange man sein Bild ständig in sich
hat; früher oder später trägt er den Sieg davon. Bösartige lassen sich nicht durch Bosheit vertilgen, noch Verleumder
durch Verleumdung oder Eifersüchtige durch Eifersucht und
Jähzornige durch Jähzorn, denn dies hieße, sich mit ihnen
identifizieren, sich ihnen gleichstellen.*

Dasselbe geschieht mit Persönlichkeit und Individualität.
Kümmert man sich dauernd nur um seine Persönlichkeit,
wird man am Ende ihr gleich, weil man zu nahe an ihr ist.
Das ist ein Gesetz: man gleicht auf die Dauer dem, was man
ansieht. Die Eingeweihten kannten dieses Gesetz und gründeten darauf manche geistige Übung; sie lehrten: «Entschließt
Euch, nur das zu betrachten was schön, lichtvoll, edel, erhaben, ideal und vollkommen ist, auf daß Ihr dem gleich werdet, was Ihr schaut.» Darin liegt der Sinn der Kontemplation.
Widmet man seine ganze Aufmerksamkeit der Persönlichkeit, wird man mit der Zeit wie sie: bekommt Krallen, Hufe,
Klauen, Reißzähne, Stacheln, Dornen wie sie; das nämlich
sind ihre Waffen. Gelingt es ihr zu beißen, so verheilen ihre
Bißwunden nur sehr langsam, so nachhaltig ist das Gift; ein
Wort von ihr genügt, und der Betroffene liegt krank darnie-
der.

Um Euch von der Persönlichkeit zu distanzieren, müßt
Ihr Euch hinfort daran gewöhnen, Euer Denken auf Hohes
und Erhabenes zu richten, stets geistiger, lichtvoller Dinge zu
gedenken. Übt Euch darin, um himmlische Wesenheiten an-
zuziehen, und Engel, Erzengel, Gottheiten kommen zu Euch
herab – tut es jeden Tag, ja sogar mehrere Male täglich, sonst
könnt Ihr die Persönlichkeit nicht lange meistern. Selbst
wenn es Euch eine Zeitlang gelingt, sie zu unterjochen, wird
sie Euch dennoch wieder zu Fall bringen, unterdrücken und

---

* Vgl. die Erläuterungen in der Ansprache: «Vater, vergib ihnen, denn sie
wissen nicht, was sie tun.» (Band IX)

auftrumpfen. Wie oft hat man das erlebt! Sucht Euch denn
also einen Verbündeten, den Himmel, und ruft ihn um Hilfe
an. Die hohen Geistwesen sind sehr gut ausgerüstet, sie werden Euch ihre Waffen überreichen, und Ihr lebt für immer in
Frieden.

Dennoch wird die Persönlichkeit dabei nicht umgebracht.
Sie darf nicht getötet werden, denn sie ist eine tüchtige Hilfe,
leistet wahrhaft herrliche Arbeit. Nur, wenn sie als Herrin
waltet, wird der Mensch irre geführt und von ihr erdrückt,
mit Füßen getreten und erniedrigt. Bei der geringsten Krän-
kung sagt sie ihm : «Gib ihm eine Lektion, versetz ihm einen
Tritt, schlag ihn zusammen!» Und er kommt diesen Befehlen
eiligst nach. Die Individualität erteilt ganz andere Ratschläge : «Nimm es nicht so sehr zu Herzen mein Freund, so ist es
eben; doch nun wirst du dieses Gift verwenden, umwandeln,
läutern; du bist ein Alchimist und wirst Gold daraus machen.» Und so ist es : man stürzt sich in eine umwälzende Arbeit und wächst dabei. Die Individualität sagt auch noch :
«Wozu denn stundenlang weinen, wo du doch eine einmalige
Gelegenheit hast, dich an die Arbeit zu machen? Du solltest
dem Himmel sogar danken, daß er diesen Menschen dir
schickte und dir damit die Möglichkeit gab zu reifen – und du
stehst da und klagst? Du bist wirklich sehr dumm.» Der
wahrhaft Strebende folgt nicht den Ratschlägen seiner Persönlichkeit; er will nicht länger verletzbar, empfindlich,
schwach, launisch, unausgeglichen, zerfahren und weinerlich
sein, sondern erstarken. Dazu muß er sich Tag und Nacht mit
Positivem verbinden, sonst bleibt er anfällig und negativen
Einflüssen ausgesetzt.

Man wähnt sich sehr stark, erliegt aber immer wieder. Wie
oft sah ich Menschen sich die Haare ausreißen, wo sie sich
doch sehr stark glaubten; ich sagte ihnen : «Wenn du doch so
stark bist, warum bist du dann in diesem Zustand? Da du
jetzt siehst, wie schwach du bist, muß du dir Verbündete suchen, aber nicht hier auf Erden; suche sie oben!» Die Leute

suchen nie oben nach Verbündeten, sondern immer unten, in Familie, Umwelt oder Amüsierlokalen. Man muß sich an zuverlässige Leute wenden! Wer einen Einbruch plant, der wendet sich ja auch an Leute, die sich darauf verstehen, Kassen und Geldschränke zu öffnen; man sucht nach ihnen, man findet sie – und auf geht's: Das nennt man Verbündete! Warum weiß man denn noch nicht, an wen man sich wenden soll, um erfolgreich gegen die Persönlichkeit vorzugehen?

Die Eingeweihten halten ihre Persönlichkeit ständig zur Arbeit an, denken Tag und Nacht nur daran, zu helfen, zu geben, auszustrahlen, ihre Umwelt zu beleben, allen Licht und Wärme zu schenken. Sie wissen um die wunderbaren Vorteile, die ihnen aus solchem Handeln erstehen: wieviel Freude, Gewinn, Errungenschaften! Sie haben aus höchsten Sphären lichtvolle Wesenheiten herbeigerufen und sind selbst zu Trägern des Lichtes geworden. Warum geht dies bei einigen so langsam vor sich? Weil sie weder den Wunsch noch den Ehrgeiz oder das Ideal haben und auch nichts dazu tun, um wirklich Träger des Lichts zu werden. Sie begnügen sich mit nichtssagenden, gewöhnlichen Dingen, mit Mittelmäßigkeiten und kommen dadurch nicht vorwärts. Um sich geistig weiterzuentwickeln, muß man einen außergewöhnlichen Ehrgeiz haben, jedoch nicht jenen, den die Leute meinen, wenn sie von jemand sagen: «Er hat viel Ehrgeiz.» Sagt man dies von einem Menschen, ist er damit abgetan. Ich verwende das Wort nicht in dieser Richtung. Wird von jemand gesagt «er ist ehrgeizig», so bedeutet dies: Er will Macht, Geld, eine angesehene Stellung erreichen. Diesen Ehrgeiz meine ich nicht. Nur jener Ehrgeiz, Gott gleich zu werden, ist zulässig. Doch kann man das Ehrgeiz nennen? Ich gebrauche dieses Wort nur, um mich leichter verständlich zu machen; denn «Ehrgeiz» hat immer einen nachteiligen Unterton, weil der Mensch, um ihn zu befriedigen, bedenkenlos alles über den Haufen wirft, ja sogar über Leichen geht. Nein, so wende ich das Wort nicht an, sondern im Sinne des allerhöchsten Ideales : niemals sich zufrieden geben mit dem, was leicht zu erreichen ist, – ein hohes, immer höheres Ziel sich stecken!

Meine lieben Brüder und Schwestern, nehmt zu Herzen, was ich Euch sage, denn nichts stellt uns mehr alltägliche und allgemein verbreitete Probleme, als Persönlichkeit und Individualität; nichts ist gegenwärtiger in uns, bei uns. Diese Frage geht uns direkt an : ununterbrochen begegnen wir ihr, müssen uns mit ihr befassen und auseinandersetzen. Nichts und niemand : weder Beruf noch irgendwelche Ereignisse, nicht einmal Familienangehörige und Freunde stehen uns so nahe, sind so eng mit uns verbunden wie Persönlichkeit und Individualität. Man lebt mit ihnen ständig zusammen. Es ist also der Mühe wert, auf diese Frage einzugehen, sich gründlich mit ihr zu beschäftigen, weil man sich weder von der Persönlichkeit noch von der Individualität lösen kann. Mit meinen Argumenten werde ich Euch schon überzeugen, werde Euch zu diesen wesentlichen Tatsachen hinführen, welchen Ihr Tag und Nacht begegnet, ohne Euch ihrer bewußt zu werden, als wenn es sie gar nicht gäbe. Ihr kümmert Euch nur um Dinge, die Euch wichtig scheinen, dabei ist es weit wichtiger, über Persönlichkeit und Individualität im Klaren zu sein, in denen Ihr Euch Tag und Nacht befindet.

Bonfin, den 29. April 1973

Kapitel XVIII

Vom richtigen Einsatz der Kräfte der Persönlichkeit

Freie Ansprache

Kommentar zu der Ansprache vom 3. September 1968: «Persönlichkeit und Individualität: Nach unten sind Grenzen gesetzt...»

«In der Höhe sind keine Grenzen. Daraus habe ich folgenden Schluß gezogen: Das Böse ist raum- aber auch zeitbegrenzt. Gott läßt es nicht ewig dauern; während das Gute in Zeit und Raum unbegrenzt ist. Darin liegt ein Unterschied, der den Menschen unbekannt ist. Sie meinen, daß die Kräfte von Gut und Böse sich gegenseitig ausgleichen. Keineswegs. Um es Euch genau zu sagen: Wenn man zum positiven Pol aufsteigt, tritt man ins Raum- und Zeitlose, ins Unendliche und Ewige, und dieses Unermeßliche ist Gott. Gott allein ist unbegrenzt, allem anderen sind Grenzen gesetzt.»

Man kann daraus ebenfalls schließen, daß es den Tod nicht gibt, sondern nur das Leben. Ihr wendet ein: «Das stimmt doch nicht, seht die Pflanzen, Tiere, Menschen, ja selbst die Gegenstände, alles stirbt und vergeht. «Ja, dennoch besteht das Leben fort! Warum ist nicht vorwiegend der Tod vorhanden? Weil trotz des Todes das Leben währt. Der Tod

ist ein Übergang, eine Wanderung, eine Verwandlung des Lebens, wobei eine Energie in eine andere übergeht...

Den Tod an sich gibt es nicht, überall blüht Leben; seit jeher waltet das Leben. Der Tod ist eine andere Form von Leben. Wozu dann irreführende, hohle Philosophien vertreten,
welche Tod und Verderben den ersten Platz einräumen? Freilich, wenn Ihr Euch der Materie, dem physischen Körper
gleichstellt, wird der Tod in Eurem Denken die Überhand gewinnen. Der Körper ist anfällig, wird schwach und krank, er
stirbt, und indem ihr Euch mit ihm identifiziert, bleibt Ihr
Euer Leben lang schwach, kränklich, verdüstert, bis Ihr
schließlich vergeht. Identifiziert Ihr Euch hingegen mit dem
Geist, werdet Ihr gleich ihm unvergänglich, unsterblich,
kraftstrahlend – unanfechtbar wie er. Das ist der Vorteil einer
auf dem Geiste gründenden Lebensanschauung.

Häufig sagt man: «Ach, wenn ich nur Geld hätte!» Doch
auch mit Geld wird man zu Staub. Wesentlich ist, wie man
die Dinge bewertet. Darin liegt die ganze Zukunft, und niemand hat es verstanden. Man füttert den Menschen mit Ansichten, die ihn schwächen und zugrunde richten und nennt
das Erziehung! Diese veralteten Vorstellungen müssen durch
neue ersetzt werden, die Leben spenden und das Gefühl der
Kraft und Erhabenheit geben, auf daß der Mensch sich der
Gottheit nähert. Er soll sich hinfort nicht mehr mit dem Körper, mit Erde und Staub und allem Hinfälligen vergleichen,
mit Dingen, die ihren Glanz verlieren und oxydieren, sondern
sich mit dem messen, was hoch über allem steht, dem göttlichen Lichtfunken, dem Geist. Das lehrte Christus. Christus
hat nie gesagt: «Mein Körper und ich sind eins», sondern
«Mein Vater und ich sind eins». Die Christen haben nicht
verstanden, daß diese Worte Christi die Lehre der Einswerdung beinhalten. Alle indessen verwechseln sich mit ihrem
physischen Körper, mit der Erde, welche nur Staub ist und
einmal vergeht. Tag und Nacht betonen sie erneut diese Tatsache und schwächen sich dabei, richten sich zugrunde. Die

Menschen sind lediglich ihrer materialistischen Anschauung wegen so schwach. Einige sagen: «Ja, hätte ich dieses oder jenes, wäre es anders um mich bestellt...» Keineswegs, solange sie ihre Denkweise beibehalten, sind sie nur Staub, ein Nichts. Allein zählt die geistige Einstellung: wie man die Dinge sieht und einschätzt.

Wir bringen diese neue Lebensanschauung, die allerbeste. Wer gewillt ist, sie anzunehmen, setzt alles daran, sie sich anzueignen und in die Tat umzusetzen – und welch eine Verwandlung erlebt er dadurch! Die meisten denken nur ans Geld, in der Meinung, es verschaffe ihnen alles Ersehnte; allein, trotz ihres Geldes kommen auch sie unter die Erde. Wer hingegen die Philosophie des Geistes erwählt, wird unsterblich. Er wird gewahr, daß sein Körper nicht sein wahres Ich ist. Dieses bewegt sich im Raum, geht aus dem Körper und kommt wieder in ihn zurück, bedient sich seiner als eines (nicht selten abgetragenen) Kleidungsstückes. Verwechselt Ihr Euch mit Eurer Kleidung, dann steht Ihr aber wirklich ganz unten. Wie wollt Ihr die Geheimnisse des Universums ergründen, wenn Ihr Euch mit Eurer äußeren Schale verwechselt? Haltet Ihr Euch denn für das Auto, das Euch befördert? Ihr sagt doch nicht: «Ich bin das Auto.» Ihr seid nicht das Auto, es befördert Euch nur. Oder haltet Ihr Euch etwa für das Pferd, auf dem Ihr reitet?... «Mein Vater und ich sind eins!» Jesus betonte sein Einssein mit seinem Vater. Mit «Mein Vater» ist aber nicht irgend ein Vater gemeint. «Mein Vater» ist der, der ewig währt, der Unsterbliche und Allmächtige. Warum also nicht Jesus nachahmen und sich mit dem himmlischen Vater, mit dem Geist vereinen?

Der Persönlichkeit wohnt ungeheure Kraft inne, die man nützlich anwenden muß, so wie man in der Natur die Orkane, Sturmwinde, Elektrizität und das Wasser zu nützlichen Zwecken einzusetzen weiß. Solange die Menschen diese nicht zu lenken vermochten, fielen sie ihnen zum Opfer. Nunmehr gelingt es ihnen, sie zu bändigen und zu verwerten, und

Wun dervolles wird damit vollbracht. Dieselben Kräfte, die einst Verheerungen anrichteten, als der Mensch sie noch nicht bewältigen konnte, leisten jetzt wertvolle Dienste. Warum sollte es sich mit den inneren Kräften nicht ebenso verhalten? Wenn der Schüler die Triebe einzuspannen weiß, die ihn plagen und bedrängen, wird er ein ausgezeichneter Ingenieur. Überall in ihm werden Wasser, Elektrizität, Mühlen usw. vorhanden sein... Das lernt man in der Schule der Eingeweihten. Anstatt fortwährend zu kämpfen, zu entwurzeln, auszurotten, abzutöten was ihn plagt, lernt der Schüler es zu verwerten. Die Christen predigen immer das Entwurzeln, Ausrotten, Ausreißen, Abtöten alles Bösen, allein, in diesem Kampf gehen sie ihrer Schwungkraft und Energie, ihrer besten Arbeitskräfte verlustig und verweilen in ihrer Schwäche. Das ist keine heilsame Erziehungsmethode, sie muß ersetzt werden. Da seht Ihr, wieviele Änderungen getroffen werden müßen!

Natürlich werdet Ihr Euch dessen nicht bewußt, wenn Ihr nur einen Tag hier bleibt; erst nach Monaten oder Jahren werdet Ihr einsehen, daß viel zu lernen und zu berichtigen, zu ersetzen und zu nutzen ist. Ihr werdet lernen, wie man z.B. Eitelkeit, Sexualkraft und Zorn verwertet. Bei mir z.B. ist es meine Eitelkeit, die alle Arbeit verrichtet. Wäre ich nicht eitel, so würde ich überhaupt nichts tun. Ich habe meine Eitelkeit in die Arbeit eingespannt, und nun vollbringt sie Wunder. Wozu sie dann entwurzeln? Im Gegenteil, ich streichle sie hie und da, gebe ihr etwas Nahrung, sporne sie zur Arbeit an, und sie versetzt Berge... Ich habe nie behauptet, ich sei nicht eitel. Ganz im Gegenteil, ich bin stolz auf meine Eitelkeit und vieles andere noch, aber alle diese Kräfte sind nutzbringend eingesetzt.

Hingegen diejenigen, welche viele gute Eigenschaften und hohe Tugenden besitzen, aber ständig im Begriff sind ihre Schwächen zu bekämpfen, haben nie etwas Außerordentliches zu Wege gebracht. Das Ergebnis ist jämmerlich! An-

statt die Laster zu bekämpfen, tut man besser daran, sie nutz-
voll anzuwenden. Welch neue Erziehungsmethoden werden
Euch hier geboten! Und diese Erziehung ist erfolgreich.

Wenn Ihr die Sexualkraft bekämpft und verdrängt, wie die
landesübliche Religion dies empfiehlt, werdet Ihr ein guter
Kunde bei Psychiatern und Psychoanalytikern sein. Wißt Ihr
sie jedoch richtig zu gebrauchen, werdet Ihr ein schöpferischer Mensch, ein Genie. Leonardo da Vinci beispielsweise,
wußte seine Sexualkraft zu veredeln. Er hat sich nie verheiratet, war nie in irgendwelche Liebesaffären verwickelt, dennoch war er sehr feinfühlig, was leicht zu ersehen ist. Eines
Tages kam ein junger Graf mit seiner hübschen, reizenden
Frau zu ihm und bat ihn, ein Bildnis von ihr zu machen. Leonardo da Vinci war von ihrer Schönheit so tief berührt, daß er
ausrief: «Was gäbe ich nicht drum, wenn ich sie nackt malen
könnte!» Der Graf und seine junge Frau schauten sich an,
und er gab ihr mit einem Blick zu verstehen: «Du kannst es
tun.» Sie legte ihre Kleider ab, und der Künstler begann sein
Werk.

Leonardo da Vinci war keineswegs verklemmt, wie die Asketen und Einsiedler, welche die Frau für eine Verkörperung
des Teufels halten und sie darum fliehen. Aber er war auch
nicht gefühllos wie ein Stein. Wie wendete er dann seine
Sexualenergie an? Darüber schweigt die Geschichte, niemand
weiß es. Ich aber bin tiefer auf diese Frage eingegangen, und
ich fand heraus, daß seine zahlreichen Erfindungen darauf zurückzuführen sind, daß er diese Kraft bis hinauf in sein Hirn
zu leiten vermochte. Ihr verdankte er seine Klarsicht, seine
Erleuchtungen. Ich kann im Moment nicht mehr darüber sagen, ich habe bereits über seine Erfindungen in Wissenschaft
und Kunst gesprochen.

Wir bringen eine neue Erziehungslehre, derer die Menschen dringend bedürfen. Mit der überholten, aus der guten
alten Zeit stammenden sittenstrengen Erziehung landen alle
im Krankenhaus. Man muß, den wahren Künstlern gleich,

das Schöne mit Ehrfurcht bewundern und schätzen und dabei seine Gefühle verfeinern und vergeistigen. Alle anderen, die Bedauernswerten, verlieren allen Halt vor der Schönheit. Die eigentlichen Künstler sind die Eingeweihten.

Nun gebe ich Euch noch ein wissenschaftliches, unwiderlegbares Argument, um noch deutlicher hervorzuheben, daß die Individualität Unendlichkeit, Freiheit und rasches, intensives Schwingen bedeutet, während die Persönlichkeit uns mehr und mehr beschränkt. Übrigens beschreibt Dante in der «Göttlichen Komödie» die Hölle als einen umgekehrten Kegel, worin die Leiden und Qualen in dem Maße zunehmen, wie der Kegel sich verengt. Auch die Persönlichkeit gleicht einem umgekehrten Kegel. Je tiefer man in die Persönlichkeit absinkt, um so begrenzter, eingeengter wird man und ist schließlich so sehr in die Enge getrieben, daß man sich nicht mehr bewegen kann.

In anderer Weise veranschaulichen die vier Aggregatzustände diesen selben Gedanken. Feuer, Luft, Wasser, Erde : je tiefer man hinabsteigt, um so dichter und undurchsichtiger wird der Stoff, um so gehemmter die Bewegung. Seht den Maulwurf in der Erde, den Fisch im Wasser, den Vogel in der Luft, und vergleicht damit die Lichtgeschwindigkeit! In acht Minuten und einigen Sekunden eilen die Lichtwellen von der Sonne zur Erde – nichts, höchstens der Gedanke, ist der Geschwindigkeit des Lichtstrahls vergleichbar. Nun also ist es klar, je tiefer man hinuntersteigt, um so beschränkter wird die Bewegungsmöglichkeit; je höher man in die Bereiche von Seele und Geist aufsteigt, wo der Stoff lichtfein ist, je höher man sich in Gedanken erhebt, desto mehr Möglichkeiten bieten sich. Schwingt man sich empor, vereint man sich mit der Individualität, so kann man es sehr weit bringen; handelt man aber aus der Persönlichkeit heraus, muß man sehr bald aufgeben, ist völlig verkrampft. Ich sah Leute hierherkommen mit völlig verkrampftem Gehirn, nur weil sie ausschließlich aus ihrer ehrgeizigen, ichsüchtigen, engstirnigen Persönlichkeit heraus dachten und handelten.

Dies ist noch ein konkreter Beweis, den die Leute sich nicht zunutze gemacht haben. Ich erfinde nichts, verwerte alles, entziffere, denn alles hat eine Sprache. Künftig sollt Ihr all das entziffern lernen, was in dem großen Buch der lebenden Natur geschrieben steht. Häufig sage ich zu jenen, die Diplome haben, Gelehrte und Professoren sind: «Sie haben ja noch gar nicht begonnen!» – « Wie, wir hätten noch nicht begonnen?» – «Ja, Sie können weder lesen noch schreiben.» –«Wie bitte, weder lesen noch schreiben könnten wir?» –«Nein, denn was Sie lesen und schreiben ist von geringem Wert. Was Sie sollten, ist lesen in dem Buch der lebenden Natur; können Sie das? Und schreiben? In Herz, Geist und Seele aller, Göttlich-Schönes einprägen, verstehen Sie sich darauf?» Nehmen wir nur das Beispiel eines Mannes: Mit einem «Füller» schreibt er in ein gewisses Buch, und – ein Kind wird geboren, ein krankhaftes, ein künftiger Gauner; dieser Mann also konnte nicht schreiben.

So schwierig es in vergangenen Zeiten war, die Eltern zu überzeugen ihre Kinder in die Schule zu schicken, so schwierig ist es jetzt, die Menschen in die Lebensschule zu schicken, wo man lesen und schreiben lernt. Heutzutage gehen alle zur Schule, selbst die ungebildetsten Urwaldbewohner; aber wieviel Mühe hat es gekostet, sie dazu zu bringen! Nun, genauso schwierig wird es jetzt sein, die Menschheit in die neuen Schulen zu bringen, in welchen sie lernen kann, wie man in dem großen Buch der lebendigen Natur liest – und schreibt. So ist es, daran habt Ihr wohl nie gedacht!

Bonfin, den 26. Juli 1973

Kapitel XIX

Wie man die inwendigen Tiere bezähmt

Freie Ansprache

Lesung der Tageslosung:
«Ihr müßt Euch darin üben, mit Euren Gedanken und Gefühlen auf Euer Unterbewußtsein einzuwirken; dann wißt Ihr sofort, was zu tun ist, wenn reißende Tiere versuchen Eure Haustiere, d.h. die Kräfte, welcher Ihr Euch bei Eurem Wirken bedient, anzugreifen. Wer die wilden Tiere in sich bezähmt, verfügt über große Reichtümer, dank der stattlichen Zahl seiner Haustiere.»

Diese Merkworte mögen jenen eigenartig erscheinen, die nicht wissen, daß alles was außerhalb des Menschen ist, sich auch in seinem Innern befindet. Der Mensch faßt all das in sich zusammen, was es in der Schöpfung gibt: das Gestein, die Pflanzen, Tiere, Menschen, Engel und selbst Erzengel. Seid darum nicht erstaunt zu vernehmen, daß auch Tiere im Menschen leben; sie weilen als Instinkte, Impulse und Triebe in seinem Unterbewußtsein. Unser rein triebhaftes und instinktmäßiges Leben besteht aus einer Unzahl von Tieren, welche wir bändigen, zähmen und zur Arbeit einspannen sollen, wie dies bereits mit Pferd, Ochse, Kamel und Elefant sowie mit Schaf, Ziege, Katze und Hund üblich ist...

Ist es dem Menschen noch nicht gelungen, die Raubtiere zu zähmen, dann nur, weil sie den von ihm im Paradies begangenen Fehler nicht vergessen können, dessentwegen er vertrieben wurde. Als der Mensch noch im Garten Eden weilte, lebte er in Frieden und Eintracht mit allen Tieren, und auch sie lebten friedlich nebeneinander, ohne sich gegenseitig zu zerreißen.* Der Mensch sorgte für sie, und sie gehorchten ihm, verstanden ihn. Freilich werdet Ihr dies in keinem Geschichtsbuch finden; habt Ihr jedoch Zutritt zu der Akasha Chronik, den Annalen der Menschheit, so erfahrt Ihr, daß der Mensch vor seinem Fall, ursprünglich, als er noch Licht und Weisheit, Schönheit und Macht ausstrahlte, mit den Naturkräften in Harmonie und Einklang lebte. Nachdem der Mensch jedoch beschlossen hatte, auf andere Stimmen zu hören und fremden Willenskräften folgte, büßte er sein Licht und seine Kraft ein, und unter den Tieren erfolgte eine Spaltung. Einige blieben dem Menschen treu, andere hingegen lehnten sich gegen ihn auf – sie konnten ihm sein Vergehen nicht verzeihen: nämlich die Raubtiere, seinetwegen wurden sie zu reißenden Tieren.

Natürlich wird die Mehrheit diese Darlegung nicht annehmen, denn die meisten sehen keine Beziehung zwischen sich und der Stufe, dem Verhalten der Tiere. Ich kann Euch aber versichern, daß viele unserer inneren Zustände Tigern, Wildschweinen, Krokodilen, Leoparden, Kobras, Skorpionen oder Kraken gleichen, andere Gemütsregungen hingegen sind wie freundliche, liebliche Vögel. Die Einweihungswissenschaft lehrt, daß in uns eine ganze Tierwelt haust. Glaubt ja nicht, daß die Urtiere, wie Dinosaurier, Ichthyosaurier, Pterosaurier, Diplodocus und die Mammuts ausgestorben sind – sie

---

* Über das Leben des Menschen im Paradies und seine Beziehung zu den Tieren siehe Kapitel: «Die beiden Bäume im Paradies» – «Die Schlange der Genesis» (Band III) und: «Wie der Mensch die Tiere mit in den Sündenfall riß» (Band VIII)

sind noch in uns! Ihr sagt: «Aber soviel Raum haben wir gar nicht in uns!» Natürlich nicht, sie sind in anderer Form vertreten, sie streichen in uns herum, nisten in unserem Astralkörper, in unseren Gefühlen.

Ihr müßt verstehen, daß es dabei nicht auf die Gestalt des Tieres ankommt, sondern auf dessen Gesamteindruck und Wesensart. Ihr habt sicherlich bemerkt, daß jedes Tier, unabhängig von seinem Äußeren, durch eine vorherrschende Eigenschaft bekannt ist. Beim Hasen spricht man weniger von seiner Art zu fressen oder seinen langen Ohren als von seiner Ängstlichkeit. Beim Wolf wird nicht so häufig der Umfang seines Halses und seine Fähigkeit, riesige Strecken in einem fort zu laufen, als sein Zerstörungstrieb erwähnt: Bricht er ausgehungert in eine Schafherde ein, begnügt er sich nicht mit einem Schaf, an dem er sich vollauf sättigen könnte, sondern er würgt eine ganze Anzahl von ihnen. Die Hauptmerkmale des Löwen sind Stolz und Wagemut; beim Tiger ist es die Grausamkeit, beim Adler der scharfe Blick und seine Vorliebe für weite Höhen; beim Ziegenbock die Sinnlichkeit; beim Schwein der Schmutz; beim Hund die Treue, beim Lamm die Sanftmut, bei der Katze Unabhängigkeit und Geschmeidigkeit, beim Ochsen die Geduld, beim Kamel die Genügsamkeit, beim Hahn die Kampflust usw... Wollten wir sämtliche Tiere aufzählen, kämen wir noch lange zu keinem Ende.

Zusammengefaßt: Die Tiere sind durch ihre guten oder schlechten Eigenschaften in uns vertreten. Ebenfalls kann man sagen, daß das Gesicht mancher Menschen an gewisse Tiere erinnert. Ich fand des öftern die Ähnlichkeit zwischen Mensch und Tier bestätigt, auf welche der Schweizer Physiognomiker Lavater hingewiesen hat, so z.B. Schweinchen, Widder, Affe, Hund, Pferd, Kamel, Huhn, Fisch usw.

Beobachtet Euch genau, Ihr werdet eine Menge Tiere in Euch entdecken. Ihr werdet sehen, daß das eine Gefühl ein Löwe, jenes andere ein Skorpion ist. Die Gedanken entsprechen der beflügelten Tierwelt, bezieht alle Vögel mit ein, während die Gefühle mit den Kriechtieren, Vierfüßlern und Menschen verbunden sind. Der Gefühlsbereich ist sehr geräumig, es befinden sich in ihm auch Einzeller, Larven, unverkörperte Geister sowie Engel. Alle Zivilisationen und Volksstämme, welche einst gelebt haben, sind keineswegs vergangen. Sie leben im Menschen weiter, nur ist es für Euch schwer zu verstehen, wie und in welchem Aggregatzustand sie überdauerten. Im Augenblick kann ich nur andeuten, was die Esoterik lehrt: Alle Dinge, die in der Schöpfung vorkommen, sind im Menschen konzentriert enthalten: die Berge, Seen, Flüsse, Weltmeere und Sümpfe, die Bäume und Blumen, die Kristalle, Mineralien, Metalle und natürlich auch die Tiere.

Und nun, worin besteht die Aufgabe des Menschen? Der Mensch ist dazu bestimmt, in sich alles Widerspenstige zu bändigen und zu zähmen, auszugleichen, in Einklang zu bringen und auszusöhnen, damit die Raubtiere zu Haustieren werden. In der Tageslosung, welche ich Euch vorlas, heißt es: «Wer die wilden Tiere in sich bezähmt, verfügt über große Reichtümer, dank der stattlichen Zahl seiner Haustiere.» Man sieht es im täglichen Leben: Wer viele Haustiere besitzt, kann seine Felder bebauen, Lasten befördern... Außerdem werden sie aber auch noch zu anderen, sehr unschönen Zwecken verwendet, werden zerlegt, ihr Fleisch wird gegessen und ihr Fell verkauft.

Ich habe Euch schon mehrmals von dem Gespräch berichtet, das ich einmal mit einem Schriftsteller hatte, der mich besuchte. Auf die Frage, die er mir stellte, antwortete ich ihm, daß in der unsichtbaren Welt Geister wesen, welche die Menschen verzehren. Er war darüber empört und meinte, dies sei unmöglich, sei ungerecht... «Dennoch», sagte ich, «Sie als Schriftsteller müßten eigentlich davon wissen. Schauen Sie sich die Menschen an, was beobachten Sie? Wie behandeln sie die Tiere? Sie verzehren sie, verkaufen ihr Fleisch und ihr Fell. Ist dies gerecht? – Nein, warum sollten dann nicht auch andere dieselbe Ungerechtigkeit begehen? Gewisse Geister haben diese Verhaltensweise von den Menschen gelernt. Sie beobachteten sie und sagten sich: ‹Oho! Das wollen wir ihnen nachmachen; sie sind ja so klug, das Krönungswerk der Schöpfung, wir müssen sie nachahmen.› Darum sind sie so eifrig hinter den Menschen her, melken sie, nehmen ihr Fett, ihr Fleisch, ihre Knochen und verkaufen sie. Diese Geister nämlich haben ebenfalls ihre Verkaufsläden. Weshalb empören Sie sich denn, daß auch andere Wesenheiten und Kräfte genauso ungerecht handeln wie die Menschen? Wir selbst brachten sie ja dazu!» Darauf wußte er nichts zu sagen... Selbst wenn Ihr den Gedanken an die Existenz unsichtbarer Wesenheiten im Astral- und Mentalbereich ablehnt, seid Ihr doch gezwungen, das Vorhandensein von Mikroben, Bazillen und all der Keime anzuerkennen, welche die Menschheit zernagen!

Dem Menschen liegt innerhalb der Schöpfung eine ungeheure Aufgabe anheim, allein, er vergaß dies, indem er sich von dem Urquell entfernte. Er ist sich seiner Bestimmung nicht mehr bewußt und verhält sich wie die Tiere: sie zerreißen und verschlingen sich gegenseitig. Erst von der Geistesstufe des Jüngers an ändert sich das Verhalten, beginnt die Einsicht. Der Jünger bemüht sich, die Tiere zu meistern, die in ihm in Form von Begierden, Impulsen und dunkeln Trieben stecken. Wahrhaftig, es sind die gleichen Triebe, dieselbe Gier und Grausamkeit! Nun denkt nicht, daß sich der Mensch von der Tierwelt gelöst hat. Weil er sie nicht konkret vor sich sieht, glaubt er nicht an ihr Vorhandensein in seiner Gedankenwelt, seinen Eifersuchts-, Rache-, und Haßgefühlen; dennoch wirken sie in ihm. Unsere Aufgabe ist es, sie zu bezähmen, sie zu erziehen, bis sie uns dienstbar sind. Zorn, Eitelkeit und Sexualtrieb müssen gezäumt und gemeistert und zu edlen Zwecken angewandt werden. Wer jedoch kein Schüler der esoterischen Wissenschaft ist, wach und erleuchtet, läßt diesen Kräften freien Lauf und gerät in innere Konflikte.

Seht nur, was sich bisweilen auf dem Land oder in entlege-
nen Gegenden ereignet. Überwacht man nicht die Kinder,
den Hühnerhof und das Vieh, können Raubtiere sie überfal-
len und zerreißen. In gleicher Weise, wenn der Mensch sich
nicht in acht nimmt, greifen ab und zu Raubtiere ihn an und
zerreißen seine eigenen Kinder. Wer nun sind diese Kinder?
Es sind die schönen Gedanken und hohen Gefühle, die edlen
Antriebe und Vorsätze die er schuf. Manchmal sind sie nicht
mehr vorhanden, sind gefressen worden. Das wissen die Menschen nicht: Was sich in der Außenwelt zuträgt, spielt sich
auch in ihnen selbst ab. Feindliche Kräfte lauern ihnen auf,
bringen ihr Geflügel, ihr Vieh, ihre Kinder um... Daraufhin
fragen sie sich, warum sie so arm und elend, so schwach und
ausgeraubt sind. Wie oft habe ich das beobachtet! Wenn jemand mir sagt: «Ich habe meine Begeisterung, meinen früheren Schwung eingebüßt... früher schmiedete ich großartige
Pläne, jetzt nicht mehr...», würde ich ihm am liebsten sagen:
«Sie waren eben nicht wachsam, sind eingeschlafen, darum
konnten die Raubtiere bei Ihnen alles zunichte machen.»
Aber meist sage ich es nicht, weil ich weiß, man glaubt mir
nicht. Und trotzdem, wie läßt es sich erklären, daß diese edlen Regungen verschwunden sind?

Ich täusche Euch nicht, meine lieben Brüder und Schwestern, das ist die Wahrheit, aber sie ist noch so weit entfernt,
kaum wahrnehmbar! Unterdessen fahren die Menschen fort
sich gegenseitig zu zerreißen, zu bekämpfen, zu verschlingen,
genau wie die Raubtiere, halten sich für hochentwickelt, meinen, sie seien den Tieren weit voraus, fast schon Götter... Wo
denkt Ihr hin! Sie stehen noch viel zu nahe am Tier! Ein wenig menschlich sind lediglich Kleider und Schmuck, die
Häuser, einige Bücher, Kunstwerke; sie legen Zeugnis ab von
einer gewissen Kultur und Bildung – aber mit ihrem Innenleben ist es nicht weit her, da wimmelt es nur so!

Wahrhaftig, dieses Thema ist sehr weitgreifend, sehr be-
deutend und tiefgehend. Ihr müßt von Zeit zu Zeit innehalten

und Euer Bewußtsein aufwecken und erhellen, um die inneren Tiere besser zu meistern. Ich habe Euch schon gesagt, wie man sie bezwingt: durch innere Kraft! Die Tiere gehorchen nicht, wenn der Mensch schwach ist: Wenn sie spüren, daß er die gleichen Fehler und Schwächen hat wie sie, gehorchen sie ihm nicht und fallen ihn an. Es gibt diesbezüglich erstaunliche Vorfälle! Eine Schauspielerin z.B., besaß einen Tiger, mit dem sie eine tiefe Freundschaft verband. Als sie nun eines Tages nach Hause kam, nachdem sie die ganze Nacht mit einem Mann verbracht hatte, überfiel der Tiger sie und zerriß sie. Sicherlich roch der Tiger einen anderen Geruch als den seiner Herrin und fühlte sofort, daß sie den Freundschaftsbund gebrochen hatte. Man kennt viele Fälle von eifersüchtigen Tieren, welche spürten, daß ihr Meister ein Gesetz übertrat und sich an ihm rächten.

Nur wer Reinheit und Liebe ausstrahlt, dem gehorchen die Tiere. In Indien z.B., selbst im tiefsten Dschungel, werden die Asketen, Saddhus, Yogis, welche dort meditieren und beten, von den umherstreifenden Raubtieren in Ruhe gelassen. Die Tiere sind sehr empfindsam, sie fühlen die Aura, die Ausstrahlung, die von diesen Menschen ausgeht. Den Menschen ist jegliche Empfindsamkeit abhanden gekommen, die Tiere hingegen sind überaus feinfühlig. Damit unsere eigenen Tiere uns gehorchen, müssen wir an Liebe, Reinheit und Licht zunehmen, dem Herrn immer näher kommen. Kehrt der Mensch zum Urquell zurück, spüren die Tiere sofort, daß er wieder ein Meister für sie wird, und sie gehorchen ihm. Andernfalls fügen sie sich nicht – was immer Ihr auch tut.

Und ich bin nicht der einzige, der dies entdeckt hat. Vor mir haben Tausende beobachtet, daß die Tiere dem, der auf dem Lichtpfad schreitet, gehorchen. Ich aber spreche von den inneren Tieren, denn man hat heute kaum mehr Gelegenheit in Wälder zu gelangen, wo noch Raubtiere anzutreffen sind. Auf meiner Reise durch Indien kam es vor, daß ich durch Gegenden wanderte, wo noch Tiger sind. Man warnte mich, aber eigenartigerweise sah ich weder Tiger, noch Löwen, noch Leoparden. Woher kommt das wohl? Entweder, sie hatten Angst vor mir, weil sie fühlten, ich könnte grausamer sein als sie und machten sich davon, oder aber ich hatte nicht das Glück ihnen zu begegnen, weil ich es wohl nicht verdiente!... Und so weiß ich auch nicht, ob ich imstande bin, Raubtiere im Wald von mir fernzuhalten...

Während der Zeit der Christenverfolgungen kam es vor, daß die Raubtiere in den Arenen manche verschonten; andere hingegen wurden sofort zerrissen, aber daran waren nicht immer Mangel an Glaube und Reinheit schuld. Der Tod ist zumeist vorbestimmt: Ob einer durch einen Schlangenbiß, einen Hauseinsturz, kochendes Wasser, Gift, Ertrinken, einen Revolverschuß oder einen Messerstich umkommt, ist aus einem gewissen Grunde vorausbestimmt. Jedes Wesen ist in besonderer Weise mit einem der vier Elemente verbunden und dementsprechend wirken Erde, Wasser Luft oder Feuer.

Seine eigenen Tiere zu bändigen ist eine lohnende Arbeit, die große Vorteile mit sich bringt. Gelingt einem die Zähmung der inneren Tiere, kann man anschließend auf die äußeren Tiere einwirken. Man vermag auf andere nicht einzuwirken, wenn man sich selbst nicht überwunden hat. Ich sah viele Dompteure in verschiedenen Ländern. Daß sie imstande sind, wilde Tiere zu bändigen, will nicht heißen, daß sie die Raubtiere in ihrem eigenen Innern bezwungen haben. Nur indem sie den Tieren Angst einflößten, gelang ihnen die Dressur; die Tiere gehorchen, weil ihnen keine andere Wahl bleibt. Jedoch, sowie sie in ihrer Wachsamkeit nachlassen, stürzen sich die Tiere sofort auf sie. Als ich noch Schüler auf dem Gymnasium von Warna in Bulgarien war, kam einmal ein Schlangenbändiger und gab mit Einwilligung des Direktors vor dem ganzen Gymnasium eine Vorstellung. Er war ganz gelb gekleidet und trug Säcke voll Schlangen aller Art, selbst giftigen. Er ließ einige heraus, legte sie auf das Podium und starrte sie mit konzentriertem Blick an. Sein Blick war so scharf, daß die Schlangen zurückwichen... Jedoch einige Zeit später erfuhren wir, daß er tot war, eine Schlange hatte ihn gebissen. Zweifellos hatte seine Aufmerksamkeit nachgelassen. Hätte er sich überwacht und wäre es ihm gelungen, seine niederen Impulse zu meistern, hätte er vor allen Dingen jene Liebe ausgestrahlt, vor welcher selbst die grausamsten Tiere sich beugen, wäre ihm nichts geschehen.

Aber lassen wir das. Merkt Euch vor allem dies: Das Gestein, die Pflanzen und die Tiere sind in uns vertreten. Unser Knochensystem entspricht dem Gestein; der Blutkreislauf der Tierwelt; das Nervensystem der Menschenwelt. Darüber steht die Aura, ein System aus sehr viel feinerem Stoff denn die Nervenbahnen. Das Kraftfeld unserer Aura enthält ein weitverzweigtes Netz, welches von starken Energieströmen durchlaufen wird. Darüber befinden sich noch andere Kraftfelder, die jedoch die Möglichkeiten des Menschen weit überragen. Die Aura ist der Grenzbereich zwischen der Menschenwelt und den Engeln. Darüber breiten sich die Ebenen der Engel und der Erzengel sowie die göttliche Sphäre aus, welche von unvorstellbarer Feinheit sind.

Ausnahmslos alle Einweihungslehren künden davon, daß der Mensch eine Zusammenfassung der Schöpfung ist. Sie nannten sie «Mikrokosmos». Der «Makrokosmos» ist das Universum, die große Welt, und wir sind der Mikrokosmos, die kleine Welt; wir spiegeln alles wider, was in den einzelnen Bereichen des Universums existiert. Was besteht, ist in uns enthalten. Diese Kenntnis erklärt das Wirken der Meister; sie leben in der Gewißheit, daß sie innerlich über jede Möglichkeit verfügen, an den Himmel zu rühren, indem sie in sich selbst feinste Lichtströme und Regungen auslösen. Leider birgt der Mensch beides, die Hölle und das Paradies. Ja, leider sind auch alle Teufel zugegen. Zum Glück sind sie ein wenig im Schatten, eingedämmert, gelähmt und betäubt, und manche regen sich schon gar nicht mehr; belebt man sie jedoch wieder, wie man eine Schlange belebt, wird man sofort gebissen. Um eine Schlange ungefährlich zu machen, muß man sie abkühlen. Ist die Schlange abgekältet, kann man beliebig mit ihr umgehen. Nur in der Wärme wird sie gefährlich. Warum werden eigentlich nur «heiße» Leute gebissen? Was «heiß» bedeutet, versteht Ihr doch wohl... Ich meine damit nicht die menschliche, freundschaftliche, brüderliche Wärme.

Es gibt verschiedene Arten von Wärme, eine davon ist besonders dazu geeignet, die Schlange, d.h. den Sexualtrieb wachzurufen. Wie oft wird man gebissen, weil man diese Schlange zu sehr erwärmt! Deswegen bemühen sich die Eingeweihten, sie etwas abzukühlen um sie unschädlich zu machen. Dazu eben dient die Kälte. Auf diesem Gebiet muß man etwas kühl sein, dafür aber eine andere Wärme bewahren: die Herzenswärme. Es ist wunderbar, wie in der Natur alles spricht! Und wie erwärmt man die Schlange? Das brauche ich Euch nicht zu lehren. Die Leute wissen es nur zu gut: mit Wein, Betäubungsmitteln, Aphrodisiaka, mit bestimmten Gebärden, Worten, Blicken, besonderen Düften und gewisser Musik. Da erwacht die Schlange sofort, und das erste was sie tut: sie beißt zu. Deswegen pflegt man zu sagen: «Dich hat's gepackt.» Und gepackt wovon? Von einer inneren Schlange, oder dem Drachen, wenn Ihr wollt.

Der Drache ist in uns.* Im Gegensatz zu Drachen und Schlange steht die Taube. Sinnbildlich gesehen hat die Taube die entgegengesetzte Bedeutung der Schlange. Aus diesem Grunde verabscheuen Taube und Schlange sich gegenseitig. Die Schlange haßt die Taube, die Taube fürchtet sich vor der Schlange; zwischen ihnen gibt es keine Liebe. Ich habe Euch bereits den astrologischen Zusammenhang zwischen Adler (Taube) und Skorpion (Schlange) aufgezeigt. Seht die heiligen Urwesen: Stier, Löwe, Adler und Mensch. Einst hatte der

---

* Siehe Kapitel: «Im Zweikampf gegen den Drachen» (Band V)

Adler den Platz des Skorpions inne. Seit des Menschen Sündenfall ist der Adler zum Skorpion geworden. Der Skorpion
muß wieder zum Adler und danach zur Taube werden. Dies
ist jedoch eine sehr heikle Frage, die mit der Vergeistigung der
Sexualkraft zusammenhängt und worüber ich bereits zu Euch
sprach.

Bonfin, den 14. August 1973

Kapitel XX

Die natürliche
und die widernatürliche Natur

Freie Ansprache

Etwas macht mir Sorgen, meine lieben Brüder und Schwestern; Ihr seid nun so zahlreich auf dem Felsen, daß er zu
klein wird für uns alle. Man sollte eigentlich daran denken,
ihn auszubauen. Dies wäre gut möglich – anhand von Steinen
und Zement könnte man eine breite Plattform anbauen. Es
genügt, wenn jeder ein paar Handvoll Steine und Zement mit
sich bringt; damit kann man die Unebenheiten ausgleichen
und eine glatte Bodenfläche schaffen : Es wird sich schon eine
Lösung finden.
Auf jeden Fall haben wir die Sonne immerhin ein paar
Minuten lang gesehen und keinen Grund uns zu beklagen.

Heute ist Ostern, und ich könnte Euch verkünden:
«Christ ist erstanden», aber mir scheint, Ihr wäret dessen
nicht so sicher. In zwei oder drei Stunden, wenn wir im Saal
sitzen, werdet Ihr überzeugter sein, aber im Augenblick...
Wenn man sich in der Kälte befindet, dazu noch unbe-
quem sitzt und schläfrig ist, wie kann man da begreifen, daß
Christus auferstanden ist? Die Russen sagen : «Dengi iest,
Christos voskresse; deneg niet, smertiu smert!» was heißen
will : «Ist Geld vorhanden, ist Christus auferstanden; ist kein

Geld da, ist er wirklich tot». Nicht dumm, dieses Sprichwort.
Ja, die Russen, sie wissen wann Christus auferstanden und
wann er tot ist: am Geld. In Bulgarien ist es Sitte, am Oster-
tag sich mit den Worten zu begrüßen: «Christos vöskressi»:
«Christus ist erstanden», worauf der andere antwortet: «Na
istina, vöskressi»: «Wahrlich, er ist auferstanden.» Aber dieser Brauch verliert sich, denn die Menschen sind gar zu mate-
rialistisch geworden.

So zusammen zu sein wie wir heute, ist wunderbar. Dieses
Zusammensein hält warm, man fühlt sich wohl! Ja, und stellt
Euch nur vor, wären wir noch zahlreicher, welch geistiges Erwachen, welche Entfaltung der Seelen!... Und dabei sitzen
wir nur alle so zusammen, ganz einfach... Natürlich bringt es
auch Nachteile mit sich, wenn man zu zahlreich ist. Leben in
Gemeinschaft kann wundervoll werden, vorausgesetzt, daß
jeder aufmerksam, wach, bewußt und erleuchtet ist und ein
hohes Ideal anstrebt; dann besteht keine Gefahr mehr, vielmehr fühlt sich ein jeder unterstützt, gestärkt, ermutigt und
geht gefestigt immer mehr den geistigen Höhen entgegen. Dies
ist das Ideal der Eingeweihten. Da aber die meisten ihre ver-
erbten Neigungen, Gelüste und Hänge mit sich herumschlep-
pen, von denen sie sich nicht freimachen können, nutzen sie
das Gemeinschaftsleben, um ihnen zu frönen. Dennoch gebe
ich meine Hoffnung nicht auf, ich baue auf die Kraft des
Lichtes: Wenn die Menschen erleuchtet werden, vollzieht
sich in ihnen eine bedeutende Wandlung, das Göttliche in ihnen gewinnt die Oberhand, und der Mensch löst sich allmählich von allem Tierischen.

Wir alle tragen ererbte Gewohnheiten aus längst vergangenen Zeiten. Sie sind ein für allemal in uns eingeprägt. Niemand ist von seiner Vergangenheit völlig frei und gelöst. Höher entwickelte Menschen unterscheiden sich dadurch, daß
sie ihre niederen Impulse bewältigt haben und für das höchste
sittliche Ideal wirken. Wem es aber an diesem Lichtsehnen,
diesem Streben nach hohen Zielen fehlt, bei dem treten die

niederen Züge hervor; dies ist normal und natürlich. Dennoch glaube ich an die Macht des Lichtes und baue auf sie: Je näher man die Leute zum Lichte führt, umso deutlicher werden sie gewahr, wieviel schöner es ist, eine edlere Verhaltensweise anzunehmen als bisher. Ohne dieses Wissen geben sie ihren natürlichen Hängen nach: ausnützen, an sich raffen, profitieren, besitzen, aufsaugen. In gewisser Hinsicht ist dies normal, völlig normal und natürlich... Die Einweihung vielmehr mag ihnen unnormal und widernatürlich erscheinen; aber von der Geisteswelt aus gesehen ist diese absolut natürlich.

Diesbezüglich fehlt es den Menschen an Klarheit. Alle sprechen davon, man solle «der Natur folgen», «die Natur nachahmen», «sich an die Naturgesetze halten»; dies ist wohl richtig, doch um welche Natur handelt es sich dabei? Es gibt nicht nur eine Natur, sondern deren zwei. Viele von denen, die, wie sie betonen «der Natur gehorchen», handeln in Wirklichkeit der höheren Natur zuwider. Andere, die beschlossen haben, die höhere Natur in sich zu befreien, bemühen sich, ihre Triebnatur in Schranken zu halten. In der Meinung der Leute herrscht in dieser Beziehung eine folgenschwere Verwechslung; aus diesem Grunde wollte ich ein neues Licht auf diese Frage werfen und ihnen verständlich machen, daß es noch eine andere, eine erhaben göttliche Natur gibt, die sich entgegengesetzt der tierisch-biologischen äußert.

Eine Gattung von Lebewesen, der niederen Triebnatur völlig untertan, sind die Tiere. Sie sind ihr unbedingt treu, überschreiten keines ihrer Gesetze, lassen sich von ihren Instinkten leiten und verfügen nicht wie wir über Denkfähigkeit, Bewußtsein und Willenskraft, um sich ihr zu widersetzen. Das ist beim Menschen anders: Die kosmische Weisheit versah ihn mit Fähigkeiten, der niederen Natur entgegenzuhandeln, sich von ihren Fesseln zu lösen und allein den höheren Gesetzen des Geistes zu folgen. Also stimmt es: unsere

Lehre ist «widernatürlich» in dem Maße, wie sie gegen die Äußerungen der ichsüchtig-grausamen, skrupellosen Natur angeht und den Menschen auffordert, diese im Zaum zu halten zu Gunsten einer höheren Natur, welche schön und edel, großzügig und göttlich rein ist.

Betrachten wir noch einmal die Frage der Angst. Die Natur gab den Tieren die Angst zur Sicherung ihres Lebens: Ursprünglich ist die Angst allen Lebewesen inne. Später tritt die höhere Natur hervor, befreit die Wesen von dieser Hemmung und ersetzt die Furcht durch die Vernunft; es ist besser zu wissen, zu erkennen und zu verstehen, als in Angst und Unwissenheit zu verharren. Für die Tiere ist es normal, auf ihre Angst zu rechnen, um sich retten zu können, da sie keine Vernunft haben. Wenn aber der Mensch mit seiner Intelligenz, jener den Fortschritt bringenden Gabe, noch die Angst der Tierwelt beibehält, ist dies unnatürlich, und er wird geistig nicht wachsen. Es besteht mithin ein sehr wichtiges Gesetz: Die Natur fördert gewisse Dinge und heißt sie gut, aber von einem bestimmten Zeitpunkt an versucht sie diese zu beseitigen. Mit vielem im Leben verhält es sich so: Erst setzt man alle seine Kräfte ein um etwas zu erlangen, und anschließend ist man mit aller Kraft bemüht, sich dessen zu entledigen. Klugheit zeigt sich darin, zu wissen, wie lange man sie behält und wann man beginnen soll, sich von ihnen zu lösen. Die Türken sagen: Der Mensch gibt bis zu seinem 40. Lebensjahr sein Geld aus um sich krank zu machen, und nach 40 verwendet er es um sich zu kurieren.

Ich gebe Euch ein anderes Beispiel, diesmal aus dem religiösen Bereich. Im alten Testament steht geschrieben, der Mensch solle Gott fürchten, denn die Furcht des Herrn sei aller Weisheit Anfang. Als Jesus kam, ersetzte er die Furcht durch die Liebe. «Seid ohne Furcht, denn Furcht und Angst hemmen das geistige Wachstum; von nun an sollt ihr Gott wie einen Vater lieben.» Auch hier wiederholt sich derselbe Vorgang: Eine Zeitlang ist die niedere Natur wirksam, um den Menschen in eine bestimmte Richtung zu führen, jedoch die höhere Natur kommt, nimmt ihm alles Erworbene ab und führt ihn empor. Somit ist erwiesen: Unsere Lehre ist widernatürlich und unnormal... allein, sie ist viel besser!

Noch ein Beispiel: Nehmen wir an, ein junger Mann fühlt sich auf eine gewisse Weise zu einem Mädchen hingezogen und verspürt den Drang, sich auf sie zu werfen: Nun, das ist natürlich. Ja, aber gibt er diesem Instinkt nach, was wird aus ihm? Er bleibt ein Tier. Hier schaltet sich die andere Natur ein und spricht: «Man muß sich beherrschen, sich überwinden, Selbstkontrolle üben.» Freilich kann man einwenden, dies sei widernatürlich... Oder aber jemand verspürt das Bedürfnis zu essen und zu trinken; er hat den natürlichen Drang zu stehlen; er hat Hunger, nichts weiter, keine Bedenken, keine Skrupel. Auch hier meldet sich die höhere Natur wieder und sagt: «Nein, dies gehört jenem Mann, du hast kein Recht, es ihm zu nehmen, oder aber du mußt dafür bezahlen.» Und schon sind Vernunft, Gerechtigkeit und Moral vertreten. Da seht Ihr, wo Ihr hingeraten seid: in eine widernatürliche Schule! Seht zu, wie Ihr zurechtkommt. Ihr müßt im voraus wissen, wohin Ihr Eure Füße setzt! Häufig sage ich zu manchen, die hierher nach Bonfin kommen: «Sie ahnen ja nicht, in welche Gegend Sie sich verloren haben!» Man sieht mich erstaunt an, und ich füge hinzu: «Ja, in eine Gegend, in welcher man gezwungenermaßen viele Fehler und Ängste verliert»... Da sind sie beruhigt und lächeln.

Nun also, hier sind sie: die natürliche und die widernatürliche Natur. Sagt man zu jemandem: «Na, du schwächliche Natur!» So wißt Ihr wohl, was damit gemeint ist: Er ist schwächlich, weinerlich, launisch – o weh!... Daneben gibt es noch eine andere, die stark und charakterfest ist und sagt: «Komm, stütz dich auf mich, ich werde dich tragen.» Ist Euch dies klar?... Alle Menschen folgen ihren natürlichen Impulsen, nur fragt es sich, folgen sie den triebhaften oder idealen? Leider hängen die meisten mit aufrichtigem Gefühl, treu und überzeugt an der Triebnatur. Jawohl, treu, ehrlich und mit Überzeugung, wie sollte es anders sein? Sie empfingen derart viele Beispiele, Lehren, Ratschläge und leben seit Generationen in so vielen üblen Gewohnheiten, daß sie dieses Althergebrachte gut und richtig finden. Aber beginnt eine neue Wesensart sie zu wandeln, – wie kompliziert wird dann das Leben! Doch es muß so sein: Das Gebäude, an dem unsere Vorfahren jahrhundertelang bauten, war zwar wunderbar und ausgezeichnet, aber es kommt eine Zeit, da es veraltet, brüchig, baufällig wird: Es muß abgebrochen und ein neues an seiner Stelle gebaut werden.

Nun könnt Ihr nicht mehr aufbegehren, Euch auflehnen und empören indem Ihr sagt: «Was wird denn da von uns verlangt? Wohin soll das führen? Es wird uns noch das Leben kosten!» – Natürlich! man muß sterben um zu leben. Sterben wie das Samenkorn, das in der Erde abstirbt und wieder zu keimen beginnt! Denn, stirbt es nicht ab, d.h. gibt es sein Stillstehen, seine Unnützigkeit nicht auf, welche eine Art von Tod sind, dann eben lebt es nicht auf, bringt keine Früchte. Uns ergeht es ebenso; wenn wir in unseren alten Ansichten verharren, leben wir niemals wirklich. Man muß alten Gepflogenheiten absterben und in neuen, vorbildlichen und idealen aufleben! Ihr glaubt doch wohl nicht, daß Christus unseren Tod wollte? Nein. «Sterbt Ihr nicht», bedeutet: Ändert Ihr nicht das Verhalten, die Lebensverhältnisse, die Gewohnheiten, die Denkweise... Aber das Leben wollte er uns nicht nehmen, er, der sagte: «Ich bin die Auferstehung und das Leben»... Er wünschte, daß wir, ihm gleich, des wahren Lebens teilhaftig werden...

Was immer wir tun, sagen oder denken, wichtig ist nur eins: willig sein zu sterben, sich zu wandeln und sich der höheren Natur zu fügen. Genauso wie wir bisher den Gesetzen der niederen Natur unterwürfig Folge leisteten, gilt es jetzt, folgsam und unterwürfig den göttlichen Gesetzen der Geistnatur, der Individualität zu gehorchen.

Man muß sich stets bemühen, dieser störrischen Natur Herr zu werden, die fortwährend schreit, fordert, uns blind treibt und sich auflehnt... Sie ist furchtbar, diese Natur! Man muß ihr den Kampf ansagen, sie bezwingen; sie hat zu gehorchen. Ja, aber sieht sie keinen besser als sie ausgerüsteten, geübteren und stärkeren Gegner vor sich, fürchtet sie sich nicht und weigert sich zu gehorchen. Darum muß man die höhere Natur herbeiziehen. Seht, wie es im täglichen Leben sich zuträgt: Ein Unbekannter belästigt Euch auf der Straße und will Euch angreifen... Ihr ruft einen Polizisten, und gleich läßt der andere von Euch ab und entflieht. In gleicher Weise, um die niedere Natur zu verjagen und verstummen zu lassen, müßt Ihr... den Polizisten sozusagen, die Gottnatur herbeirufen; erscheint diese in all ihrer Kraft und Herrlichkeit, fühlt die andere ihre Unterlegenheit und fügt sich. Ihr werdet sagen: «Aber ich will alleine mit ihr fertig werden.» Welch ein Irrtum; sie hat nämlich keine Angst vor Euch, sie kennt Euch: Wie häufig hat sie Euch schon hereingelegt! Um sie zu bewältigen, bedürft Ihr der Hilfe eines starken Verbündeten.

Wendet Euch an das kraftvolle geistige Ich, ruft es herbei, fleht es an: Sowie es erscheint, genügt schon allein seine Gegenwart, das niedere Ich zu bannen; alle Widerrede verstummt – es herrschen Ruhe und Stille... Eine Kraft kann nur durch eine Gegenkraft besiegt werden. Wie bei Gift und Gegengift, Wärme und Kälte: Nimmt die Menge oder die Kraft des einen zu, so nimmt das andere dementsprechend ab. Das ist ein wesentliches Gesetz, treu und wahr!

Friede und Licht seien mit Euch!

Bonfin, den 14. April 1974

Kapitel XXI

Die Sexualkraft kann zur Förderung der höheren Natur genutzt werden

Freie Ansprache

Kommentar zur Ansprache vom I. Februar 1972: «Wie sich der Mensch von seiner Persönlichkeit ausnutzen läßt.»

«Um mich zu verstehen, um zu erkennen und einzusehen, wie wahr das ist, was ich sage, muß man schon eine gewisse geistige Reife erlangt haben... Spricht man von dieser Auffassung der Liebe zu sinnlichen, triebhaften Menschen, so entgegnen sie: «Aber wenn wir unsere sexuellen Bedürfnisse nicht zufriedenstellen, fühlen wir uns wie tot, nur das gibt uns Freude am Leben!» Ja natürlich, es kommt Leben in die Wurzeln, eine drängende Kraft ist rege, aber oben gehen wertvolle Energien verloren. Demnach kommt es auf den Menschen und dessen Entwicklungsstufe an.»

Ich habe schon so oft über die Liebe gesprochen, sie unter so mannigfaltigen Gesichtspunkten erklärt, daß Ihr Euch aus diesem kurzen Auszug eines Vortrags allein kein vollkommenes Bild von ihr machen könnt. Durch diese wenigen Worte wißt Ihr kaum mehr als zuvor; um eine klare Vorstellung von der Liebe zu erhalten, müßt Ihr Euch die früheren Ansprachen vornehmen, denn jede hebt einen bestimmten Punkt besonders hervor.

Aber ich habe den Eindruck, je mehr man den Leuten die Liebe aus esoterischer Sicht erklärt, desto unverständlicher und unklarer wird sie ihnen. Warum? Weil sie seit Tausenden von Jahren dasselbe Verhalten, dieselben Gesten wiederholen; sie können nicht einsehen, daß die Natur während einer gewissen Zeitspanne den Geschöpfen ein bestimmtes Sexualverhalten eingab und sie anschließend auf demselben Gebiet zu höheren Äußerungen drängt, die edler, schöner und geistiger sind.

Die Menschen bilden sich ein, daß sie für alle Ewigkeit immer die gleichen bleiben. Keineswegs, auf jedem Gebiet vollzieht sich eine Entwicklung, warum nicht auch in der Sexualkraft, welche umgewandelt und nach oben, in den Kopf geleitet werden soll, um das Gehirn zu nähren und es zu befähigen, Außerordentliches und Wundervolles zu ersinnen und zu schaffen. Solange die Menschen nicht wissen, wie sich diese Energie zu gewaltigen Leistungen einsetzen läßt, vergeuden sie sie, verlieren alle Lebenskraft und stumpfen ab. Ein jeder weiß, daß die Sexualkraft eine bestimmte Richtung verfolgt – aber daß sie auch in eine andere Richtung gelenkt werden kann und daß die kosmische Weisheit hierzu im Menschen ein Netz von Kanälen und Zentren angelegt hat, wodurch diese Energie nach oben geleitet werden kann, das weiß niemand. Dieses Leitungssystem, diese Vorrichtungen stehen wartend bereit; jedoch nichts wird dazu getan, sie auszulösen und in Betrieb zu setzen.

Die Menschen beschreiben die Sexualkraft allgemein als ein ungeheures Spannungsgefühl, welches das unwiderstehliche Bedürfnis weckt, sich davon zu befreien. Diesem Bedürfnis geben sie denn auch nach, befreien sich, vertrösten sich, ohne zu ahnen, daß sie etwas Kostbares verlieren, eine Quintessenz, welche gedankenlos nur zum Vergnügen verbrannt wird. Ich sage: Stellt Euch vor, Ihr seid ein Hochhaus von 150 Etagen; diese ungeheure Spannung gerade ist notwendig, um das Wasser bis in die höchsten Etagen zu treiben, damit die Bewohner oben auch Trinkwasser haben und ihre Pflanzen begießen können. Wird der Druck beseitigt, gelangt das Wasser nicht bis nach oben. Seht, wie unwissend die Menschen sind! Um sich von dieser Spannung frei zu machen, erschlaffen und entkräften sie sich.

Angewendet soll diese Kraft werden; denn ohne sie steigt die Energie nicht bis zum Gipfel. Anstatt zu erwachen und zu Höchstleistungen bereit zu sein, erschlaffen die Gehirnzellen, werden betäubt und gelähmt, so daß lediglich der untere Bereich sich nährt. Den Menschen fehlt diese Erkenntnis, sie haben diesen Willen nicht und überlassen sich somit ihren Trieben. Vor allem in der gegenwärtigen Zeit: Statt sich zu beherrschen und zu meistern, schaffen sie alle Möglichkeiten ab, ihre Willenskraft, ihre Macht und Intelligenz zu steigern. Wozu sich anstrengen? Es gibt ja die Pille! Ohne sie war man immerhin gezwungen zu überlegen, sich zurückzuhalten, vernünftig zu bleiben, sich beraten zu lassen. Alle diese Bemühungen werden nunmehr abgeschafft, und man läßt seinem Triebleben freien Lauf. Auf jedem Gebiet entkräftet sich der Mensch, denn die Wollust braucht alle Kräfte auf, und nach einigen Jahren ist er außerstande noch irgend etwas zu leisten: alles ist verbrannt, verbraucht und verdorben.

Wie macht man den Männern und Frauen verständlich, daß nach Gottes Plan diese Energie zu hoher schöpferischer Tätigkeit verwendet werden sollte? Unmöglich, sie wollen sich nur vergnügen, alles leicht erreichen, keine Anstrengung machen. Nur um eine Lust zu stillen, wird teuer bezahlt. Jedoch bei den Anstrengungen, sich zu beherrschen, verwirklicht man etwas Großartiges und Erhabenes und erlebt ein ungeahntes Vergnügen. Eigentlich trifft das Wort «Vergnügen» hier nicht so richtig zu, denn Vergnügen ist immer an triebhafte Verhaltensweisen gebunden; die Worte «Freude», «Entzücken», «Ekstase» wären weit angebrachter. Vergnügen ist nichts besonders Rühmliches; nicht selten schämt man sich dieser Art Vergnügen. Hingegen die Freude, Begeisterung und Verzückung kann man nur erleben, indem man erhabene Regungen in sich auslöst und nicht nur tierisch niedere, primitive. Man sollte zumindest versuchen, an sich zu arbeiten; auch wenn man nicht sofort Erfolge verzeichnen kann – sie werden später eintreten, und man fühlt sich stolz, gekräftigt und wohl. Eine Willensanstrengung bringt stets Vorteile mit sich.

Die Jugend ist sich nicht bewusst, daß es schönere Erfahrungen zu machen gibt als jene, in die sie hineinschlittert. Sie läßt sich hinabgleiten bis zur Hölle, und nach wenigen Jahren schon hat sie ihre Frische und ihren Charme, ihre Ausstrahlung, ihre Schönheit und ihr Licht verloren. Man muß der Jugend sagen: «Ihr wollt die körperliche Liebe ausleben? Schon gut, aber nach einiger Zeit vergeßt Ihr die erlebten Freuden, Vergnügen und Gefühle, zurück bleibt der Ruin, Schuldgefühle und Trübsinn.» Nur, wer wird ihnen das sagen? Selbst die Erwachsenen lassen sich ja mitreißen in dieses allgemeine Absinken, ohne zu wissen, wohin das führt. Hingegen die Eingeweihten, die sich seit Jahrtausenden mit dieser Frage befaßt haben (denn diese Kraft drängt, fordert, tyrannisiert die Menschen nicht zum erstenmal: seit Tausenden von Jahren wiederholt sich derselbe Vorgang!), ihnen ist alles bis ins einzelne bekannt. Nur hört man nicht auf sie; man folgt seinem Bedürfnis nach Lust und Vergnügen, fragt sich nicht, was danach kommt. Die Vernunft ist beseitigt, das physische Empfinden allein zählt.

Vor einigen Tagen besuchte mich ein älterer Mann und gestand mir, daß er auf sexuellem Gebiet sich nicht beherrschen könne und bat mich um Rat. Ich sagte zu ihm: «Was zu tun ist, erkläre ich Ihnen gerne, nur werden Sie es kaum schaffen, weil Sie sich darin nie übten, man muß damit viel früher beginnen; Sie können aber immerhin folgende Übung versuchen um Selbstbeherrschung zu lernen. Zum Beispiel gehen Sie an den Strand und schauen sich dort die hübschen Mädchen an; etwas wird sich in Ihnen regen, dies ist normal und natürlich. Da Sie aber Ihrem Verlangen mit diesen Mädchen nicht nachgehen können, wegen der vielen Menschen und da Sie die Mädchen auch nicht kennen, sind Sie gezwungen zu widerstehen und diese Kräfte in höhere Bereiche zu leiten. Genau da beginnen Sie Ihren Willen zu schulen; und wenn Sie mehrmals sich hierin mit Erfolg geübt haben, brauchen Sie schließlich nicht mal mehr an den Strand zu gehen. Sie schauen sich dann nur noch gewisse Zeitschriften an: auch da wird sich etwas in Ihnen regen; sofort fassen Sie diese erwachende Empfindung und leiten sie hinauf zum Himmel, zur Gottesmutter hin. Wenn Sie sich lange genug solchermaßen geübt haben, erreichen Sie es eines Tages, daß Sie keine körperlichen Beziehungen zu Frauen mehr benötigen. Das ist dann der Sieg, der Triumph! Aber man muß sich lange üben, in kleinsten homöopathischen Mengen. In der Homöopathie kann bis zur neunten Centesimalpotenz verdünnt werden*; und selbst bei diesem Verdünnungsgrad bleibt das Mittel noch wirksam! Auch in der Liebe kann man es bis zu diesem Verdünnungsgrad bringen, so daß man keiner körperlichen Beziehung mehr bedarf; das ist dann die geistige Liebe.»

Der Mann war selbstverständlich verblüfft, jedoch hoch erfreut; er verließ mich voller Hoffnung. Ob ihm die Selbstbeherrschung gelingen wird, bleibt dahingestellt.

Über die Vergeistigung der Sexualkraft könnte ich Euch vieles sagen, aber Ihr würdet mich nicht verstehen. Begnügt Euch einstweilen mit diesen Darlegungen und nehmt sie ernst. Man kann sagen, was man will, die menschliche Natur ist stets da. Nur sind die Leute derart heuchlerisch, derart falsch; sie tun als würde sie dies alles nichts angehen. Handelt es sich um die anderen, die sich lieben, sich küssen, so wird kritisiert und lächerlich gemacht, aber im Grunde genommen, was tun denn sie im Geheimen? Seid doch aufrichtiger, offener, wie ich es bin! Ich sehe die sexuelle Frage ganz

---

* d.h: 0,000000000000000001 = 10^{-18} = 1 Trillionstel

anders: Ich sage, daß über all dem eine hohe Vernunft steht, daß dies wundervoll, großartig und sinnvoll ist, es aber darauf ankommt, welchen Reifegrad man erreicht hat um es zu verstehen. Alles ist herrlich, vorausgesetzt, man wählt die richtige Einstellung und das beste Verhalten; dadurch bleiben einem Selbstvorwürfe erspart. In dieser Hinsicht gibt es viele Verhaltensweisen, deren sich die Betreffenden nachträglich eher schämen; es bedrückt sie, sie haben ein unangenehmes Gefühl, weil sie spüren, daß sie sich fast wie Tiere benommen haben. Sie können nicht anders handeln, da sie schwach sind, aber sie wissen sehr gut, daß es unschön war. Wenn Ihr auf mich hört und beginnt Euch zu üben, werdet Ihr entdecken: alle Schönheit und Herrlichkeit liegt in dieser lichtklaren, strahlenden Liebe zu allen Geschöpfen. Tag und Nacht fühlt Ihr Euch beseelt, beglückt und reich beschenkt, und diese Liebe dauert nicht nur ein paar Minuten; in alle Ewigkeit liebt Ihr weiter.

Allgemein wird geliebt und geliebt – aber sehr schnell folgen Haß, Zorn und Rache. Zu Beginn ist alles Gold, aber dieses Gold wird schnell zu Blei, zu Asche. Enttäuschung, Bitternis und Widerspruch stellen sich ein. Wer ein Jünger der Universellen Weißen Bruderschaft werden möchte, muß die höheren Stufen der Liebe kennenlernen. Nur darin findet er die Freiheit, jene Freiheit, welche keine Gegenliebe von den anderen erwartet, sondern selbst unaufhörlich gibt. Andernfalls wird man, je mehr man fordert, um so gebundener, abhängiger und unglücklicher. Die Menschen wollen im physischen Bereich, in der Persönlichkeit Austausche vornehmen, und da man für alles bezahlen muß, sind sie alsdann nicht mehr frei, sind versklavt. Der Schüler, der verstanden hat, wo seine Freiheit und sein Glück, sein Sieg und sein Triumph liegt, setzt seine ganze Kraft ein, und hat er es erreicht, dann wahrhaftig gibt es nichts Schöneres!

Sicher, es ist nicht jedem gegeben, sich zu beherrschen und die höhere Liebe zu erleben. darum sollte man, bevor man diesen Weg einschlägt, gut überlegen, sich genau kennen, denn hängt man noch zu sehr an physischen Freuden, so ist es besser, man läßt alles beim alten, weil man sonst nur noch unglücklicher ist. Hat man jedoch geistig bereits ein höheres Niveau erreicht und fühlt in sich den Drang zu einem lichten, geisterfüllten Leben, die Herrlichkeit der göttlichen Welt zu schauen und, erfüllt von Liebe, seinen Mitmenschen zu helfen, so kann man diesen Weg einschlagen. Es ist allerdings nicht jedermanns Weg, und ich rate ihn auch nicht jedem an. Ich weiß sehr wohl, welche Widerwärtigkeiten eintreten können. Was geschieht beispielsweise bei Ehepaaren, wenn einer der beiden zur Einsicht kam und sich entschlossen hat, eine hohe, geistige Liebe zu leben, hingegen der andere, der nicht auf die körperliche Liebe verzichten kann, sich erzürnt auflehnt?... Natürlich werde ich daran schuld sein. Ich weiß, es ist sehr gewagt, solche Reden zu halten wie ich es tue, aber ich muß denen, die geistig vorankommen, sich selbst beherrschen und meistern wollen, den Weg weisen und sie aufklären; im übrigen bin ich mir der Gefahr, falsch verstanden zu werden und mir Feindseligkeiten zuzuziehen voll bewußt. Ich riskiere sehr viel, aber nichtsdestoweniger muß die Arbeit getan werden.

Ich hoffe nur, daß alle, die mich hören, erkennen mögen, wie sehr meine Worte grundlegend gerechtfertigt sind und vor allem, daß es mir fern liegt, Familien zu entzweien; ich wünsche nur das Bewußtsein eines jeden, Mann und Frau, zu erweitern. Würde die allgemein verbreitete Anschauung über die Liebe zu ausgezeichneten Resultaten führen, wäre weiter nichts hinzuzufügen. Aber seht nur, wie es sich zuträgt: all diese Familiendramen, Ehescheidungen... Und selbst beim trauten Zusammensein weilt der Ehemann in Gedanken bei irgendeiner Filmschönheit und die Ehefrau träumt von einem vielumschwärmten Schlagersänger... So leben sie beide bereits mit einem anderen und betrügen einander in Gedanken.

Ich will Euch ein Beispiel anführen : Hier haben wir zwei
Flaschen. Sie stellen einen jungen Mann und ein junges Mädchen dar. Beide trinken : nach und nach leeren sich beide Flaschen, man wirft sie weg und holt sich neue. So spielt es sich
nach althergebrachter Weise in der Liebe ab : Man trinkt von
einer Flasche, deren Inhalt begrenzt ist, und nach einiger Zeit
wirft man sie weg. In der neuen Lehre hingegen ist die
«Flasche» an die Quelle angeschlossen, man trinkt und
trinkt, ohne daß sie leer wird ; sie ist immer gefüllt, denn ihr
Wasser kommt von der Quelle.

Dies bedeutet : Liebt Ihr nicht nur die Persönlichkeit, den
Körper eines Mannes (oder einer Frau), sondern seinen Geist,
seine Seele, so verbindet Ihr Euch mit etwas Lebendigem, das
bereits mit dem Urquell, mit Gott verbunden ist. Und darum
hört Eure Liebe nimmer auf ; selbst wenn Ihr alt, faltig und
ausgetrocknet seid wie Äpfel, die zu lange am Baume hingen,
werdet Ihr Euch weiter lieben, weil Ihr ja nicht das Fleisch
liebtet, sondern jenes Wesen, welches ein Abbild des lebendigen Gottes ist.

Viele bleiben an der rein äußerlichen Erscheinung haften ;
deswegen verblaßt ihre Liebe auch so schnell : sie liebten am
anderen ausschließlich die physische Gestalt, nicht dessen
Seele und Geist ; so werden sie bald einander überdrüssig und
trennen sich. Hingegen in unserer Lehre lernt man einander
lieben : Der Mann sieht in der Frau die Gottesmutter und erhebt sich bis zu ihr, um mit ihr Energien, hohe Tugenden und
Wonnen auszutauschen ; die Frau ihrerseits lernt, wie sie
durch den Mann den Himmlischen Vater zu finden vermag.
Auf diese Weise wird ihre Liebe niemals enden. Gegenwärtig
sind die Beziehungen zwischen Mann und Frau von kurzer
Dauer ; danach wundern sie sich, daß sie einander nicht mehr
lieben. Das ist normal, warum soll man den anderen noch lieben, wenn nichts in ihm mehr zu lieben ist ? Gerade das ist
es : lieben sie einander, einer um des andern willen, ist diese
Liebe begrenzt ; aber lieben sie einander eines hohen Ideals

wegen, auf das hin sie beide gemeinsam wirken und arbeiten, können sie sich niemals trennen; denn sie lieben ja nicht nur einander, sondern dieses hohe Ziel, diese Idee, diesen Geist, und das ändert alles. Dies sollte man den jungen Leuten klar machen; ihnen anhand von Beispielen die Folgen des einen und des anderen Verhaltens aufzeigen.

Wieviele junge Mädchen und junge Männer kamen schon zu mir, um mir von ihrer Liebe zu erzählen! Häufig frage ich dann den jungen Mann beispielsweise: «Was zieht dich an diesem Mädchen denn so an?» – «Ihr schönes Gesicht, ihre schlanken Beine und ihr Busen und auch die Farbe ihrer Augen.» – «Glaube mir, in diesem Falle wird deine Liebe nicht lange dauern.» – «Wieso denn? aus welchem Grunde?» – «Weil dich das Denken dieses Mädchens, ihr Herz, ihre Gefühle und ihre Empfindungen nicht beschäftigen, du interessierst dich nur für ihr Äußeres. Sehr bald wirst du all dessen, was du an ihr schön und reizend findest, überdrüssig sein; und stellst du dann fest, daß sie launisch, unaufrichtig oder leicht ist, siehst du ihre Schönheit nicht mehr und wünschst nur noch, sie zu verlassen.» Stelle ich nun einem anderen jungen Mann die gleiche Frage: «Was zieht dich an diesem Mädchen an?» – und er antwortet mir: «Ihre edlen Gedanken, ihre geistigen Interessen.» – «Ausgezeichnet! Und wie findest du sie rein äußerlich?» – «Ihr Äußeres hat für mich kaum Bedeutung.» – «Nun, du brauchst dir keine Gedanken zu machen, liebt man nämlich an einem Menschen seine Denkweise, sein Handeln, seine Seele, seinen Geist, fühlt man sich so sehr zu ihm hingezogen, daß sich schließlich auch physisch eine Übereinstimmung von selbst ergibt.» Ich habe es öfters erlebt, daß Menschen, welche rein physisch zunächst gegeneinander nur Abneigung empfanden, allmählich einander näher kamen, weil zwischen ihnen intellektuell und geistig eine Übereinstimmung bestand, so daß sie schliesslich auch physisch miteinander auskamen und sich liebten.

Darum rate ich der Jugend: «Bevor ihr heiratet, versucht herauszufinden, ob ihr mit eurem künftigen Lebensgefährten im Denken und Fühlen übereinstimmt. Das Physische soll erst an dritter Stelle kommen. Heiratet ihr lediglich der körperlichen Anziehung wegen, werdet ihr, sobald das eigentliche Wesen sich äußert, euch zerstreiten und zanken und schließlich sogar gegenseitig auf euch einschlagen.» Unglücklicherweise enden Tausende von Ehen auf diese Weise; denn die Leute waren zu sehr verblendet, sie hatten niemanden, der sie gut beraten hätte. Übrigens wissen selbst die Eltern häufig keinen besseren Rat zu geben als zu sagen: «Sieh zu, wie du alleine zurechtkommst», anstatt ihr Kind zu beraten und zu unterweisen. Selbstverständlich, ich weiß schon, daß die jungen Leute auch auf weise Ratschläge nicht hören; zumindest aber erinnern sie sich nach der Niederlage, dem Zusammenbruch, daß man sie vorher gewarnt hatte. Man darf sich nur nicht vorstellen, daß Ratschläge und Erklärungen etwas nützen, ich kann es Euch bestätigen! Erst hinterher, wenn sie sich gründlich den Kopf angerannt haben, entsinnen sie sich ihrer.

Ja, wieviele Dinge wären noch zu erläutern und klarzustellen, aber unsere Zeit ist bemessen. Ich würde Euch gerne alles geben, alles erklären, aber es ist unmöglich. Jedoch rate ich den Brüdern und Schwestern in der Bruderschaft, sich nicht mit jungen Männern und Mädchen, Männern und Frauen zu verheiraten, die diese Geisteslehre nicht annehmen, denn sonst wird ihre Liebe nicht von langer Dauer sein, oder aber sie müssen, damit sie anhält, sich den Wünschen und Launen ihres Partners fügen und somit ein erhaben himmlisches Leben dem niederen Erdenleben opfern. Es ist schon vielen so ergangen, selbst hier in der Bruderschaft; sie verliebten sich in jemanden, der keinerlei Ideal besaß, sie opferten alles Kostbare, was sie hier für ihre Seele und ihre Zukunft empfangen durften und sind jetzt traurig, unglücklich, verzweifelt, aber sie können es nicht mehr ungeschehen machen, es ist zu spät. Glaubt mir, meine lieben Brüder und Schwestern, bindet Euch nicht an Menschen, die nicht nach einem hohen geistigen Ideal streben, sonst werdet Ihr leiden.

Bonfin, den 15. September 1974

Kapitel XXII

Das Wirken für die weltweite Verbrüderung
I

Freie Ansprache

Lesung der Tageslosung:
«In der Stille der Meditation sollen die Schüler am Wirken Ihres Meisters teilnehmen... All Euer Denken und Handeln soll darauf ausgerichtet sein, zum Wohle der Menschheit beizutragen, damit die Weltweite Weiße Bruderschaft, welche bereits in der höheren Welt besteht, auch auf Erden verwirklicht werde. Sie hilft dem Menschen, seine Lebensaufgabe leichter zu bewältigen, erleuchtet ihn auf seinem Wege, spornt ihn dazu an, die höchsten Gipfel des Geistes zu erklimmen.»

Über diese Gedanken gibt es viel zu sagen, meine lieben Brüder und Schwestern. Was bedeutet zum Beispiel der Satz: «In der Stille der Meditation sollen die Schüler am Wirken ihres Meisters teilnehmen»? Und jener andere: «All Ever Denken und Handeln soll darauf ausgerichtet sein, zum Wohle der Menschheit beizutragen»?

Wenden wir den Blick auf die Welt, die Gesellschaft, die Familie... Alles ist nur auf die Natur des Menschen eingerichtet: auf das Triebhafte in ihm, seine Neigungen, seine Wünsche und seine ungebändigten, ungezähmten Urinstinkte.

Sämtliche Vorschriften, Wertmaßstäbe, Normen, Kriterien
der Gesellschaft, sowie die ganze Erziehung unterstützen die
immer mehr um sich greifende Gesinnung: alles an sich zu
raffen, möglichst viel zu besitzen, zu gewinnen und zu genießen. In diese Richtung geht der Lauf der Welt.

Daraus entstehen die vielen Uneinigkeiten, Verfeindun-
gen, Zerwürfnisse, Kriege und Verheerungen; nur aus der
Einstellung: «Alles für mich, nichts für die anderen.» Wie
soll unter solchen Umständen alles in Ordnung sein? Unmöglich, es brechen unweigerlich immer wieder Konflikte aus.

Und dennoch, als der Mensch in den Werkstätten Gottes
geschaffen wurde, hat die kosmische Weisheit Samen in ihn
gelegt, Keime, welche sich dereinst als edle Eigenschaften und
Tugenden, erhabene Regungen der Entsagung und Selbstauf-
opferung entwickeln sollen. Man kann dies gelegentlich bei
gewissen Menschen beobachten, in früheren Zeiten z.B. bei
den Propheten, Aposteln, Heiligen... Es besteht kein Zweifel,
ihre Lebensgeschichte beweist, daß etwas Höheres, Göttliches
in ihnen wirkte und sie bestrebt waren, sich von allem Niederen zu lösen, in dem die Welt steckt. Nur waren ihrer zu wenige, um die Menge zu beeinflussen, ja sie fielen ihr manchmal sogar zum Opfer; das Volk verwarf sie, nahm sie gefangen, tötete, vergiftete oder kreuzigte sie. Und daher wurden viele andere immer mehr von Angst und Furcht ergriffen
und sagten sich: «Da sieht man, was meiner wartet, wenn ich
ihrem Beispiel folge», und sie bemühten sich, es ihnen nicht
gleichzutun, damit ihnen das gleiche Schicksal erspart bliebe... Ja, sie hofften zu entkommen; allein sie hätten wissen
müssen, daß sich keiner dem Gesetz von Ursache und Wir-
kung, welches jede unserer Handlungen regiert, entziehen
kann. Wer in seinem Tun nicht gerecht und aufrichtig ist,
wird von diesem Gesetz früher oder später eingeholt, und
wenngleich er nicht ermordet wird wie die Märtyrer, Heiligen
und Propheten, wird er doch von anderem Getier zerfressen.
Denn unzählige Wege führen die Menschen ins Grab! Und so

hat ihm denn die Angst zu keiner tiefen, klaren Überlegung verholfen.

Wenn Ihr nun auf mich hören wollt, gebe ich Euch gerne einen genauen Einblick in die gegenwärtige Lage, demzufolge Ihr nicht mehr in der gleichen Weise denken und Euch verhalten könnt wie bisher. Denn im Augenblick seid Ihr, und ich bitte Euch dies zu entschuldigen, derart von den Bedingungen Eurer Umwelt beeinflußt, daß Ihr selbst im Reich Gottes angekommen noch anfangt zu kritisieren: «Hier ist es aber ganz anders als bei uns... das wird nicht richtig gemacht... jenes ist nicht normal.» Gleich jenem Mann, der aus einem Volk stammte, wo alle nur ein Auge hatten, – Ihr wißt schon, wie die Zyklopen, – einmal ging er auf Reisen und geriet dabei unter ein Volk, in dem alle mit zwei Augen sahen. Zurückgekehrt, verkündete er seinen Landsleuten: «Ich sah schreckliche Geschöpfe, wahre Ungeheuer, die zwei Augen statt nur einem hatten. Wir müssen sie angreifen und ihnen ihr zweites Auge ausreißen!» So ungefähr geht es auch in der Welt zu. Besitzt jemand eine höhere Gabe als der Durchschnitt – das dritte Auge zum Beispiel – und die Leute merken es, wollen sie es ihm entreißen, denn sie sagen sich: «Das ist unnormal und nicht natürlich.» Bekanntlich bestimmt die Mehrheit was normal ist!... Ist nun diese Mehrheit auf dem Niveau der Tiere stehengeblieben, muß man sich ihr anpassen und ebenfalls ein Tier bleiben. Daß da und dort Engel und göttliche Wesen sind... O nein, das darf es nicht geben! Seht Euch diese Gesinnung an! Nun ja, manchmal ist es auch die Eurige, Ihr denkt genauso. Gelingt es mir, Euch zu einem neuen Gesichtspunkt, einer völlig neuen Denkweise zu führen, dann werdet Ihr erleben, daß ungeahnte Erfolge Euch zuteil werden. Aber werdet Ihr mich verstehen? Das ist die Frage.

Bei meiner Arbeit, in meinen Ansprachen behandelte ich ein Thema, mit dem sich noch niemand, außer einigen Eingeweihten, welche es in den heiligen Schriften erwähnten, befaßt hat. Weder Denker noch Schriftsteller, noch Gelehrte sind je auf die Frage der beiden Naturen eingegangen, die jeder von uns in sich trägt: die niedere, tierische Natur einerseits, welche ich Persönlichkeit nannte und die hohe Gottnatur andererseits, die in uns allen noch schlummert, weil man sich nie die Mühe nahm, sie zu entfalten: ich nannte sie die Individualität. Ich las viele Bücher, besuchte zahlreiche Länder und begegnete vielen Menschen; leider mußte ich aber feststellen, daß Leute, die sehr hohe Posten bekleiden und außerordentlich intelligent sind, ja sogar überragende Denker nicht wissen, wann ihr Handeln von der Persönlichkeit und wann es von der Individualität beeinflußt wird. Sie haben weder klare Begriffe noch Urteilsvermögen, noch Maßstäbe; sie denken, daß alles, was sie von sich geben, richtig und wundervoll ist, da ja sie es sind, die es aussprechen, ersinnen und wünschen. Allein, sie beobachten nicht, was in ihnen vorgeht, merken nicht, welch merkwürdige, seltsame, teuflische Dinge sich in sie einschleichen!

Was stellt man nicht alles fest, wenn man beginnt, sich selbst zu beobachten, zu analysieren! Man wird gewahr, daß diese beiden Naturen miteinander vermischt und verwoben sind und der Mensch im allgemeinen nicht klar genug unterscheidet, welche der beiden ihn drängt zu handeln, um nicht trotz allem ungewollt hie und da von der Persönlichkeit irregeführt zu werden. Diese ist nämlich eine miserable Lehrmeisterin, dafür aber eine ausgezeichnete Dienerin: Sie muß zur Arbeit getrieben und eingesetzt werden, damit sie etwas einbringt; denn sie ist überaus dynamisch, aktiv und unermüdlich, unerschöpflich! Gelingt es dem Menschen durch stetige Selbstbeobachtung, seiner göttlichen Natur zunehmend Freiheit zu gewähren, damit unausgesetzt allein nur sie in Erscheinung tritt, unverwischbare Spuren und Eindrücke hinterläßt, dann wahrlich wird er eine Gottheit: Er hat sich freigemacht, ist Herr jeder Lage, und die Persönlichkeit ihm untertan. Schaue ich mir hingegen die Menschen an, so sehe ich, daß sie ihre Begabungen, ihre ausserordentlichen Talente und Möglichkeiten in den Dienst der Persönlichkeit stellen. Was sie auch tun, sie tun es um ihre niederen Bedürfnisse zu befriedigen. Zeigt mir eine Ausnahme! Es gibt ihrer nur sehr wenige. Um sich Geld, Macht oder Vergnügen zu verschaffen, setzt der Mensch all diese ihm von Gott geschenkten Eigenschaften ein.

Es gibt viele außergewöhnlich intelligente Menschen, aber welche Tätgkeit üben sie aus? In Laboratorien stellen sie Giftgase her, entwerfen Geräte, welche tödliche Strahlen aussenden, oder treiben Spionage. Sie haben ihre Intelligenz in den Dienst von Haß, Vernichtung und Zersetzung gestellt: sie mißbrauchen die Kräfte und Energien, welche dazu hätten dienen sollen, die Erde in ein Paradies zu verwandeln und den Menschen das Reich Gottes zu schaffen! Wie wenige setzen ihre Kräfte und ihr Wissen für dieses Ziel ein! An den Fingern könnt ihr sie zählen! Das Bewußtsein der Menschen ist noch viel zu beschränkt, um einsehen zu können, daß all das Abscheuliche und Naturwidrige, was sich auf Erden ereignet, auf die Ich-Bezogenheit und Selbstsucht der Persönlichkeit zurückzuführen ist. Richtiger gesagt: Jeder ist sich dessen bewußt, nur tut niemand etwas dagegen! Ich bin zwar nicht der erste, der es sagt, aber es sind nur wenige, die gleich mir Abhilfe zu schaffen wußten mittels Anleitungen und einschlägiger Richtlinien, damit ein jeder genau weiß, ob das, was er grade im Augenblick verspürt, gut ist oder schlecht, ob es als Ziel das Reich Gottes oder die Hölle, den Aufbau oder die Zerstörung, die Veredelung oder die Erniedrigung hat. Ein Schüler muß bei jeder Tages- und Nachtzeit genau wissen, was in ihm vorgeht, in welche Richtung seine Energien fliessen, zu welchem Zweck und aus welchem Grunde. Ein Schüler muß dies wissen, und in noch viel höherem Maße ein Meister, der ja im Besitz der wirksamsten Methoden und unfehlbarer Kriterien ist. Ich kann Euch meine Maßstäbe angeben, dank derer Ihr zu einer solch tiefen Einsicht gelangt, daß Ihr erstaunt ausruft: «Ja, haben wir denn unser ganzes Leben nutzlos verbracht?» Das ist es eben, man glaubt für förderliche Zwecke zu wirken, für das Gute; werden jedoch Maßstäbe angelegt, ist man entsetzt!

Meist wissen die Menschen nicht, daß in ihnen sowohl eine engelhaft-reine, göttliche, als auch eine teuflisch-niedere Natur ist. Nehmen wir das Beispiel eines anständigen, reinen jungen Mädchens, das wohlerzogen ist; sie ist liebenswert, jawohl, aber wenn Ihr sie bestimmten Bedingungen aussetzt, sie aufputscht, dann werdet Ihr erleben, wozu sie imstande ist: sie wird zum Dämon, zur Furie. Von woher kommt ihr dieses Gebahren? Sie trug es in sich, in latentem Zustande. Umgekehrt gibt es Halunken, ja sogar Verbrecher, die Seelengröße und Edelmut beweisen, ihr Leben aufs Spiel setzen, um Menschenleben zu retten. Und wo lagen diese Impulse? Tief in ihnen verborgen, zugeschüttet. Einem jeden Menschen wohnen die beiden Naturen inne: Unter gewissen Bedingungen tritt entweder die eine oder die andere hervor. Setzt Ihr selbst größte Verbrecher günstigen Bedingungen aus, so werdet Ihr sehen, zu welch erstaunlichen Dingen sie fähig sind.

Aber laßt uns fortfahren. Wie ich vorhin sagte, wird der Mensch nach den Maßstäben, der Tradition und den Ansichten der Welt gebildet: Von Geburt auf stimmt jeder sein Handeln nach dem aller andern ab, hat kein anderes Bestreben, als seine Eltern, Verwandten und Nachbarn nachzuahmen, ohne sich nach höheren Vorbildern umzusehen. Alles folgt mithin der gewöhnlichen Triebnatur, die stets darauf bedacht ist, unabhängig, nach eigenem Gutdünken ihren Wünschen und Launen freien Lauf zu lassen; sie übertritt die kosmischen Gesetze, mißachtet jede Moral und drängt den Menschen unter dem Vorwand der Freiheit dazu, sich von allem abzusondern: Er respektiert nichts und niemanden, widersetzt sich aller Ordnung, so daß er, selbst wenn er hierher in die Bruderschaft kommt, eine Menge hohler, veralteter und unnützer Ansichten mitbringt, von denen er sich freimachen muß. Ja, nicht selten sogar, wenn er sieht wie hier Friede, Liebe, Uneigennützigkeit, Eintracht und Aufopferung für die Gemeinschaft walten, findet er dies entsetzlich, möchte am liebsten alles umwälzen und davonlaufen.

Stellt Euch jetzt vor, daß wahre Meister und Eingeweihte versuchten, die Menschen aus all dieser Unordnung, diesem Unfrieden und dieser Auflehnung gegen die Gesetze der Harmonie herauszuholen und sie in eine friedliche Umgebung zu bringen, in der niemand geknechtet und unterjocht, sondern im Gegenteil jeder befreit ist, sich ungebunden und unabhängig fühlt, klar sieht innerhalb einer allgemeinen Übereinstimmung und Harmonie... Ja, nehmt an, ein Eingeweihter habe dies praktisch bereits verwirklicht und alle seine Jünger arbeiteten an seinem Werk durch ihr Denken, Wünschen und Sehnen mit, um mächtige Schwingungen der Liebe zu bilden und in die Welt auszusenden, damit sie die Gemüter aufrütteln und alle Menschen anspornen, eine weltweite Familie zu bilden, anstatt einander ständig zu bekämpfen... Kommt nun jemand hierher in die Bruderschaft, der nach den üblichen Anschauungen erzogen wurde, lehnt er sich auf, setzt an allem aus und findet es unnormal: Wozu dieses respektvolle Gehabe? Warum wird diese Stille, diese Eintracht eingehalten? Warum so viel Selbstbeherrschung an den Tag legen? Das ist ja Unterdrückung, Hypnotisierung, Beeinflussung – das muß geändert werden. Mit anderen Worten heißt dies: zurück zum Chaos! Dann wüten Zwiespalt, Krieg und Zerstörung in alter Stärke weiter, und nie wird das Unglück der Menschen ein Ende nehmen. Diesen Wirren eben wollen die Eingeweihten Einhalt gebieten und den Menschen dazu verhelfen, sich eine friedliche Umwelt zu schaffen, in der alle vereint, in innerer Verbundenheit leben und keiner seiner Freiheit beraubt wird – im Gegenteil!

Nun aber lehnen sich viele, die zum ersten Mal hier sind, auf und kritisieren; sie finden, daß wir die Leute behexen und hypnotisieren. Nun gut, was sollen wir da tun? Auflehnung,

Widerrede und Durcheinander predigen – sind wir dann wohl
auf dem richtigen Wege? Dadurch gerade würde sich alles
zersplittern und die Menschen niemals in Eintracht brüder-
lich zusammenleben: sie wären alle da, jeder allein in seiner
Ecke, einer gegen den anderen aufgelehnt!

Dies möchte ich der Jugend erklären und ihnen sagen:
«Nehmt an, es gelingt Euch, alles zu zerstören, auf niemanden zu hören; weder Gesetz, noch Obrigkeit, noch eine wahre Geistesgröße anzuerkennen (denn es leben auf Erden Leute, die kraft ihres Wissens und ihres reinen Lebenswandels
eine echte Überlegenheit besitzen); gut, Ihr weigert Euch, ihnen zu folgen, wählt die Gesetzlosigkeit. Wie gesagt, Ihr zerstört alles – aber wie wollt Ihr dann leben, hinterher?... Nun,
entweder lebt Ihr jeder alleine und bringt Euch gegenseitig
um, oder Ihr lebt zusammen und seid gezwungen, die gleichen Gesetze und Bräuche wieder einzuführen, ja sogar ein
leitendes Haupt anzuerkennen, und dieses Oberhaupt wird
ein Halunke sein; der schlimmste von allen, und Ihr werdet
seinen Befehlen gehorchen müßen!

Ja, so ist es, Ihr könnt nicht umhin, dieselben Einrichtun-
gen einzuführen, die vordem bestanden, erneut eine Sozi-
alordnung zu errichten, Möglichkeiten zu schaffen, um mitein-
ander auszukommen und die Aufgaben aufzuteilen, welche
das Dasein erleichtern. Gegenwärtig arbeiten Bäcker und
Schuster für alle und nicht für sich selbst, die Ärzte pflegen
alle die krank werden, die Zugführer befördern alle, die auf
Reisen gehen usw... Statt Eure Kleider selbst zu nähen und
Eure Schuhe herzustellen, findet Ihr sie gebrauchsfertig; und
Ihr ebenfalls, verrichtet einen Beruf, der anderen nützlich ist.
Die Tätigkeit eines jeden erleichtert die Arbeit aller. Zerstört
Ihr diese Anordnung der Dinge, so müßt Ihr wieder ganz von
vorne beginnen, Eure Tage allein und ausschließlich damit
verbringen etwas Eßbares zu finden, wie die Tiere. Wo wer-
den Kultur, Zivilisation und Kunst zu finden sein? Es wird

sie nicht geben, da Ihr ja Euer ganzes Dasein mit Fischen und
Jagen verbringt. Hingegen jetzt übt Ihr eine Tätigkeit aus und
Tausende eine andere; sie arbeiten für Euch und Ihr für sie.
Die Menschheit hat es schon immer vorgezogen, in Gemein-
schaft zu leben.»

Meine Beobachtungen sind jedoch damit noch nicht been-
det. Ich fand heraus, daß die Menschen nur dem Anschein
nach das Problem des Lebens in Gemeinschaft gelöst haben.
Äußerlich zwar bilden sie eine Gesellschaft, bleiben jedoch
innerlich voneinander abgesondert, getrennt und stehen sich
feindselig gegenüber. Im Grunde genommen sind sie immer
noch Höhlenbewohner und leben jeder für sich in seinem
Erdloch. Ihnen empfehle ich, von nun an von innen her eine
Verbindung zu schaffen, welche sie der weltweiten Verbrüderung aller Menschen auf Erden näher bringt. Die Leute sind
nur scheinbar miteinander verbunden, inwendig leben sie jedoch vereinzelt wie die Höhlenmenschen der Urzeit. Wir lehren jetzt ein höheres Bewußtsein, damit die Gesellschaftsord-
nung auch in der Seele der Menschen Gestalt annimmt, und
wir leben hier ein Beispiel vor: alle sind frei, alle sind glücklich. Wo sind hier die Besserwisser? Es gibt keine! Darum
sind alle die, die mit ihren alten Anschauungen hierherkommen völlig unbrauchbar. Sie bringen nichts Gutes, richten
höchstens Schaden an. Mögen sie sich woanders hinbegeben
um zu leiden und zu erfahren, was es heißt, allein und verein-
samt zu leben, ohne daß ihnen jemand zu Hilfe kommt. Das
wird sie vernünftig machen. Denn einstweilen ist es unweise,
so zu denken wie sie es tun.

Man muß unser Wirken richtig verstehen. Darum sage
ich: «In der Stille der Meditation sollen die Schüler am Wirken ihres Meisters teilnehmen». Und welches ist die Arbeit
eines Meisters?... Seinen Schülern ihr Geld abzunehmen? Sie
von ihrer Familie zu trennen? Ihnen ihr Haus, ihr Auto, ihren ganzen Besitz zu nehmen? Nein, meine lieben Brüder und
Schwestern, die Arbeit eines Meisters... Aber Ihr könnt Euch

davon noch gar keine Vorstellung machen, solange Ihr derart
von den Alltagssorgen in Anspruch genommen seid. Ein
Meister ist frei von all dem, hat keine dieser Sorgen mehr, er
hält seine Gedanken auf Dinge gerichtet, die Ihr Euch gar
nicht auszudenken vermögt, er leistet eine riesige Arbeit zum
Wohle der Menschheit, nicht nur für Euch oder für ihn. Ihr
steckt alle zu tief in Euren täglichen Verpflichtungen und Ge-
schäften. Davon ist ein Meister frei, er hat alle seine Probleme gelöst, hat weder Frau noch Geliebte, weder Kinder noch
weltliche Verpflichtungen, noch Hindernisse, er hat ganz andere, großartige Dinge im Kopf. Es ist der Mühe wert, ihm
Hilfe darzubringen, und selbst wenn man in alten Anschauungen erzogen wurde, ihm in Gedanken beizustehen und sich
zu sagen: «Der Arme, seht wie alleine er dieses Werk verrichtet, er erhält weder Belohnung noch Hilfe, noch Unterstützung; ich will ihm zur Hand gehen!» Aber nein, man kritisiert ihn. Und wißt Ihr, was eine Kritik für ihn bedeutet? Es
ist, als würdet Ihr ihm Stiche und Hiebe versetzen, ihn fol-
tern. So empfindet er eine Kritik.

Ihr wißt nicht, was ein Gedanke vermag. Ein Gedanke
kann unerträglicher sein als eine Wespe, aber auch wohltuen-
der als ein Engel. Die Leute senden alle möglichen Gedanken
aus, kritisieren ausgerechnet den, der ihnen helfen möchte,
zertreten ihn, ohne sich dessen bewußt zu sein und ohne zu
ahnen, daß er, wenn sie solchermaßen weitermachen, sich
verschließen und ihnen seine Hilfe entziehen wird, so daß sie
ihr Leben im Dunkeln zubringen müßen.

Von all denen, die zum ersten Mal hierherkommen, weiß
ich von vornherein was meiner wartet: Kritik, Zweifel... weil
sie anders gelehrt wurden. Ich weiß aber auch, daß sie sich
nach einiger Zeit wandeln, einsehen, wie falsch sie geurteilt
hatten; sie leben sich allmählich ein, passen sich an; dann
blühen sie auf und ihr geistiges Leben geht mit Riesenschrit-
ten voran. Dies geschieht jedoch nicht gleich am ersten Tag.
Bis dahin muß ich ihre negativen Gedanken über mich erge-

hen lassen, sie ertragen und annehmen, den vielen Steinwürfen standhalten ohne zu klagen. Wenn ich auch genau weiß- ,was sie mir antun, sehe ich sie dennoch liebend an. Nach einiger Zeit indessen, wenn sie endlich begreifen, an welch ungeheurem Werk ich arbeite, entschließen sie sich, mir zu helfen und überflügeln sogar die anderen. Seht, wie es Paulus erging: Kein anderer verfolgte die Christen hartnäckiger als er, doch nach dem, was ihm auf dem Wege nach Damaskus widerfuhr, war er es, der die Lehre Christi mit noch mehr Eifer verbreitete als die übrigen Jünger. Deshalb warte ich geduldig. Eines schönen Tages – und das ist das Wunderbare – kann man sich auf diese Leute restlos verlassen.

Die große Universelle Weiße Bruderschaft, die es schon immer gab und aus welcher die Heiligen, Propheten, Eingeweihten, großen Meister, Engel, Erzengel und Gottheiten hervorgingen, beschloß, zeitweise einen Erlöser auf die Erde zu senden. Aus ihren Reihen kamen Rama, Buddha, Lao-Tse, Fo-Hi, Pythagoras, Hermes Trismegistos, Moses, Jesus, Peter Deunov... Jeder von ihnen wurde gesandt, um den ewigwährenden Prinzipien eine neue Form zu geben. Immer und überall ist es dieselbe Lehre, denn die Wahrheit ist unwandelbar. Nur die Methoden, die Form der Lehre dürfen nicht dieselben bleiben, da sich die Menschheit entwickelt und neuer Ausdrucksweisen bedarf. Einem heranwachsenden Kind z.B. kann man auch nicht die gleichen Jäckchen anziehen, die es mit zwei oder drei Jahren trug. Es müßen ihm neue angefertigt werden. Das gleiche gilt für Philosophie und Religion: Die Formen wandeln sich mit dem Zeitalter.

Nunmehr ist die Zeit gekommen, da die Universelle Weiße Bruderschaft, so wie sie oben ist, unten auf Erden in Erscheinung treten will. Jesus sagte im Vaterunser: «Dein Wille geschehe auf Erden wie im Himmel», was heißen soll: «Möge es hier unten sein wie oben!» In gleicher Weise wie «oben» im Himmel die Universelle Weiße Bruderschaft be-

steht, die alles leitet und austeilt, desgleichen sollen «unten»
auf der Erde Vertreter von ihr sein. Unsere Bruderschaft hier
ist ein Abbild der Bruderschaft dort oben. Ich habe nie gedacht, unsere Bruderschaft sei die eigentliche Universelle
Weiße Bruderschaft. Ich bin ein größerer Realist als man sich
vorstellt und mache mir keine Illusionen. Seid gewiß, eines
Tages wird sie es werden : Wenn Ihr Euch alle daraufhin vorbereitet, die Brüder von oben aufzunehmen und in Euch zu
tragen, dann wird aus unserer Bruderschaft die wahre Bruderschaft. So müssen wir denken. Meine Arbeit zielt eben darauf
hin, diesen hohen Brüdern zu helfen. Ich habe bewußt ver-
sprochen ihnen zu helfen, damit sie eines Tages einziehen
können in geläuterte und bereite Seelen... Dann wird die ganze Erde erklingen von Liedern und Gesängen... Es werden
keine Kriege mehr sein, keine Grenzen. Unvorstellbar wird
das Glück sein, das sich ausbreitet!...
    Warum arbeitet Ihr nicht auf dieses hohe Ziel hin?... Vor
allen Dingen, versucht nicht mehr, mir Eure Weltanschauung
aufzudrängen, ich kenne diese Lehren nämlich, bin längst
darüber hinaus! Hingegen von dem, was ich erfahren und erkannt habe, seid Ihr weit entfernt. Darum nehmt es an, es
kann Euch nur dienlich sein. Sonst werden andere Euren
Platz einnehmen, es sind ihrer Tausende und Millionen, die
sich darauf vorbereiten... Und Ihr, wo werdet Ihr dann sein?
Wenn Ihr dessen inne werdet, weint Ihr dicke Tränen und
sagt: «Ach, was war ich dumm! Ich habe das Höchste und
Beste verloren!» Hat man einmal eine solche Gelegenheit
versäumt, findet man sie nie wieder. Man mag bitten, flehen,
es ist vorbei; der Himmel bietet sie einem nicht wieder.
    Um nochmals auf die Persönlichkeit zurückzukommen :
Sie tritt in sehr unterschiedlicher Weise in Erscheinung. Bei
der Frau z.B. ist die auffallendste Eigenschaft der Persönlichkeit das Besitzenwollen : sie will besitzen, für sich behalten.
Und beim Mann? Er will herrschen und befehlen. Das Besitzenwollen zieht bei der Frau noch andere Fehler nach sich,

beispielsweise die Eifersucht. Nehmen wir an, ich unterhalte mich mit einer Schwester etwas länger als mit einer anderen (mit der einen bedurfte es nur weniger Worte), nun, sie wird es mir nachtragen! Warum freut sie sich nicht eher und sagt: «Welch ein Glück, diese Schwester durfte länger mit ihm sprechen als ich!» Nein, nicht alleine, sie freut sich nicht darüber, sondern sie kocht innerlich noch dazuhin. Dieser Fehler muß besiegt werden, anstatt sein Leben lang darin zu verharren, ohne etwas daran zu ändern. Das wäre eine zu bewältigende Arbeit: die Eifersucht!

Einen jeden, der hier ist, stelle ich auf die Probe, und damit ich von jedem von Euch weiß, was in ihm steckt, prüfe ich ihn von Zeit zu Zeit mit einer Stecknadel (natürlich ist dies symbolisch zu verstehen); ich gebe ihm einen kleinen Stich, und wenn er aufbegehrt, sage ich mir: «Na gut, hier macht sich die Persönlichkeit bemerkbar», und aus dem Ton, den er anschlägt, weiß ich, wen ich vor mir habe und was mit ihm zu tun ist. Alle gehen bei mir durch kleine Prüfungen, nur merkt niemand den Moment; erst viel später wird es ihm bewußt. Ich tue dies nicht bösartig, o nein, nur damit die Brüder und Schwestern sich selbst besser erkennen. Sie kennen sich nämlich nicht; Sie glauben sich gerecht und ohne Fehl, meinen, sie sähen alles richtig. Wie ist es anders möglich, sie davon überzeugen, daß sie nicht sehr klar sehen? Ich stelle sie vor gewisse Proben, dann werden sie gewahr. Nur auf diese Weise kann man den Menschen helfen: indem man ihnen zur Selbsterkenntnis verhilft; denn sonst sind sie voller Illusionen über sich selbst.

Ja... sich über das Gute freuen, das dem Mitmenschen zuteil wird, – das ist eine höchst seltene Tugend. Es gibt diesbezüglich eine schaurige Geschichte. Ein König wollte einmal einen Minister belohnen und sagte zu ihm: «Erbitte dir irgend etwas von mir, ich werde es dir geben, aber...» Er wußte nämlich, daß dieser Minister einen Gegner hatte, der mit ihm nicht einer Meinung war; um ihm eine Lehre zu erteilen, fügte er daher hinzu: «Aber ich gebe deinem Kollegen das Doppelte.» Nach einigem Überlegen sagte der Minister: «Majestät, lassen Sie mit ein Auge ausstechen!» Dies in der Voraussicht, daß dem anderen beide Augen ausgestochen würden! Das ist wahrhaftig ein fürchterliches Beispiel. Aber so sind die Menschen. Anstatt sich über das Glück eines anderen zu freuen, sagen sie: «Ach, warum wird dies nicht mir zuteil?» Seht nur, selbst innerhalb einer Familie, wenn Ihr Äpfel austeilt und einem Kind einen etwas größeren gebt, werden alle anderen dies ungerecht finden und sich auflehnen, statt sich zu freuen, daß ihr Brüderchen ein größeres Geschenk erhielt. Ja, die menschliche Natur ist unglaublich! Die Individualität hingegen wünscht allein das Wohl der anderen, einer Mutter gleich. Seht nur, wenn eine Frau ein Kind hat, entfaltet sich in ihr die höhere Natur: sie opfert sich auf, verzichtet sogar auf das Essen, um es dem Kleinen geben zu können, und sie schläft auch nicht, pflegt es die ganze Nacht hindurch... So äußert sich die Individualität.

Was mir am meisten am Herzen liegt, ist Euer Wohl, nichts anderes. Wäre dem nicht so, hätte ich Euch längst betrogen und mich verabschiedet mit den Worten: «Auf Wiedersehen! Bis zum nächsten Mal! Kommt mich holen!» An Gelegenheiten hierzu hat es nicht gefehlt: Außerordentlich reiche Frauen wollten mich, ich weiß nicht warum, heiraten, mir ihr ganzes Vermögen geben. Ich habe nie zugesagt. Einige unter Euch können dies bestätigen. Ich bin nicht reich geworden, bin frei geblieben um Euch zu helfen. Wo hättet Ihr denn sonst nach mir gesucht? Und in welchem Zustand hättet Ihr mich angetroffen? Also denn, da ich Euch ja nicht ausgebeutet habe, worüber beschwert Ihr Euch?

Das einzige, was für mich zählt, ist Euer Wohl. Es beglückt mich, Euch hell und freudig, lichtklar, kraftvoll und strahlend zu sehen. Und warum wohl? Sagt es nicht weiter – zu meiner eigenen Genugtuung! Ich möchte stolz sein und mir sagen: «Siehst du, du hast es zu etwas gebracht, du bist immerhin jemand!» Wer aber ist es, der da spricht? Die Individualität, die Persönlichkeit? Na, dies herauszufinden, überlasse ich Euch... Wißt Ihr es nicht? Ich sagte eines Tages, es gibt keine uneigennützige Tat, selbst der Herr hat uns gegenüber ein Interesse, und auch die großen Heiligen waren nur deshalb so eifrig im Gutestun, weil sie zur Rechten Gottes sitzen wollten. Und eine Mutter, ist sie etwa uneigennützig? Sie denkt an ihre alten Tage: «Meine Tochter, mein Sohn werden für mich sorgen!»... Was ist Uneigennützigkeit eigentlich? – Der geringste Grad der Eigennützigkeit. Und was ist Eigennutz? – Der geringste Grad der Uneigennützigkeit! So ist es auch beim Haß: er ist die letzte Stufe der Liebe, und die Liebe...

Aber lassen wir das. Absolute Uneigennützigkeit gibt es eigentlich nicht: es bestehen davon lediglich unterschiedliche Grade und Stufen, und selbst wenn Ihr nur dieses eine wünscht, die Menschen glückstrahlend und frei zu machen, liegt immer noch ein kleines Interesse vor: nämlich jenes, eine Gottheit zu werden. Jedoch ist dieses Interesse so uneigennützig, daß es höher einge stuft wird, weil es göttlicher Natur ist. In Wirklichkeit verfolgt Ihr ein Interesse. Und auch ich habe eines, das größte von allen und zwar: unauslöschliche Spuren der Gotteswelt in Euch zu hinterlassen, damit sie später, wenn Ihr fern von mir weilt, Euch lebendig in Erinnerung bleiben. Es ist also doch ein Interesse, nicht wahr?

Bonfin, den 11. Juli 1973

Kapitel XXII

Das Wirken für die weltweite Verbrüderung
II

Freie Ansprache

Lesung der Tageslosung:
«Alles im Universum singt in Einklang und Harmonie, und in dieser kosmischen Harmonie ist jede Kreatur auf eine gewisse Tonart eingestimmt. Um in Übereinstimmung mit der universellen Harmonie zu schwingen, muß der Mensch sein eigenes Musikinstrument, seine Geige gut kennen und die Weise, die er zu spielen hat. Je höhere Ebenen der Mensch erreicht, desto melodischer, heller und reiner sind die Klänge, die von ihm ausgehen.»

Welch inhaltsreiche Losung, meine lieben Brüder und Schwestern! Sie sagt zunächst aus, daß im Weltall alles in Harmonie singt und klingt. Die Menschen haben sich aber so sehr von der Wahrheit abgewandt, daß sie ihr Feingefühl und die Gabe im Einklang mit dem Kosmos zu schwingen eingebüßt haben. Darum wissen sie nicht mehr, daß das Weltall eine gewaltige Symphonie bildet.
Diese Losung enthält zahlreiche interessante Gedanken, die ich im Folgenden darlegen möchte. Wenn Ihr alleine seid, bei Euch zu Hause, könnt Ihr singen, ein Instrument spielen, aber Ihr stimmt Euch dabei nicht auf andere ab. Tonange-

bend ist Eure momentane Stimmung, eure Gemütsverfassung. Seid Ihr fröhlich, singt Ihr eine heitere Melodie, seid Ihr
traurig, eine wehmütige. Ihr achtet auf niemand anderen, nur
Ihr allein zählt. Das heißt einsam und abgeschieden leben,
und so ist auch das Leben der meisten: sie singen, arbeiten,
denken und handeln, ohne sich auf etwas außerhalb ihres
kleinen Ichs, etwas Erhabenes, Unendliches, Göttliches ein-
zustimmen.

Warum wird von den großen Meistern das Leben in Gemeinschaft angeraten und empfohlen? Weil es eine Bewußt-
seinsänderung bewirkt.Anstatt in ungeordneter, unharmoni-
scher Weise zu handeln, beginnt der Mensch sich auf andere
einzustellen, und durch diese Synchronisierung mit der Gemeinschaft macht er im geistigen Leben Fortschritte; die
Gemeinschaft selbst ist bestrebt, mit der hohen kosmischen in
Einklang zu kommen und vermittelt jedem einzelnen Gutes
und Förderliches. In dem Bestreben, sich mit den anderen in
Einklang zu bringen, ein sinnvolleres, lichteres Dasein zu leben, gewinnt der Mensch sehr viel, nimmt mit der kosmischen Weisheit Verbindung auf, empfängt deren Segnungen.
Auch das Gegenteil ist wahr. Lebt er im Widerspruch zu der
Gemeinschaft, welche ja das Sinnbild der großen kosmischen
Gemeinschaft ist, so schadet er sich selbst, wird krank und
geht zugrunde. In der Disharmonie ist kein Fortschritt, keine
Entfaltung möglich.Der größte Fehler liegt darin zu denken
und zu glauben, wie viele es tun, daß man durch Auflehnung
und Gesetzlosigkeit klug, glücklich und stark wird. Von wo
kommt dieser Irrglaube, und warum wird er beibehalten?
Nirgendwo in der Einweihungswissenschaft steht, man könne
durch Entzweiung und Anarchie vorankommen und des Universums Reichtum und Segen erhalten. Warum wird dann
dieser Hang zur Gegensätzlichkeit allerorts so sehr gepriesen,
empfohlen und nachgeahmt? Ich finde, die Ursache hierzu
liegt in der Unwissenheit, und zwar einer bodenlosen Unwissenheit!

Das erste, was man lernen sollte ist dies : Bringt man sich mit allen Naturgesetzen, positiven Kräften, den hoch über uns stehenden Geistwesen in Einklang, dann kann man in sich alles erneuern. Zunächst wird die Gesundheit besser, danach machen sich die anderen Wohltaten bemerkbar. Die Menschen werden dadurch fehlgeleitet, daß ihr Denken und Handeln nicht sofort spürbare Folgen nach sich zieht. Sie sehen die guten wie die schlechten Ergebnisse nicht gleich. Sind sie in einem verwirrten Zustand, brechen nicht auf der Stelle Katastrophen über sie herein, werden sie nicht sofort krank, nein sie fühlen sich wie gewohnt und bisweilen sogar noch zufriedener. Das ist es, was die Menschen irreführt, daß die Belohnung oder Strafe nicht sofort eintrifft und ihnen eine Lehre erteilt. Ich erklärte euch bereits, weshalb die kosmische Weisheit es so eingerichtet hat : damit dem Menschen Zeit und Möglichkeit bleibt, wiedergutzumachen und einsichtig zu werden. Die kosmische Liebe schenkt ihm Zeit, alles zu bereinigen und zu vergüten, statt ihn auf der Stelle zu züchtigen.

Vergeht sich der Mensch gegen gewisse Regeln des Soziallebens, beispielsweise in der Buchhaltung, wird nicht unverzüglich nachgeprüft. Erst einige Monate oder Jahre später wird vom Steueramt nachgerechnet. Bis zur Urteilsfällung kann der Mensch die begangenen Fehler wieder gutmachen. Diese dem Menschen gewährte Freiheit Vergehen zu überdenken, zu verbessern, ist ein Beweis der Liebe von Seiten der kosmischen Weisheit. Aber scheinbar täuscht sie ihn, weil er die Strafe nicht auf sich zukommen sieht : alles bleibt beim alten, geht zum besten, ja, manchmal ist er sogar noch stolz darauf, getötet, gestohlen, erpreßt zu haben. Er fühlt sich überlegen und stark, doch erklärte ich Euch, alles wird festgehalten und irgendwo eingeprägt.

Der Grundgedanke der heutigen Tageslosung lautet, der Mensch muß seinen Bewußtseinszustand ändern. Statt immer nur seinen Willen durchzusetzen, ohne je in Erwägung zu ziehen, ob sein Handeln für seine Umwelt – die zahllosen Ge-

schöpfe, welche das Universum bevölkern – vor- oder nachteilig ist, soll er sich fragen, ob er diese Wesen stört oder im
Gegenteil ihnen hilft und ob sie über sein Dasein und seine
Tätigkeit erfreut sind. Denn häufig lebt der Mensch derart
eingeschränkt, daß er die Weite und Unendlichkeit des Universums nicht fassen kann. Alle jene, die ausschließlich ihr
rein persönliches, ichbezogenes Leben im Auge haben, tun
was ihnen paßt, ohne Rücksicht zu nehmen auf was es auch
sei, begrenzen ihren Horizont, ihr Vermögen zu fühlen, zu
schaffen und ihre Kraft zu steigern immer mehr. Über kurz
oder lang werden sie schwach und zerfallen, bis sie schließlich
zu Staub werden, weil sie von stärkeren zerstampft wurden.
Diese Auffassung, welche von der ganzen Welt und vor allem
von einem Teil der Jugend mit so großer Begeisterung aufgenommen wurde, ist wirklich verheerend. Ja, zerstören macht
ihnen Spaß; allein, sie ahnen nicht, daß sie durch das Beibehalten dieser Einstellung, wenn nicht von Menschen so doch
von den kosmischen Gesetzen zermalmt werden. Aus dem
Kosmos dringen unaufhörlich Strahlen auf uns ein, die im
Grunde genommen nicht die Eigenschaft haben zu zerstören;
nur wenn der Mensch nicht im Einklang mit diesen Strahlen
vibriert, wird er dieses Widerspruchs wegen vernichtet.

Je mehr der Jünger die Anschauung der Eingeweihten
schätzt und versucht, sich mit ihnen in Einklang zu bringen,
je mehr er das göttliche Leben mit Liebe und Dankbarkeit, in
rechtem Verhalten und lichtvollen Denken zu leben gewillt
ist, desto weiter wird sein Bewußtsein: Es umfaßt zahlreiche
Gebiete, worin er vielfältige Erscheinungen wahrnimmt, die
sich inwendig in ihm und sogar um ihn herum abspielen, und
sein Wissen nimmt zu. Mehr und mehr wird er inne, daß er
Dinge fühlt und weiß, von denen er früher keine Ahnung hatte, und er preist den Himmel für diese Bewußtseinserweite-
rung. Aber eine Erweiterung des Bewußtseins setzt eine
Wandlung voraus. Anstatt alles auf die Persönlichkeit auszu-
richten, soll der Mensch den Anziehungspunkt der Energien

verlegen; nicht mehr ausschließlich sein kleines Ich zufriedenstellen, sondern sich einem anderen Zentrum zuwenden, welches Gott ist, die kosmische Weisheit und Harmonie, Schönheit und Licht, Unendlichkeit und Ewigkeit. Von da an wandelt sich der Mensch von Grund auf, löst und entwindet sich allem Düsteren, macht sich frei und richtet sich auf: Er entfaltet sich, blüht auf und neues Leben pulsiert endlich in ihm. Wie einfach, klar und leicht das ist!

Ihr werdet sagen: «So einfach ist es nicht!» Ja, freilich, es ist nie einfach, wenn Ihr die Persönlichkeit als Mittelpunkt beibehaltet und den Punkt, auf den alle Eure Energien hinzielen, nicht verlegt. Versetzt Ihr diesen Punkt, wird alles derart einfach, daß Ihr nur so darüber staunt. Vor Jahren sprach ich von den drei Systemen, dem egozentrischen, biozentrischen und theozentrischen.*

Wem diese drei Systeme unbekannt sind, der weiß zumindest, was ein Ziel und was Mittel bedeuten. Nun, was gegenwärtig den Menschen als Ziel gilt, soll zum Mittel werden und was als Mittel gilt, zum Ziel werden. Was ist damit gemeint? Es heißt, daß die Menschen sich gegenwärtig zum Ziel setzen, ihrer Persönlichkeit, ihrem Egoismus zu frönen, ihre Gelüste und Triebe zu befriedigen. Das ist ihr Lebensziel. Und welches sind ihre Mittel? Alles, was die Wissenschaft bietet sowie die Naturkräfte, das Fühlen und Denken und sogar Gott selbst. Die Mittel, die gut und heilig sind, werden somit zu höllischen Zwecken verwendet. Von nun an muß das Gegenteil getan werden! Das Ziel soll zum Mittel werden: Der physische Körper mit Magen, Geschlecht und den Impulsen der niederen Natur sollen dazu dienen, das Höchste und Heiligste, das Licht zu erreichen. Gelingt diese Umwertung, wird alles verwandelt. Auf diese Weise haben die Eingeweihten neue Ziele und Mittel gegeben.

* Siehe Kapitel: «Das egozentrische, das biozentrische und das theozentrische System» (Band III)

Leider bilden sich die Leute immer mehr ein, daß Wissenschaft, Philosophie, ja sogar sämtliche Himmelsgaben ihren Launen, dem Sex, Bauch, Egoismus und den niedersten Trieben dienen. Wo fanden sie aufgezeichnet, daß es so sein müsse? – Alles muß umgewälzt werden! Was man besitzt, soll dazu verwendet werden, ein hohes Ideal anzustreben; von da an wird im Leben alles leichter. Jene, die es vollbracht haben, stellten es fest, und nun ist die Reihe an Euch. Zweifelt Ihr, haltet Ihr an den alten Ansichten fest, welche die Welt Euch vermachte, werdet Ihr niemals frei, glücklich und gesund. Bisher ließt Ihr Euch von der unwissenden Menge führen und hieltet die Eingeweihten für wunderliche Leute, weltentrückt, leicht verklärt und sonnendurchglüht. Man folgt der verdummten Menge, weil sie in der Überzahl ist, aber was bringt es ein? Gewiß, man schnappt einige Happen auf, ein bißchen Kleinkram, – anschließend fallen Hiebe, kommt Leid und Vergeltung. So ist das tägliche Leben der Menschen: sie erhaschen ein kleines Vergnügen, ein bißchen Lust, müssen dies aber teuer bezahlen. Beherzigt Ihr, was die Eingeweihten lehren, so sagt Ihr: «Ich bin entschlossen, ab heute alle Mittel und Gaben, die Gott mir verliehen hat, einem herrlichen Ideal zu weihen, in den Dienst der Großen Universellen Weißen Bruderschaft zu stellen, damit das Reich Gottes auf die Erde herabkomme.» Dann tretet Ihr in eine neue Seinsordnung ein, in eine höhere Dimension; Ihr geht in die Gemeinschaft überaus feinsinniger Geschöpfe ein, welche Eure Entscheidung sofort wahrnehmen: sie eilen herbei Euch zu helfen, zu erleuchten, zu unterweisen, so daß Ihr unausgesetzt in wunderbaren Empfindungen lebt. Warum glaubt Ihr es mir nicht?

Ihr haltet an der alten Weltanschauung fest, das sehe ich genau und denkt: «Du hast gut reden...», wie man allgemein sagt. Wer nicht verstehen will, wird eben die Folgen tragen müssen. Es walten eherne Gesetze, nur treten sie leider nicht sofort in Kraft. Erst Jahre danach merkt man, daß man den falschen Weg eingeschlagen hat, aber dann ist es zu spät. Die

Jugend sagt: «Laßt uns unsere eigenen Erfahrungen machen, wie ihr, später verstehen auch wir.» Eine Großmutter gab ihren Enkelinnen Ratschläge und sagte ihnen, wie sie sich zu verhalten hätten um rein und jungfräulich zu bleiben... «Aber du, Großmutter, – entgegneten die Enkelinnen, – hast du denn in unserem Alter nicht auch Erfahrungen gemacht?– Oh doch, aber ich bin weise geworden. – Nun denn, so laß uns ein wenig das Leben genießen, wie du es tatest, danach werden auch wir vernünftig werden.» Das ist normal und logisch. Man darf indessen nicht warten bis man alt ist, um weise zu werden, ansonsten glaubt einem niemand. Solange man jung ist, sollte man mit gutem Beispiel vorangehen! Ihr seht, ich bin ein bißchen spät dran um zu sprechen, denn ich bin schon betagt. Allerdings dachte und sagte ich dieselben Dinge bereits als ich noch jung war; aber auch das hat einen Nachteil: Solange man jung ist, kann man sagen was man will, es wird einem nicht geglaubt. Man ist eben jung – erst wenn man alt geworden, dann, jawohl wird ein bißchen auf einen gehört. Den Jungen wird nie geglaubt. Aus diesem Grunde mußte ich etwas älter werden, damit man mir Gehör schenkt. Das habe ich denn auch getan.

Aber lassen wir das und kommen wir auf das Wesentliche zurück. Jeder Mensch läßt sich mit einem Musikinstrument vergleichen: einer Klarinette, einem Cello, einer Trompete oder einer Geige, einem Klavier, einer Gitarre... Das einen jeden durchflutende Leben, der lebendige Hauch des Göttlichen weht über diese Instrumente und läßt deren Saiten erklingen. Jede Kreatur erzeugt einen bestimmten Ton, denn die kosmische Weisheit hat sie gestimmt, damit aus ihrem Zusammenklingen eine Symphonie entstehe. Lediglich auf Erden kann sie nicht erklingen, weil die Menschen ihrer Triebhaftigkeit und Leidenschaften wegen nicht fähig sind, in der ihnen von Gott gegebenen Tonart zu schwingen, im Einklang mit der Weltenharmonie. Sie können es nicht, weil ihr Bewußtsein auf ihre Persönlichkeit beschränkt ist. Doch von

dem Tage an, da sie die Gemeinschaft, vielmehr die Bruderschaft zum Lebensziel wählen, werden sie mit dem ganzen
Universum in harmonischem Einvernehmen leben und se-
genreicher Strömungen aus dem Kosmos teilhaftig; sie haben
die Verbindung wieder hergestellt, durch welche die Himmelskräfte strömen und in sie eindringen können. Das rein
ich-bezogene Leben verhindert und hemmt alle Lebensre-
gung. Es kommt der Tag, an dem jedermann es weiß und die
Kinder sogar mit diesem Wissen geboren werden: Nichts ist
verwerflicher als ein rein egoistisches Leben, das mit der Gemeinschaft, den kosmischen Gesetzen und dem Göttlichen
nicht übereinstimmt. Es ist der Anfang von Unglück und Leiden.

Wir müssen zurückkehren zu dem, was Gott zu Beginn geschaffen hat. Er schuf die Menschen, damit sie wie in einem
Orchester in Harmonie zusammenklingen oder wie in einem
Chor zusammen singen. Niemand weiß richtig was ein Orchester, ein Chor bedeutet. Unser Körper, ist er bei voller Gesundheit, gleicht einem Chor, worin alle Zellen und Organe
singen und gemeinsam ein Wohlgefühl, Freude und Gesundheit erzeugen. Sowie die Zellen nicht mehr in Einklang sind,
fühlt sich der Mensch unwohl, leidend, verstört, aus dem
Gleichgewicht geraten, unglücklich, und je nach den Mißklä-
gen der Organe nimmt die Erkrankung die eine oder andere
Form an.

Wer hat je darüber nachgedacht, warum ein Musiker innerhalb eines Orchesters nicht spielen darf wie es ihm einfällt,
sondern den Noten, dem Takt folgen muß, da er sonst ausge-
schieden wird? Glaubt mir, die Menschheit ist kein gutes Orchester, sie spielt lauter Mißtöne. Jeder singt drauflos, daß es
nur so dröhnt, es ist ohrenbetäubend... ein jeder mißt sich das
Recht zu, loszuposaunen wie es ihm gefällt. In den Einweihungsschulen allein wird gelehrt, daß sich die Menschen aufeinander abstimmen sollen. Sie müssen zunächst einsehen,
daß die Harmonie weit wünschenswerter ist, alsdann sie mit

ganzem Herzen ersehnen und endlich sich entschließen, Anstrengungen zu machen und Opfer zu bringen um sie zu verwirklichen. Und was dann?... Was darauffolgt braucht gar nicht beschrieben zu werden, denn Harmonie verbreitet sich, wird fühlbar und äußert sich von selbst. Deswegen wird geboten: «Schweige!»

Ich habe Euch schon mehrmals die Formel der Eingeweihten genannt: «Wissen, Wollen, Wagen, Schweigen». Weiß man, was zu tun ist, will man es und wagt die Arbeit zu beginnen, braucht man nicht erst darüber zu sprechen. Alles äußert sich und drückt sich aus des Menschen ganzem Wesen aus. Walten Friede und Freude in Euch, wozu es den anderen sagen? Man sieht es Euch an! Umgekehrt, seid Ihr in innerem Aufruhr und sagt: «Wie glücklich bin ich, voller Frieden und Harmonie», so glaubt Euch niemand, denn auch diese Verfassung kommt zum Vorschein: ein Scheusal! Sagen die Liebenden einander andauernd, daß sie sich lieben und glücklich sind beisammen zu sein? Nein, sie schweigen, schauen sich nur in die Augen; denn zwischen ihnen herrscht wahre Harmonie. Verblaßt ihre Liebe, dann sind sie gezwungen zu sprechen, um sich gegenseitig über ihre Gefühle hinwegzutäuschen.

Häufig werden Worte dazu gebraucht die Dinge zu verwirren, wogegen durch Schweigen die Wirklichkeit zutage tritt. Ihr denkt: «Aha, wir verstehen nun, warum Sie so viel reden, Sie wollen uns dadurch nur irre führen!» Schon möglich – aber ich sagte ja nicht, daß Worte immer nur täuschen, sondern nur, daß sie hie und da verwendet werden, die Wahrheit zu verbergen; und wie wahr ist das! Von dem, was man wirklich fühlt, braucht man nicht zu reden, das sieht man einem an. Im Gegenteil dazu, ist innerlich alles verstimmt, fängt man an zu lügen, um den anderen etwas vorzutäuschen. Wenn ein junger Mann ein Mädchen nicht mehr liebt, dann gerade beteuert er, wie sehr er sie liebt, wie sehr dieses und wie sehr jenes... Unglücklicherweise fühlt die Ärmste nicht, daß dies nur Worte sind, aber die Gefühle fehlen. Andere wiederum tun ihr Möglichstes um ihre Liebe zu verbergen, doch umsonst; sie strahlt aus ihnen! Sie haben ihre Liebe nie gestanden, nie zu dem geliebten Menschen gesprochen, aber ihre Liebe ist sichtbar wie loderndes Feuer. Und der Haß? Läßt er sich verbergen? Man setzt alles daran ihn zu verheimlichen, doch auch er wird fühlbar, bricht hervor.

Nun, vergeßt meinetwegen alles bisher Gesagte, wenn Ihr Euch nur das Folgende merkt: Ein rein persönliches, ich-bezogenes Leben ist der Anfang aller Übel – sie treten nicht sofort ein, erst mit der Zeit – hingegen das Gemeinschaftsbewußtsein, die weltweite Verbrüderung ist der Beginn aller Segnungen. Aber auch hierfür braucht es Zeit, um dessen inne zu werden. Wenn es einen gibt, der daran glaubt, dann bin ich es! Nur weiß ich, wie langsam die Gesetze wirken und bin gezwungen geduldig abzuwarten. Aber ich versichere Euch: «Das Bewußtsein des All-Lebens, der weltweiten Bruderschaft ist der Beginn unsagbar reicher Wohltaten. Wer lange genug lebt, wird dies bestätigt finden! Sowohl die Erde als auch der Himmel müssen infolge dieses Einklangs, dieses flutenden Lichts, dieser unendlichen Weite anders vibrieren. Allein, wo finden sich der Glaube und die Entschlußkraft dazu? Daran fehlt es. Die Leute warten immer ab, bis sie mit eigenen Augen sehen, dann erst glauben sie – wenn es zu spät ist. Die Gesetze wirken zwar langsam, sind aber absolut zuverlässig. Ich brauche keine Philosophiebücher zu lesen oder mit Denkern und Wissenschaftlern zu diskutieren, um dieser Wahrheiten gewiß zu sein; ich habe sie erfahren und brauche davon nicht überzeugt oder abgebracht zu werden, und wenn mir jemand nicht glaubt, was soll ich ihm dann noch sagen? Höchstens: «Guter Freund, mir werden weiterhin lauter Segnungen zuteil, dieweil du immer mehr abgleitest. Ich vermag dich nicht zu überzeugen, weil du starrköpfig bist, nun, so wirst du eben geistig immer mehr verarmen.»

Der langsame Verlauf mancher Vorgänge hindert uns daran, zu verstehen. Aber in früheren Zeiten wußten manche Eingeweihten um das Geheimnis des Lebenselixiers und vermochten ihr Erdenleben über mehrere Jahrhunderte hinaus zu verlängern und sie beobachteten wie die Gesetze sich auswirken. Sie sahen, wie ganze Familien gediehen, sich verbreiteten und durch Diebstahl, Plünderung und Morde mächtig wurden, aber mit der Zeit sich zersplitterten und ausstarben; ebenso, daß Menschen, die Schmach erlitten, aber den Lichtweg gewählt hatten, zu leuchtenden, überragenden Leitbildern wurden. Man muß schon lange leben, um die Wirksamkeit der Gesetze bestätigt zu finden.

Das allgemeinsame, d.h. das unbegrenzte kosmische Leben, das Leben in universeller, brüderlicher Eintracht, ist der Beginn des geistigen Fortschritts, der seelischen Entfaltung, eines segenreichen Daseins. Jedoch ein nur auf sich bezogenes, kleinliches, düsteres, erbärmliches Leben, zieht bedrückende Einengung nach sich, die des verblendeten Menschen warten, der sich derart abkapselte, bis er schließlich ein Insektendasein fristete. Warum sind die Insekten seit Millionen Jahren Insekten geblieben? Weil sie nur nach den Prinzipien der Persönlichkeit lebten. Die Bazillen haben die Insekten in dieser Hinsicht noch übertroffen. Die Engel, Erzengel und Gottheiten hingegen wählten das allgemeinsame, universelle Leben und entfalten sich immer mehr, erheben sich, bis sie mit dem Schöpfer eins werden.

Wer den Weg der Verbrüderung geht, der wahrhaftig ist klug! Alle anderen verkümmern, vereinsamen, vergehen. Das ist ein feststehendes Gesetz. Zwar leben sie weiter, aber gleich Tieren, Insekten, Bazillen, ein lichtloses, kümmerliches Dasein.

Diese Gesetze habe ich geprüft, meine lieben Brüder und Schwestern; böte man mir alle Reichtümer der Erde mit der Aufforderung: «Sage deiner Weltanschauung ab!» So würde ich ablehnen. Ich halte an meiner Philosophie, weil sie mir alles gibt, was Himmel und Erde bieten. Wozu sollte ich mich in die erbärmliche Philosophie der Persönlichkeit vertiefen? Fast alle fristen sie ein derart engbegrenztes Leben! Sie sagen: «Ich will von meinem Leben was haben!» O ja, sie werden etwas von ihrem Leben haben, nur fragt sich was? Tränen und Zähneknirschen! Warum sagen sie nicht: «Ich will mein Leben weihen»? Dann nämlich würden sie es sinnvoll leben. Sein Leben einem hohen Ideal weihen bedeutet nicht den Tod, sondern Änderung des Lebensziels und der Bestimmung. Von da an lebt der Mensch ein unsagbar poetisches und wunderbares Leben... «Ich will mein Leben genießen!» Jawohl, ein zielloses, ungezügeltes Leben, darnach verlangen die meisten, besonders die Jugend. Höre ich jemanden sagen: «Ich will leben wie es mir gefällt», weiß ich in allen Einzelheiten schon im voraus, was seiner wartet: wieviel Fehlschläge, wieviel Kummer und Leid. In diesem Satz ist seine ganze Zukunft enthalten.

Nun will ich Euch erklären, was die Geige bedeutet und warum man auf seiner eigenen Geige spielen soll; ihr werdet feststellen, daß selbst die Musiker nicht viel über dieses Instrument wissen, welches das Sinnbild des Menschen ist. Es hat vier Saiten, welche den vier Hauptelementen in uns (Herz, Verstand, Seele und Geist) entsprechen, über die der Bogen (unser Wille) streichen muß, damit sie erklingen. Doch kann ich heute nicht auf diese Frage eingehen... Warum stimmt wohl der Künstler seine Geige bevor er darauf spielt? Im täglichen Leben denken die Leute nicht daran, ihre Geige zu stimmen, darum können sie auch nicht darauf spielen, sondern kratzen jämmerlich darauf herum und wundern sich: «Warum bin ich bloß in dieser Verfassung!» Nun, sie hatten ihre Geige noch nie gestimmt! Womit denn auch? Ja, es gibt irgendwo eine Stimmgabel... Aber nein! Es lebe die Unwissenheit, dank der man wenigstens leiden kann, sonst bliebe einem das Leid ja versagt!

Ich aber weiß, daß in der Schöpfung alles singt: Die Lebewesen, die Bäume und Berge und die Sterne, denn ich habe sie gehört. Ich hatte dieses Glück, dieses Vorrecht, diese göttliche Gnade, die Sphärenmusik zu hören; jedoch weilte ich dabei außerhalb meines Körpers. Es steht außer Zweifel für mich, daß die ganze Natur im Einklang singt, nur ist dies für menschliche Ohren nicht vernehmbar. Doch eines Tages, dank unermüdlicher Läuterung und Verfeinerung wird man diesen Gesang vernehmen, in welchen sämtliche Wesen (mit Ausnahme des Menschen, diesem mißtönenden Geschöpf) einstimmen. .

Denkt stets daran, daß Ihr Euer Möglichstes tun sollt, Euch von der Persönlichkeit zu lösen um Euer Wesen zu entfalten, und wählt die große Universelle Weiße Bruderschaft als Stützpunkt Eurer Höherentwicklung: Es gibt keinen anderen Weg. Glück und Reichtum haben sich nur deshalb noch nicht auf Erden eingestellt, weil die Menschheit mit sich zerfallen ist. Sie ist zerteilt und arbeitet nur an ihrer Persönlichkeit. Alle sind lediglich auf ihr Wohl bedacht, fühlen nicht den Drang in sich, für das Wohl der Menschheit zu wirken; sie verharren im engen Kreis ihrer Persönlichkeit.– Unter solchen Umständen wird das Reich Gottes niemals kommen. Der Name: Universelle Weiße Bruderschaft setzt ein neues Wirken und Handeln, eine neue Zielsetzung voraus: das Glück aller Menschen, das Reich Gottes. Wollte ich Euch die drei Worte: Universelle Weiße Bruderschaft auslegen, fände ich darin die ganze Zukunft der Menschheit enthalten: wie der Mensch zu arbeiten und zu denken hat und weshalb. Diese drei Worte schließen alles in sich ein. Es würde Jahre in Anspruch nehmen, um Euch ihren bedeutungsreichen Gehalt zu erschließen. An diesem Namen sollen einige Anstoß genommen haben, sie sind dagegen...Wüßten sie nur, was er eigentlich bedeutet! Er besagt, der Mensch soll sein Bewußtsein erweitern, an die Gemeinschaft denken, um das Wohl aller herbeizuführen. Und da dieses Wohl allen zugute kommt,

wird jeder Einzelne in der Gemeinschaft den Segen davon haben; ist es jedoch schlecht um die Gemeinschaft bestellt, muß
jeder die üblen Folgen davon tragen.

Wahrhaftig, die Leute wissen nicht, auf welches Ziel hin sie
arbeiten sollen. Jeder arbeitet nur für sein eigenes Wohlerge-
hen, das ihm aber nie zuteil werden kann, denn er wird ja
durch ein Unheil, einen Krieg, welche die Gemeinschaft treffen, selbst auch geschädigt. Solange die Gemeinschaft nicht
auf solidem Grunde steht, ist der einzelne nicht in Sicherheit.
Ist aber die Gemeinschaft in heilem Zustand, haben die einzelnen nur Nutzen davon: Selbst wenn Unglück sie trifft,
kommen die anderen ihnen zu Hilfe. Die Kurzsichtigkeit, nur
für sich zu arbeiten, kommt teuer zu stehen: Leiden, Kriege,
Verwüstungen nehmen kein Ende. Schon ist der dritte Welt-
krieg im Anzuge und wird denen eine Lehre erteilen, die immer noch nichts vestanden haben. Sie arbeiten nur für ihr
Eigentum – ihr Eigentum – ihr Eigentum – auf Kosten derAll-
gemeinheit. Jeder rafft alles auf seine Seite und denkt, geht es
ihm gut, so ist er in Sicherheit. O nein, bricht ein Unheil über
die Gemeinschaft herein, ist sein ganzes kleines Glück zunichte, denn er ist ein Glied dieses Kollektivs und somit verwundbar.

Warum versteht man nicht, was im Grunde doch so einfach ist? Denkt Euch, Ihr würdet einem Orchester angehören.
Ihr spielt Euren Part und hört die rings um Euch erklingende
Harmonie der mitwirkenden Instrumente: Eure Seele wird
weit, ihr fühlt Euch beglückt. Ihr spielt nur Euren Part, seid
aber von der wundervollen Musik und den wogenden Klän-
gen ergriffen und bewegt. Oder Ihr seid beispielsweise in einem Chor: Ihr singt nur eine Stimme, während der Wohlklang
aller anderen Euch mitreißt in die Schwingungen herrlicher
Harmonien.

Mögen sich nunmehr alle zusammentun, um das gemein-
same Leben schöner zu gestalten, damit ein jeder in nimmer
endendem Glücke lebt. Eine neue Zukunft tut sich auf, wenn

man das einsieht. Hat hingegen jeder nur seinen eigenen Gewinn im Auge, so schwebt über ihm ein Damokles-Schwert, das ihm von der Gemeinschaft zugedacht ist, weil sie sich noch nicht zu dem erforderlichen hohen Niveau entwickelt hat. Warum begreift man das nicht, schließt sich zusammen um diese Einheit zu bilden, in der die Menschheit glücklich werden kann?

Licht und Friede seien mit Euch!

Bonfin, den 16. September 1973

INHALT

Vom selben Autor:
Deutsche Übersetzungen
Gesamtwerke

In der Reihe „Izvor"

GEDRUCKT IM FEBRUAR 1987
IN DER DRUCKEREI PROSVETA
FRÉJUS, FRANKREICH

– Nº d'impression : 1513 –
Dépôt légal : Février 1987
Gedruckt in Frankreich